Gottes Liebe – größer als gedacht

FRÈRE EMMANUEL, TAIZÉ

Gottes Liebe – größer als gedacht

Warum es notwendig ist,
unsere Vorstellungen von Gott
zu hinterfragen

Aus dem Französischen übersetzt
von Claude Fuchs

Patmos Verlag

VERLAGSGRUPPE PATMOS
PATMOS
ESCHBACH
GRÜNEWALD
THORBECKE
SCHWABEN

Die Verlagsgruppe
mit Sinn für das Leben

Für die Schwabenverlag AG ist Nachhaltigkeit ein wichtiger Maßstab ihres
Handelns. Wir achten daher auf den Einsatz umweltschonender Ressourcen
und Materialien.

Titel der Originalausgabe: Un amour méconnu
© Bayard éditions, 2008, 3 et 5, rue Bayard, 75008 Paris

Übersetzung: Claude Fuchs, mit freundlicher Unterstützung
von Alain Cambourian, Claude Rémus-Cambourian, Christiane
Steffens-Dhaussy und Agnes Klais
Umschlaggestaltung: Finken & Bumiller, Stuttgart
Umschlagabbildung: »Voyage intérieur«, Gemälde von Frère Eric, Taizé.
© Ateliers et Presses de Taizé, 71250 Taizé, Frankreich
Druck: CPI – Ebner & Spiegel, Ulm
Hergestellt in Deutschland
ISBN 978-3-8436-0104-7

Inhalt

Vorwort

Schon die Römer wussten: Bücher haben ihre Geschichte. Auch das Buch von Frère Emmanuel hat eine solche Geschichte. Durch sie erst verstehen wir, wie sorgfältig Frère Emmanuel bei seinen Untersuchungen vorgegangen ist und worin das Anliegen dieses Buches besteht.

Der noch junge Mann, der nach dem Absoluten suchte und wünschte, diese Suche im Rahmen einer Gemeinschaft monastischer Art fortsetzen zu können, hatte schon oft Frère Roger zu seinen Brüdern oder zu den Besuchern in Taizé sagen hören: »Gott kann nur lieben.« Mit diesen Worten versuchte Frère Roger immer wieder, Menschen auf der Suche davon zu überzeugen, dass es in Gott nur Liebe geben kann. Von Jugend an muss sich Frère Roger an einem bestimmten Reden über Gott gestoßen haben, das, so gut es gemeint war, das Vertrauen auf Gott auf verschiedenste Weise behinderte und bisweilen sogar Verletzungen und Zweifel hervorrufen konnte.

Frère Emmanuel war sich sehr wohl bewusst, dass in erster Linie ein authentisch gelebtes Leben die Liebe Gottes durchscheinen lässt. Doch er wollte auch auf intellektueller Ebene aus dem Weg räumen, was den Zugang zu einer Liebe erschwert, die größer ist als gedacht. Dies erforderte ein hartnäckiges und rigoroses Vorgehen.

Natürlich hatten sowohl die Nähe zu Frère Roger als auch das Leben mit seinen Brüdern einen großen Einfluss auf seine Gedanken. Weil es aber galt, in wenig erforschte Gebiete vorzudringen, musste seine Arbeit auch recht persönlich werden, es war einfach nicht möglich, jeweils eine ganze Gemeinschaft mit einzubeziehen. Die Schwierigkeit bei der Erarbeitung dieses Buches war folgende: Um zu hinterfragen, wie wir uns Gott spontan vorstellen, war es nötig, ständig von einem Gebiet zum andern zu wechseln, immer wieder mussten vorläufige Schlüsse gezogen werden, um diese dann zu überprüfen und nicht zu meinen, man wäre schon am Ziel.

Die Geschichte dieses Buches ist also nicht zu Ende. Die Erkundung geht weiter. Sachgerecht von Gott zu sprechen wird unsere Fähigkeiten immer übersteigen. Wollen wir aber verstanden werden, wenn wir von ihm sprechen, so müssen wir ständig auf die Fragen unserer Zeit hören und uns immer wieder daran erinnern, dass die Erfahrungen, die Menschen seit Jahrhunderten mit Gott gemacht haben, ein Schatz sind, auf den wir zurückgreifen können.

Frère François, Taizé

9

Einführung

Ganz gleich, ob wir uns als »gläubig« oder als »ungläubig«, als »suchend« oder einfach als »offen« betrachten, – wenn die Frage nach Gott auf den Tisch kommt, stehen wir alle unter dem Einfluss unbewusster psychologischer Projektionen. Bei den einen werden solche Projektionen zu Gottesvorstellungen führen, die Auflehnung, Ablehnung, Angst oder Gleichgültigkeit auslösen. Bei anderen werden sie Bilder hervorrufen, welche den Zugang zu Entdeckungen verhindern oder verzögern, die für die Entfaltung eines Innenlebens jedoch entscheidend wären. Solch unbewusste Vorgänge führen unser Suchen nach Sinn oder unsere spirituellen Erfahrungen sehr häufig auf Abwege. Indem es den unbewussten Einfluss der gängigsten spontanen Gottesvorstellungen aufdeckt, lädt uns dieses Buch ein, existenzielle und spirituelle Fragen, die ja zugleich eine universelle wie auch eine intime Tragweite haben, unter einem neuen Blickwinkel zu betrachten. So können wir vielleicht eine Liebe entdecken oder wieder entdecken, die größer ist, als wir gedacht hatten.

»Gottes Liebe – größer als gedacht«: Verschiedenste persönliche Erlebnisse können uns dazu bringen, den Glauben an die Existenz einer göttlichen Liebe abzulehnen oder diese zu entstellen. Unzählige Menschen mögen nach einem Schicksalsschlag schon allein das Wort »Gott« nicht mehr hören und viel weniger noch die Rede von einem allmächtigen Gott der Liebe, so unvereinbar scheint ihnen dessen Existenz mit einer Welt, in der das Böse derart wütet. Wie könnte ein allmächtiger Gott der Liebe die verschiedenen Spielarten des Bösen, unter denen Menschen leiden, wollen oder auch nur zulassen? Die Schwierigkeit, ja gar die zeitweise Unmöglichkeit, angesichts des Bösen in dieser Welt an einen Gott der Liebe zu glauben, bleibt eine der Grundlagen des modernen Atheismus und der wichtigste Einwand gegen jede theologische Überlegung. Die Begegnung mit dem Leiden ist auch der wichtigste Grund für die Auflehnung und die Zweifel, die auch in Glaubenden aufkommen, wenn sie Gott eines heimlichen Einverständnisses mit dem Bösen verdächtigen. In beiden Fällen stellt diese Auseinandersetzung eine mögliche Verbindung zwischen dem Geheimnis der Liebe und einem eventuellen Gottesgeheimnis ganz grundsätzlich infrage. Jede Suche nach Sinn und jede spirituelle Erfahrung muss sich aber früher oder später dieser Herausforderung stellen: Soll der Weg bewusst und realistisch werden, so ist dies die erste oder zumindest eine unumgängliche Etappe, die zurückzulegen ist. Ihr ist deshalb der *erste Teil dieses Buches* gewidmet. Dabei werden wir auch jenen Spielarten des Bösen nicht aus dem Weg gehen, die einem Schöpfergott am häufigsten vorgehalten werden: Naturkatastrophen, Krankheiten und schließlich der Tod. Gerne werden wir auch den wertvollen Beitrag hervorheben, den sowohl Geistes- wie auch Naturwissenschaften zu diesen Fragen beisteuern können, und einige Orientierungshilfen bereitstellen, die einer Versöhnung zwischen wissenschaftlicher Beobachtung und theologischer Forschung dienlich sein könnten. In diesem Abschnitt zeigen wir auch den Allmachtswunsch auf, der schon vom frühesten Kindesalter an in jedem Menschen wohnt und dessen persönliche Überzeugungen zur Frage des Bösen von vornherein entscheidend beeinflusst. Im ersten Teil dieses Buches laden wir jeden ein, sei er nun gläubig oder nicht, nicht in der Abhängigkeit derartiger Vorurteile zu verbleiben. Eine solche Befreiung führt dann zu einer tief greifenden Erneuerung unserer Art, die scheinbare Unvereinbarkeit zwischen einem allmächtigen Gott der Liebe und einer Welt, in der das Böse wütet, zu verstehen.

Wenn einmal Zweifel und Auflehnung gegenüber dem Bösen nicht länger unüberwindliche Hindernisse darstellen, dann liegen die wichtigsten Schwierigkeiten bei der Suche nach Sinn oder bei einer spirituellen Erfahrung bei den heimlichen Ängsten, die wir mit Gott in Zusammenhang bringen. Jeder Mensch lebt nämlich mit Ängsten: bewussten oder unbewussten, erkannten oder uneingestandenen, akzeptierten oder verdrängten. Sie reichen von der einfachen Angst vor Enttäuschung und Unverständnis bis hin zur Angst, nicht geliebt oder sogar verlassen zu werden. Am meisten Angst lösen jene aus, die direkt oder indirekt mit der Mühe zusammenhängen, die wir alle haben, uns als liebenswert zu betrachten. Sie kommen aus dem bedrängenden Schuldgefühl, das in uns aufsteigt, wenn wir in uns so verwirrende Seiten entdecken wie etwa unsere aggressiven Impulse, seien diese nun sexueller oder anderer Art. Sie rufen in uns ein inneres Unwohlsein hervor, das so weit gehen kann, dass wir uns selbst verurteilen. Nun projizieren wir aber dieses recht harte Urteil aus der schwierigen Begegnung mit uns selbst unbewusst sehr oft auf Gott. Viele Menschen, ob gläubig oder nicht, nehmen Gott dann als jemanden wahr, der sie aufgrund dieser so beunruhigenden Seiten in ihnen gar nicht lieben kann oder der sie sogar verurteilen, bestrafen oder verstoßen könnte. Oft verbergen sich hinter verschiedensten Formen religiöser Gleichgültigkeit in Wirklichkeit solch heimliche Ängste vor

Gott. Und bei vielen religiösen Praktiken führen diese Ängste zu einem inneren Leben, das uns mehr lähmt, als dass es unsere Entfaltung begünstigt. *Der zweite Teil dieses Buches* möchte zu einem besseren Verständnis unserer selbst und insbesondere der wichtigsten Stadien unserer psychischen Entwicklung führen, wo diese manchmal so verwirrenden Impulse entstehen. Damit möchte er zu einer Versöhnung mit uns selbst ermutigen, zu einem Blick auf uns selbst, der sowohl realistisch als auch wohlgesinnt wäre und die Strenge des unbewusst auf unsere spontanen Gottesbilder projizierten Urteils korrigieren könnte. In diesem Teil wird vorerst auf die heimlichen Verletzungen hingewiesen, die wir alle mit uns herumtragen und aus denen so viele der Verhaltensweisen fließen, die wir zu Recht oder zu Unrecht für tadelnswert halten. Dann fragt dieser Teil des Buches, wie wohl ein liebender Gott diese Verletzungen betrachten könnte, und möchte damit den Weg zu einer Vorstellung von Gottes Urteil öffnen, das sehr weit von dem entfernt ist, was wir Menschen aus der schwierigen Begegnung mit uns selbst heraus immer wieder vermuten möchten.

Natürlich möchte keiner mit jemandem, vor dem er sich fürchtet, näheren Kontakt pflegen oder ihn besser kennenlernen. Wenn wir aber unsere heimlichen Ängste vor Gott einmal überwunden haben, so drängt sich die Frage nach einem inneren Leben und spirituellen Erfahrungen viel nachdrücklicher auf. Noch aber steht der Entwicklung und Entfaltung eines inneren Lebens ein beträchtliches Hindernis im Weg: Denkt man an einen transzendenten Gott, so verbindet sich damit meist spontan die Vorstellung eines fernen, dominierenden oder herablassenden Wesens. Solche Gottesvorstellungen bringen viele dazu, ihr Interesse an einer spirituellen Erfahrung zu verlieren. Andere verleiten sie dazu, Gott wie einem Vorgesetzten zu begegnen, oder gar wie ein Sklave seinem Herrn. Derart gravierende Konsequenzen sollten in uns allerdings die Frage aufkommen lassen, weshalb wir so selbstverständlich dazu tendieren, Gottes Transzendenz und Größe auf diese Weise zu verstehen. Im *dritten Teil dieses Buches* werden wir die verschiedenen Transfers und Projektionen aufzeigen, welche die Vorstellung eines dominierenden und distanzierten Gottes begünstigen. Wir werden dazu einladen, über einen radikalen Perspektivenwechsel nachzudenken, über einen Gott nämlich, der, wie es die christliche Offenbarung behauptet, im Gegenteil unendlich nahe bei jedem Menschen sein möchte, der seine Geschöpfe unendlich lieb hat und von ihnen auch intensiv geliebt werden möchte. So wie jedes

12

ernsthafte Bitten um Liebe etwas Umwerfendes an sich hat, so verändert auch die Annahme, dass eine solche Bitte vielleicht selbst von Gott an uns gerichtet sein könnte, unser Fragen nach Gott oder nach einem inneren Leben ganz entscheidend und eröffnet gleichzeitig völlig neue Perspektiven auf die Einschätzung unserer eigenen Liebesfähigkeit. In diesem Kapitel tritt nach und nach zutage, weshalb wir so zuversichtlich sein können, dass jene gegenseitige Liebe zwischen Gott und Mensch tatsächlich Wirklichkeit werden kann, von der die Mystik über die Jahrhunderte hinweg Zeugnis abgelegt hat, jene Liebe, die für die christliche Mystik das Herz und den Höhepunkt allen spirituellen Strebens darstellt.

Sowohl bei denen, die sich schon bewusst auf solch eine gegenseitige Liebe eingelassen haben, als auch bei denen, die jede Art von religiösem Glauben noch ablehnen, lösen die verschiedenen Gottesbilder, die mit dem unvermeidlichen Gebrauch menschlicher Analogien verbunden sind – die Figur des Vaters etwa – unbewusste Projektionen aus, die mit deren ganz persönlicher Geschichte, mit deren Persönlichkeit und Geschlechtsidentität zusammenhängen. Unter dem ständigen Einfluss solch unbewusster Vorgänge werden die einen zu einem Gott auf Distanz gehen, der sie nur allzu sehr an die noch immer nicht vernarbten Wunden ihrer Kindheit oder ihrer Jugend erinnert. Andere werden jede spirituelle Sichtweise systematisch ablehnen, weil Gott für sie zum Sündenbock in einer ganz persönlichen Abrechnung geworden ist. Wieder andere werden ein geistliches Leben führen, das immer noch von der einen Analogie geprägt ist, die sie aus dem Religionsunterricht oder aus der Kultur, in der sie leben, mitbekommen haben. Dies allerdings unter einer doppelten Gefahr: Entweder steht diese Analogie bewusst oder unbewusst mit einer eher negativen Erfahrung aus ihrem Leben in Zusammenhang, was dann ihre Gottesbeziehung daran hindern könnte, über ein bloßes Mindestmaß an Vertrauen und Intimität hinauszukommen; oder diese Analogie wird bewusst oder unbewusst mit einer eher positiven Lebenserfahrung verbunden, was dazu führen kann, dass diese Menschen ihre Gottesvorstellung auf diesen einen Aspekt reduzieren, dies aber auf Kosten weiterer Aspekte, die das Geheimnis Gottes ebenfalls ein Stück weit beschreiben könnten. Jedem Suchen nach Sinn und jeder spirituellen Erfahrung würde es also wohl bekommen, die menschlichen Analogien, die man beim Reden über Gott benützt, sehr bewusst auszuwählen. Vorerst gilt es, Distanz zu schaffen zu den kulturellen, psychologischen und theologischen Vorurteilen, von denen solche Analogien unweigerlich geprägt sind. Dann sollten wir uns über deren Vor- und Nachteile klar werden, um von jenen spontanen Gottesvorstellungen frei zu werden, die uns durch ihre allzu ausschließliche Verbindung zu der einen oder anderen Analogie daran hindern, zu weiteren Seiten des Geheimnisses eines Gottes vorzustoßen, der Liebe ist. Die Bedeutung eines derartigen Vorgangs ist kaum zu überschätzen, so mächtig ist nämlich der Einfluss der geistigen Bilder, die wir mit Gott verbinden, auf unsere Überzeugungen und auf die Gestaltung unseres inneren Lebens. Um dies nachvollziehbar zu machen, genügt es, zwei – gewiss karikierende und etwas provozierende – Analogien nebeneinanderzustellen. Sie haben aber den Vorteil, die Macht geistiger Bilder und ihren Einfluss auf unser Interesse, auf unser Vertrauen, unsere Innigkeit und unsere Bereitschaft zu einer Antwort und einem persönlichen Engagement aufzuzeigen: All das wird nämlich sehr unterschiedlich ausfallen, je nachdem, ob wir uns einem bärtigen Greis mit strengem Blick und autoritären Gesten oder einer charmanten, einnehmenden und lächelnden jungen Dame gegenüber wähnen! Der *vierte Teil dieses Buches* will deshalb die schädlichsten der kulturellen, psychologischen und theologischen Vorurteile aufzeigen und dazu einladen, sich nicht mit einem ausschließlich männlichen Zugang zu Gott zu begnügen, sondern zu erkennen, wie auch weibliche Analogien die Schönheit von Gottes Liebe widerspiegeln können. Damit möchte er sowohl jene ansprechen, die sich als ungläubig betrachten, als auch jene, die schon bewusst aus einer spirituellen Erfahrung leben. Erstere möchte er eher dazu ermuntern, ihre religiösen Überzeugungen nicht auf Vorstellungen zu reduzieren, die ihnen in ihrer Jugend eingeflößt wurden oder die als Karikaturen in ihrem gegenwärtigen kulturellen Umfeld gängig sind. Die anderen möchte er vor allem einladen, den Gott der Liebe nicht daran zu hindern, sie noch weiterzuführen auf dem Weg intimer Vertrautheit zu ihm und ihnen seine göttliche Liebe auch unter jenen Facetten und Perspektiven nahezubringen, die er als für sie am angemessensten findet. Erst so werden sie nämlich die Liebe zwischen Mensch und Gott auf die intensivste und schönste nur mögliche Weise erleben können.

Diese Erneuerung unserer Sichtweise auf die zugleich allgemeinsten und intimsten Fragen wird uns bei der Suche nach dem letzten Sinn des Lebens und der Liebe hilfreich sein und sich bis in ganz alltägliche Fragen hinein auswirken, insbesondere in die Art, wie wir unsere Liebe in Worten und Gesten ausdrücken. Ungeachtet ihrer religiösen Überzeugungen ahnen viele Menschen, dass ihre eigenen Liebeserfahrungen auf ein Geheimnis hindeuten, das sie übersteigt und sie indirekt auf einen letztgültigen Sinn verweist, der sie erklären könnte. Seltener hingegen sind jene, die ahnen, dass die Frage nach dem letzten Sinn ihre Liebe Tag für Tag erneuern und intensivieren könnte. In unserer Zeit gewinnt die Qualität der im Alltag ausgetauschten Liebe gegenüber sozialen, familiären und weiteren Überlegungen, die früher so wichtig schienen, immer größere Bedeutung. Umso dringender sind wir herausgefordert, uns zu fragen, wie unsere Liebe nachhaltig intensiviert werden kann. Denn auch für die schönsten Liebesgefühle kann die Zeit zu einem gefährlichen Erosionsfaktor werden. *Der Epilog dieses Buches* zielt deshalb ins Herz dessen, wovon menschliche Liebe Motivation und innere Kraft empfangen kann, wenn sie sich dem letzten Sinn des Lebens und der Liebe öffnet, so wie die christliche Mystik sie versteht. Entgegen weitverbreiteten Vorurteilen ist die christliche Mystik nämlich durchaus in der Lage, Alltagsleben und Spiritualität, kleine Liebeszeichen und Sehnsucht nach dem Letztgültigen, Sexualität und inneres Leben, erotisches und mystisches Streben zu versöhnen. Mehr noch, sie eröffnet dem Leben und der Liebe einen Sinnhorizont, der weit genug ist, dass jeder daraus Motivation und innere Kraft schöpfen kann, um das zu ermöglichen, wozu der natürliche Trieb allein nicht in der Lage wäre: der Liebe nämlich nicht nur Dauer zu verleihen, sondern sie in der Dauer auch noch wachsen zu lassen. Dieser letztgültige Sinnhorizont verleiht den Worten und Gesten der Liebe eine Bedeutung, die mithelfen kann, das, was in unserem Inneren wirklich zählt, Tag für Tag zu erneuern. Ohne eine solche Erneuerung kann Liebe nicht wirklich lieben lernen, sich entfalten und die Zeit verklären. Dank ihr jedoch kann die Zeit, dieser Feind, der alle Gefühle aushöhlt, zu einem echten Verbündeten werden. Denn erst mit der Zeit kann diese Erneuerung des Wesentlichen in uns zu dem Geschenk werden, das wir in eine gegenseitige Liebe einbringen können, um sie Tag für Tag einem Höchstmaß an Intensität entgegenwachsen zu lassen. Diese abschließenden Seiten tauchen auch ein ins Herz der Liebe zwischen Gott und Mensch, in die unsichtbaren Winkel und verborgenen Triebfedern des monastischen Ideals. Denn auch der Mönch ist ja zu gegenseitiger Liebe berufen, indem er jene göttliche Gegenwart ernst nimmt, die ihn ständig begleitet, indem er sich bereithält, sich ihrer Liebe zu öffnen und sie im Gegenzug mit jeder Faser seines Wesens wiederzulieben. Hier zeigt sich dann auch, wie wichtig es für ihn ist, immer wieder sein Menschsein, seine Gefühle, seine Sexualität, seine persönliche Art, zu leben und zu lieben, mit einzubringen. Nur so kann sein innigstes Verlangen, geliebt zu werden und zu lieben, zu einem Liebesbekenntnis an Gott werden, zu einem Bekenntnis, in dem der »Eros«, jener mächtige Trieb im Menschen, sich entfalten kann und dessen Gegenwart indirekt des Menschen wahres Wesen und letztgültige Bestimmung offenbart.

I. Widerspricht die Existenz des Bösen einem Gott der Liebe?

Unbewusste Projektionen und Vorstellungen der göttlichen Allmacht

Viele Menschen denken, dass die Menschheit nie derart mit dem Bösen konfrontiert sein könnte, wenn es tatsächlich einen allmächtigen Gott der Liebe gäbe. Wie hätte ein solcher das Böse auch nur im Geringsten wollen oder zulassen können? Warum hätte er sonst nicht eine Welt erschaffen, die in mancherlei Hinsicht besser wäre? Kein Wunder, dass solche Argumente Menschen dazu geführt haben, an der Existenz eines Gottes der Liebe zu zweifeln. Andere verharren in unlogischen und empörenden theologischen Vorstellungen, wie etwa jener eines doppelgesichtigen Gottes, der einerseits behauptet, die Menschen zu lieben, während er andrerseits Böses will oder zulässt. Ebenso ist nicht erstaunlich, dass auch zahlreiche Philosophen und Theologen nicht in der Lage waren, die Widersprüche zu lösen, welche diesem Problem innewohnen. Hier geht es nämlich nicht nur um eine Frage der Intelligenz oder des Wissens. Hier spielen auch unbewusste psychologische Vorgänge mit. Solange diese nicht erkannt und sorgfältig behandelt sind, vermitteln sie den Eindruck einer scheinbar unüberwindlichen Unvereinbarkeit zwischen den vielen Erscheinungsformen des Bösen und der Existenz eines allmächtigen Gottes der Liebe. Im ersten Teil dieses Buches werden wir uns fragen, wie dieses Gefühl von Unvereinbarkeit im menschlichen Bewusstsein aufkommt, und damit aufzeigen, welch beträchtlichen Einfluss die unbewusste Projektion menschlicher Allmachtswünsche auf unsere spontanen Vorstellungen göttlicher Allmacht hat. In dem Maße, wie wir uns der Auswirkungen dieser psychologischen Projektion bewusst werden, wird uns die scheinbare Unvereinbarkeit zwischen der Existenz eines allmächtigen Gottes der Liebe und dem Bösen in der Welt in einem völlig neuen Licht erscheinen.

Jenseits unserer Allmachtswünsche

Auf unserer Suche nach Sinn sind wir mit der harten Wirklichkeit des Bösen konfrontiert. Dabei aber sind wir von unseren spontanen

Vorstellungen einer möglichen göttlichen Allmacht wohl mehr beeinflusst, als wir meinen. Um die Tragweite ihres Einflusses zu entdecken, müssen wir vorerst zu erkennen suchen, wie uns jene Allmachtsträume beeinflussen, die in uns allen schlummern. Schon seit frühester Kindheit wohnt tief in unserer Seele die versteckte Sehnsucht, allmächtig zu werden. Die Entdeckung der eigenen Grenzen lässt im Kind das Verlangen aufkommen, jeden seiner Wünsche augenblicklich erfüllen zu können. Dieser Allmachtswunsch kann den Menschen dazu führen, sich die Allmacht Gottes ähnlich vorzustellen wie die Allmacht, nach der er sich seit frühester Kindheit unbewusst sehnt. In seinen Untersuchungen zu Glauben und Unglauben unterstreicht der Psychologe Antoine Vergote den Einfluss dieses kindlichen Allmachtswunsches und erinnert daran, was Sigmund Freud über die häufigsten Vorstellungen einer göttlichen Allmacht denkt: »Der Mensch überträgt Gott die Aufgabe, jene Allmacht auszuüben, die er selber vermisst. So wird der allmächtige Gott zum Widerschein der imaginären Allmacht unserer Wünsche.«[a]

Dieser Allmachtswunsch äußert sich unter anderem im unbewussten Wunsch, eine absolute Kontrolle über jegliches Leben auszuüben. So bestimmt die Projektion dieses Wunsches auch die unbewusste Vorstellung mit, die sich der Mensch spontan von einem eventuellen göttlichen Willen macht. Sein unbewusster Wunsch nach absoluter Kontrolle bringt ihn dazu, sich Ereignisse in seinem eigenen Leben, im Leben seiner Angehörigen und anderer Menschen als von jenem göttlichen Wesen gewollt, kontrolliert oder gar auferlegt zu betrachten. Je stärker diese unbewusste Projektion wirkt, desto weniger kann der Einzelne einen möglichen Willen Gottes und die Ereignisse in seinem eigenen Leben und im Leben anderer auseinanderhalten. So veranlasst ihn dann jede Art von Bösem, jedes Unglück, ob nah oder fern, an der Existenz eines Gottes der Liebe zu zweifeln oder Gottes Liebe dem Verdacht auszusetzen, mit dem Bösen unter einer Decke zu stecken. Doch auch dieser Zweifel und dieser Verdacht sollen ihrerseits ernsthaft infrage gestellt werden: Beide scheinen nämlich einem Seelenleben zu entstammen, das noch sehr von der unbewussten Projektion dieses kindlichen Allmachtswunsches auf Gott bestimmt wird.

Wenn wir einmal ermessen, wie sehr unser unbewusster Wunsch nach einer Form absoluter Kontrolle die Gottesvorstellung von

a Antoine Vergote, *Religion, foi, incroyance, étude psychologique*, Bruxelles, Mardaga, 1987, S. 217.

Grund auf verfälschen kann, anhand deren wir uns unsere Gedanken zum Problem des Bösen machen, so haben wir etwas vom Wertvollsten entdeckt, was die Psychologie zu einem inneren Weg beitragen kann: Wir lernen dann nämlich, mit dem Einfluss bestimmter unbewusster Prägungen zu rechnen, die bei der Ausformung jener natürlichen Religiosität mitspielen, aus der unsere spontanen Gottesvorstellungen meist entstehen. Diese natürliche Religiosität beeinflusst insbesondere die Gottesvorstellungen, auf denen die Strukturen einer gewissen Volksfrömmigkeit wie aber auch Voraussetzungen gewisser atheistischer Gedankengänge beruhen. Beide sollten deshalb nochmals über die Gottesvorstellungen nachdenken, aus denen ihre jeweiligen Überzeugungen entstanden sind. Für einen geübten Geist gilt es also, sowohl einer blinden Zustimmung wie auch einer allzu vereinfachenden Reduktion der Religiosität auf eine ganz vom Unbewussten geschaffene Illusion zu entgehen und die Reste natürlicher Religion von einem echten geistlichen Suchen zu unterscheiden, das bemüht ist, die großen existenziellen Fragen so anzugehen, dass es nicht zum Opfer derart schädlicher Projektionen wird.

Ein absoluter Respekt vor der Freiheit des Menschen

Diese Einsicht auf den Glauben an einen allmächtigen Gott der Liebe anzuwenden, ist deshalb so schwierig, weil die unbewusste Projektion unserer kindlichen Allmachtswünsche unsere Seele zu einem Zeitpunkt so tief geprägt hat, als sie noch sehr formbar war. Die tiefe Verankerung dieser Projektion macht uns für ein Unterscheidungsmerkmal nahezu unzugänglich, das uns aber helfen könnte, den verschiedenen Erscheinungsformen des Bösen einen Sinn zu geben. Wer nach einem Gott fragt, dessen Wesen Liebe ist, muss darauf bedacht sein, Gottes Allmacht nicht länger im Sinne menschlicher Allmachtswünsche zu verstehen. In diesem Glauben handelt es sich nämlich nicht um irgendeine Allmacht, sondern um die Allmacht göttlicher Liebe[1]*. Allein schon diese Unterscheidung erweist sich als äußerst fruchtbar, stellt sie doch eine allzu menschliche Vorstellung von Allmacht infrage. Stattdessen lädt sie uns ein, den Begriff der göttlichen Allmacht neu vom Geheimnis der Liebe und von dessen wichtigsten Eigenschaften her zu definieren.

* Diese Nummerierung bezieht sich auf die Anmerkungen am Ende dieses Buches.

Nun besteht aber eine der wesentlichsten Eigenschaften der Liebe in einer reifen Beziehung zweifellos darin, die Freiheit des anderen zu respektieren, und ganz besonders auch seine Entscheidung, ob er sich auf eine Zweierbeziehung überhaupt einlassen will. Wer immer – und sei es auch nur einmal im Leben – vom Wunder einer echten Liebe erfasst worden ist, weiß sehr wohl, dass er sich niemals hätte vorstellen können, die eigenen Gefühle seinem Gegenüber aufzudrängen oder gar aufzuzwingen, auch wenn er bei einem Nein vielleicht sehr würde leiden müssen. Wenn schon die Liebe eines Menschen so weit gehen kann, so scheint fast undenkbar, dass Gottes Liebe es ihm nicht gleichtun könnte. Wenn wir nach der Existenz eines Gottes der Liebe fragen, so haben wir dabei zu berücksichtigen, dass wohl auch er die Freiheit des Menschen respektieren wird. Ein solcher Gott würde sein Geschöpf niemals zwingen wollen, mit ihm in einer harmonischen Beziehung zu leben oder zum Glück seiner Umgebung beizutragen, selbst wenn er dabei unter den falschen Entscheidungen, welche Menschen in ihrer Freiheit treffen, sehr zu leiden hätte.

Dies einzusehen führt zu einer völligen Umkehrung der üblichen Einwände gegen den Glauben an einen Gott der Liebe: Die Tatsache, dass der Mensch frei ist, nicht zu lieben, und dass es also Böses geben kann, schließt dann nicht mehr aus, das Geheimnis der Liebe mit dem Geheimnis Gottes zu verbinden. Angesichts von Gottes Respekt vor der menschlichen Freiheit erscheint im Gegenteil nicht mehr die Unmöglichkeit des Bösen auf Erden, sondern paradoxerweise gerade seine Möglichkeit erst mit der Existenz eines Gottes der Liebe vereinbar!

Ein Gott, der das Böse nicht will und nicht zulässt

Dieser erstaunliche Perspektivenwechsel stellt in mancherlei Hinsicht die scheinbare Unvereinbarkeit zwischen der Existenz des Bösen und jener eines Gottes der Liebe infrage. Er macht es aber auch möglich, nicht fälschlicherweise Gottes Willen zu bemühen, wenn wir nach Erklärungen für Schicksalsschläge suchen, wie sie in unserem Leben oder im Leben unserer Angehörigen immer wieder vorkommen. Je klarer wir sehen, dass Menschen in allen Lebensbereichen ihre Freiheit auch missbrauchen können, desto weniger werden wir dazu neigen, die Dramen unseres Lebens und im Leben unserer Lieben systematisch mit dem Willen Gottes in Verbindung zu bringen. Es gilt, wachsam zu werden und uns nicht länger von der Projektion unserer kindlichen Allmachtswünsche narren zu lassen, die unbewusst unsere Vorstellung eines Diktator-Gottes nährt, der seine Geschöpfe wie Marionetten manipuliert und ihnen ein vorbestimmtes Schicksal auferlegt. Viele Menschen mögen nach Schicksalsschlägen das Wort »Gott« schon gar nicht mehr hören, so sehr hindert sie diese Projektion daran, all die Gewalt und die Unfälle, die über sie hereinbrechen, als Folge unglücklicher menschlicher Einstellungen oder Entscheidungen zu erkennen, statt sie willkürlich mit Gottes Willen in Zusammenhang zu bringen. Leiden kann uns ja derart blind machen, dass wir zu einer verlässlichen und logischen Sichtweise gar nicht mehr in der Lage sind. Wenn aber schon wir Menschen, trotz unserer begrenzten Liebe, ein Unglück unerträglich finden, um wie viel unerträglicher müsste es dann für einen Gott sein, dessen Wesen der letztgültige Ausdruck der Liebe ist[2]? Wie müsste ein solcher Gott einem Mann oder einer Frau in diesem Leben nicht noch viel mehr Glück wünschen als all ihre Freunde auf Erden, wo doch seine göttliche Liebe von Natur aus der höchste Ausdruck der Liebe ist, die jemandem zukommen kann?

Wer von der Projektion menschlicher Allmachtswünsche auf Gott nicht weiter abhängig bleibt, wird auch deren Einfluss auf unsere Tendenz erkennen, die Freiheit des Menschen mit einer Erlaubnis zu verwechseln, Böses zu tun. Ein gewisser Sprachgebrauch in der Theologie hält es für ratsam, auf die Formulierung zurückzugreifen: »Gott will das Böse nicht, aber er lässt es zu.« Zwar ist diese Formulierung ein Fortschritt gegenüber vielen anderen aus der Vergangenheit, doch begünstigt sie leider ihrerseits den Widerspruch, den sie überwinden wollte: Andeuten, dass Gott Böses zulässt, erweckt noch allzu sehr den Eindruck, man wolle den Schrecken menschlichen Leidens relativieren, und zwar nicht nur den Schrecken menschlichen, sondern auch den des göttlichen Leidens. Denn ein Gott der Liebe kann ja nicht anders, als unter all dem Bösen leiden, das begangen wird, furchtbar leiden und an der Seite all der Leidenden stehen.

Olivier Clément bleibt einer der wenigen Theologen, welcher der Unbeholfenheit einer Sprache gewahr wurde, die ein göttliches Zulassen des Bösen andeutet: »Es ist daran festzuhalten, dass Gott das Böse nicht geschaffen, ja dass er es auch nicht zugelassen hat.«[a] Zunächst will die Richtigkeit seiner Intuition nicht recht einleuchten, es

a *Notre Père*, Paris, Socéval, 1988, S. 52.

sei denn, man erkennt die Quelle jener falschen Gleichung, die im Geschenk der menschlichen Freiheit eine indirekte Erlaubnis sieht, Böses zu tun. Diese Verwechslung beruht in Wirklichkeit auf der mehr oder weniger unbewussten Annahme, dass der Schöpfergott grundsätzlich auch die Wahl hätte treffen können, dem Menschen das Ausüben seiner Freiheit zu verwehren. Etwas »zulassen« kann ja nur, wer sich auch gegen dieses Projekt stellen und dessen Umsetzung verhindern kann: Eine Erlaubnis wäre keine Erlaubnis, wenn der, der sie gibt, nicht in der Lage wäre, sie ebenso auch nicht zu geben. Bei einem konsequenten Nachdenken über die Beziehung zwischen dem Geheimnis der Liebe und dem Respekt vor der Freiheit eines geliebten Wesens wird klar, dass ein Gott, dessen Wesen die Liebe ist, keineswegs die Wahl hat, die Freiheit des Menschen zu respektieren oder deren Ausüben zu verhindern: Liebe kann schon gar nicht in Betracht ziehen, dem geliebten Wesen die Freiheit zu entziehen. Liebe kann die Freiheit des anderen nur respektieren, denn die Liebe kann nur lieben! Die Tatsache, dass der Mensch seine Freiheit auch missbrauchen kann, kann also keineswegs einer gewissen Erlaubnis gleichkommen, Böses zu tun, in welcher Form auch immer. Die Freiheit des Menschen und die Tatsache, dass Gott diese respektiert, gehen aus dem Wesen eines Gottes der Liebe hervor. Denn dieser kann sich ein Gegenüber, das nicht frei wäre, gar nicht vorstellen, weder tatsächlich, noch in Gedanken. Die Freiheit des Menschen und Gottes Respekt davor entspringen dem Wesen eines Gottes der Liebe wie das Wasser aus der Quelle, denn nur sie entsprechen einer göttlichen Liebe, die sich absolut treu bleibt und nicht anders handeln könnte, ohne ihr eigenes Wesen zu verleugnen.

Eine grenzenlose und unauslöschliche Liebe

So nimmt denn Gottes Allmacht nach und nach ein neues Gesicht an: eine Allmacht der Liebe, die ihr wahres Wesen in der Fähigkeit zeigt, einzig zu lieben, und die auch niemals erlischt, was auch immer geschehen mag: trotz aller Ablehnung, aller Enttäuschungen und Hindernisse, die ihr in den Weg gelegt werden. Dieses neue Gesicht erweist sich als weit von jenem entfernt, das uns aus den gängigen Vorstellungen göttlicher Allmacht üblicherweise entgegenkommt. Diese Distanz kann gar so groß werden, dass Einsicht allein – so unabdinglich sie auch sein mag – nicht genügt, um die unbewusste

Auswirkung der Projektion kindlicher Allmachtswünsche aufzuwiegen. Zu tief liegen die Wurzeln dieses psychologischen Prozesses, als dass die rationale Erkenntnis allein genügen könnte, dessen Wirken entgegenzutreten. Davon zeugen all die vielen Bücher und spirituellen Äußerungen, die einen doppelgesichtigen Gott durchschimmern lassen, wohl ohne dass deren Urheber, die oft über ein eindrucksvolles philosophisches, theologisches, biblisches oder ähnliches Wissen verfügen, dies realisiert hätten. Es ist, als ob dieser psychologische Mechanismus in uns lebendig genug bliebe, um von Zeit zu Zeit eine natürliche Religiosität wieder aufleben zu lassen, die dann neben einer reiferen Sichtweise einhergeht, die man meinte, sich zugelegt zu haben. Ein ständiges Verinnerlichen und ein regelmäßiges Erneuern jener Einsicht scheinen unabdingbar, wenn wir den Einfluss der Projektion unserer Allmachtswünsche in Grenzen halten wollen. Ohne ein Minimum an Wachsamkeit wird diese Projektion jeden Glauben von Grund auf verfälschen, der das Geheimnis Gottes mit dem Geheimnis der Liebe verbindet, und dies umso mehr, je zentraler der Platz ist, den besagte Religion dieser Verbindung zugesteht.

Jedes Suchen nach Sinn, das sich nach der christlichen Offenbarung richtet, muss dabei noch wachsamer sein, denn die Verknüpfung zwischen dem Geheimnis Gottes und dem Geheimnis der Liebe bildet ja den allerinnersten Kern des Glaubens an das Evangelium, wie der Apostel es lapidar und mit leuchtender Klarheit formuliert: »Gott ist Liebe«[a]. Wir können die Allmacht dieses Gottes der Liebe nur falsch darstellen, wenn wir nicht immer wieder zu der eben beschriebenen Einsicht zurückkehren. Weit davon entfernt, der kindlichen Allmacht mit ihrem verborgenen Wunsch nach einer totalen und diktatorischen Kontrolle zu gleichen, kann die Allmacht der göttlichen Liebe nicht darin bestehen, den Menschen zu zwingen, zu manipulieren und zu erdrücken. Sie besteht vielmehr im größten Respekt vor der menschlichen Freiheit. Sie begleitet den Menschen, wie immer sein Leben auch aussehen mag, und liebt ihn bis zuletzt, was auch immer kommen mag.

Trotz aller Verzerrungen, deren Opfer es durch die ganze Geschichte hindurch geworden ist, ist es doch gerade dieses verkannte Gesicht der göttlichen Allmacht, das in überwältigender Weise im Gründungsakt des christlichen Glaubens aufscheint: in Christi Leiden

---

a 1. Johannesbrief, Kapitel 4, Verse 8 und 16 – hier und im Folgenden wird nach der *Einheitsübersetzung der Heiligen Schrift*, Stuttgart, 1980, zitiert.

und in seiner Auferstehung. Hier zeigt sich eine göttliche Allmacht, die unzertrennlich mit jener unverstandenen, mit Füßen getretenen und gedemütigten Liebe verbunden bleibt, die trotzdem noch zu vergeben vermag und jene, die sie zurückweisen und kreuzigen, bis zur Vollendung liebt. Hier offenbart sich eine göttliche Allmacht, die fortan mit dem Symbol des Kreuzes verbunden bleibt, einem Kreuz, das nicht etwa der Verherrlichung des Leidens dienen soll, sondern der Verherrlichung jener grenzenlosen Liebe, von der keiner und keine ausgeschlossen bleibt. Das Zeichen des Kreuzes drückt die Zuversicht des Christen aus, dass nichts ihn und seine Lieben von dieser göttlichen Liebe trennen kann. So schreibt Paulus: »Denn ich bin gewiss: Weder Tod noch Leben, [...] weder Gegenwärtiges noch Zukünftiges, [...] noch irgendeine andere Kreatur können uns scheiden von der Liebe Gottes, die in Christus Jesus ist, unserem Herrn.«[a] Hier zeigt sich letztlich die einzige Allmacht, die einem Gott der Liebe zukommen kann: eine Allmacht, deren Gesicht die Züge einer grenzenlosen und unauslöschlichen Liebe annimmt, einer Liebe, die sich weder entmutigen noch je davon abhalten lässt, sich immer wieder zu verschenken – die Züge einer zuverlässigen Liebe, die auch sicherstellt, dass das Böse niemals das letzte Wort haben wird.

Eine Schöpfung in unumgänglichen Stufen

Das Böse kommt auf Erden aber auch in Formen vor, die nicht dem falschen Gebrauch menschlicher Freiheit zugeordnet werden können. Dies stellt für den Glauben an die Existenz eines allmächtigen Gottes der Liebe die zutreffendste Herausforderung dar. Allerdings ist es oft schwierig, zwischen jenen Formen des Bösen zu unterscheiden, die vom Gebrauch menschlicher Freiheit herrühren, und jenen, die nicht damit zu tun haben. Denn gewisse menschliche Entscheidungen haben zumindest indirekt einen Einfluss auf Katastrophen, die wir als »natürlich« bezeichnen: ökologisch unverantwortliche Entscheide, ungeeignete oder nicht angewandte Sicherheitsmaßnahmen, Anlagen, die – oft aus finanziellen Gründen – in hochriskanten Zonen errichtet werden, Investitionen, die nicht in erster Linie der Verbesserung der Lebensbedingungen oder der medizinischen Forschung dienen, Krankheiten, die schlecht diagnostiziert oder behandelt werden, In-

a Römerbrief, Kapitel 8, Verse 38 und 39.

formations- und Sensibilisierungskampagnen, die unzureichend sind oder kein Gehör finden, und – nicht zu vergessen – die psychischen Ursachen vieler Krankheiten, die von einem schädlichen Verhalten seit frühester Kindheit herrühren, sowie andere psychosomatische Probleme, die mit der individuellen Geschichte von Personen in Zusammenhang stehen usw. Dennoch lässt sich nicht leugnen, dass zahlreiche Phänomene mit manchmal dramatischen Folgen für die Menschheit eben nicht mit dem falschen Gebrauch menschlicher Freiheit in Zusammenhang gebracht werden können. Dies gilt insbesondere dann, wenn sie schon lange vor dem Menschen mit zur Schöpfung gehörten. Einige von ihnen gehören gar wesentlich mit zu jener Dynamik der Evolution, die das Auftreten des Menschen überhaupt ermöglicht haben, und zwar auch und gerade jene, die zweifelsohne am meisten Empörung, Ablehnung und Zweifel an einem Schöpfergott hervorrufen: Naturkatastrophen, Krankheiten und schlussendlich auch der Tod.

Auch hier steht die unbewusste Projektion kindlicher Allmachtswünsche wieder im Zentrum jenes inneren Prozesses, der Menschen in dieser von solch dramatischen Aspekten der Schöpfung geschundenen Welt an der Existenz eines allmächtigen Gottes der Liebe zweifeln lässt oder sie dazu führt, Gott vorzuwerfen, dass er nicht eine bessere Welt erschaffen habe. Der Einfluss dieser Projektion zeigt sich deutlich, wo immer Menschen sich das schöpferische Wirken Gottes unbewusst gleichsam als das eines Zauberers vorstellen, der sogleich und bis ins kleinste Detail das gewünschte Ergebnis hervorbringt. Eine derart illusionäre Vorstellung göttlicher Allmacht, die einfach tun kann, was immer sie will – die kindliche Wahnvorstellung schlechthin –, hat wesentlich zur Folge, dass es schwer wird, eine eigentlich ganz einfache Wahrheit in Betracht zu ziehen: Bevor es zu seiner endgültigen Form gelangt, durchläuft jedes neue Geschöpf eine Reihe von Stufen. Die Geschichte des Universums und der Entwicklung des Lebens auf der Erde gibt davon ein eindrucksvolles Beispiel, und die wissenschaftliche Beobachtung dieser Geschichte ist der beste Weg, um alle quasi magischen Vorstellungen von Gottes Schöpferwirken zu überwinden. Solch magische Vorstellungen von Gottes Wirken hindern viele daran, zu verstehen, dass die wissenschaftliche Theorie der Evolution keineswegs die Existenz eines Schöpfergottes infrage stellt, sondern vielmehr die Vorstellung, die sich viele Menschen, gläubige und ungläubige, von Gottes Schöpfungswirken machen. Zwischen der Frage nach der Vorgehensweise eines Schöpfergottes und jener nach seiner Existenz besteht immerhin ein beträchtlicher Unterschied!

Diese Unterscheidung zeigt nicht nur, dass es zwischen Wissenschaft und Glaube keinen tatsächlichen Widerspruch gibt, sie zeigt auch, welch wertvollen Beitrag die Beobachtungen der Wissenschaft zu einem inneren Weg leisten können. Dies bedeutet allerdings nicht, dass die Wissenschaft in der Lage wäre, zu spirituellen Fragen Stellung zu nehmen. Eine Sache ist es, die Wirklichkeit und ihr Funktionieren, soweit diese beobachtbar sind, zu beschreiben – darin besteht die spezifische Aufgabe der Wissenschaft –, eine andere ist es, dieser Wirklichkeit Sinn zu verleihen – dies die spezifische Aufgabe der Religion. Auch bedeutet es nicht, dass es Aufgabe der Wissenschaft wäre, diese oder jene Interpretation der beobachteten Fakten zu bevorzugen. Ausgehend von denselben wissenschaftlichen Erkenntnissen und Feststellungen bleibt stets noch zu entscheiden, ob es sich dabei um sinnlose Zufälle handelt[3] oder um einen göttlichen Plan, der dem Leben Sinn verleiht und die überall auf Erden erahnte Bedeutung der Liebe bestätigt. Hingegen erinnert uns dieser Beitrag daran, dass die Wissenschaft – selbst wenn sie nichts über die Existenz Gottes aussagen kann – doch das riesige Verdienst hat, einen jeden mit beobachteten Tatsachen zu konfrontieren statt mit illusorischen Träumen oder willkürlichen und oft höchst unwahrscheinlichen Spekulationen. Falls es einen Schöpfer gibt, so sind dies die Evolutionsstufen, denen er folgen wollte und die er also als unumgänglich erachtet hat, um seinen Plan zu verwirklichen.

Ein aufmerksames und respektvolles Hinhören auf wissenschaftliche Beobachtungen kann also aktiv dazu beitragen, uns von reduktionistischen Vorstellungen zu befreien, die wir uns sonst vom Wirken eines möglichen Schöpfergottes machen könnten. Ja, es kann gar noch mehr: Gewisse Feststellungen der Wissenschaft stellen nämlich nicht nur die Gottesvorstellungen infrage, die aus der unbewussten Projektion kindlicher Allmachtswünsche hervorgehen, sie laden uns auch ein, Dinge mit neuen Augen zu betrachten, die wir gewöhnlich für empörende Fehlleistungen der Schöpfung und für unvereinbar mit der Existenz eines allmächtigen Gottes der Liebe halten. Ihre scheinbare Unvereinbarkeit sieht nämlich völlig anders aus, wenn wir sie im Lichte von zwei wissenschaftlichen Feststellungen von entscheidender Bedeutung betrachten, die es nun zu bedenken gilt.

Die komplexen Zusammenhänge der Evolution

Die erste dieser Feststellungen gründet auf der Entdeckung, dass das Universum eine Geschichte hat und dass diese Geschichte einer inneren Logik folgt. Sie hat sich nämlich über Stufen entwickelt, die im Rückblick als unabdingbar erscheinen, um die wesentlichen Komplexitätsschwellen zu überschreiten, die zur Entwicklung des Lebens notwendig waren. Die Geschichte der Menschheit erweist sich insofern unzertrennlich mit der Geschichte des Universums als Ganzem verbunden, als die hauptsächlichen Stufen der Evolution der letzten vierzehn Milliarden Jahre eine zentrale Rolle für das allmähliche Auftauchen der zahlreichen Elemente gespielt haben, die nun den Menschen ausmachen. Das zeigt sich sehr schön etwa bei der Bildung der Atome, angefangen bei ihrer Diversifizierung über kosmisch-chemische Reaktionen im Inneren der Sterne, bis zu ihrer Ausbreitung im gesamten Weltall – und irgendwann dann auch auf dem Planeten Erde – dank der Explosion der Sterne, die sie ausgetragen hatten[4].

Wissenschaftliche Beobachtung hat das außergewöhnliche Potenzial an Kreativität und Fruchtbarkeit entdeckt, das dank präzis jenen Werten universaler Grundkräfte und -konstanten möglich wurde, die von Beginn an gegolten haben. Sie hat nachgewiesen, dass schon die geringste Abweichung von diesen Werten die Existenz von Elementen unmöglich gemacht hätte, die später fürs Menschengeschlecht grundlegend werden sollten[5]. Sie hat festgestellt, wie wichtig es war, bestimmte Komplexitätsschwellen zu überschreiten, wenn die Evolution nicht mehr weiterzukommen schien. Sie hat aufgezeigt, dass alle wichtigen Stufen der Evolution notwendig waren, um den einzigartigen Entwicklungsstand eines Lebewesens zu ermöglichen, welches mit einem Bewusstsein ausgestattet ist und lieben lernen kann[6]. All das führte die Wissenschaft zur unbestreitbaren Feststellung: Das Aufkommen und die Evolution des Menschen wäre nicht in jeglicher Umgebung möglich gewesen, sondern nur allein in dieser einen, die all die vielen Elemente und genauen Eigenschaften besaß, ohne die, wie aufgezeigt wurde, die Menschheit nicht hätte entstehen können. Aus theologischer Perspektive erweist diese Feststellung jede Spekulation über eine magische Allmacht als überholt, die in der Lage wäre, irgendetwas, irgendwann und irgendwie, zu erschaffen. Ist diese erste Etappe einmal zurückgelegt hin zu einer reiferen und realistischeren Vorstellung der Herausforderungen, denen sich ein Schöpfergott in jedem Fall gegenübergesehen hätte, so heißt dies, dass man über die illusionären Träume von einer Schöpfung hinausgekommen ist, wie sie nach der Vorstellung mancher Menschen besser mit der Existenz eines Gottes der Liebe vereinbar wäre.

Eine zweite Feststellung der Wissenschaft kann uns in unseren Überlegungen zu diesem Thema noch einen Schritt weiter führen. Sie ist eng mit der Tatsache verbunden, dass die zahlreichen Verflechtungen zwischen den verschiedenen Stufen der Evolution derart subtil und komplex sind, dass sie dabei indirekt zu Phänomenen führen, an denen sich die Menschen schon immer gestoßen haben. Dank dem immer feineren Verständnis der wesentlichen Mechanismen vieler Naturphänomene hat sich folgende paradoxe Wahrheit ergeben: Zu den unentbehrlichsten Elementen für das allmähliche Erscheinen entwickelter Lebensformen gehören auch solche, die besonders mörderische Folgen nach sich ziehen, etwa Naturkatastrophen sowie viele besonders schädliche Krankheiten[7]. In unterschiedlichem Maß zwar und auf je spezifische Weise bestehen diese Phänomene nämlich aus einer Vielzahl von Interaktionen zwischen Elementen, die es dem Leben schließlich ermöglicht haben, ganz entscheidende Entwicklungsschwellen zu überwinden. Mit anderen Worten: Die wissenschaftliche Beobachtung der vielen Zusammenhänge in der Evolution hat immer wieder deutlich gemacht, dass selbst Phänomene, die man für den Menschen als äußerst gefährlich betrachtet, auf die eine oder andere Weise eine Rolle bei der Entstehung des Menschen gespielt haben. Diese scheinbar so paradoxe Wahrheit führt zur überraschenden Feststellung: Hätte es diese potenziell gefährlichen Phänomene nicht gegeben – wie sich das Menschen so sehr wünschen, wenn sie von einer in ihren Augen besseren Schöpfung träumen –, so wäre auch kein menschliches Leben möglich geworden.

Aus theologischer Sicht entkräftet diese zweite Feststellung jegliche Spekulation über einen Schöpfergott, der die Möglichkeit gehabt hätte, die Welt entweder so zu schaffen, wie wir sie nun als Menschen erleben, oder eine Welt ohne für die Geschöpfe möglicherweise gefährliche Nebenwirkungen[8]. Ist auch diese zweite Etappe hin zu einer reiferen und realistischeren Vorstellung der Herausforderungen zurückgelegt, denen sich ein Schöpfergott ohnehin gegenüber gesehen hätte, so muss man auch jene falsche Alternative aufgeben, die in unserem menschlichen Denken herumgeistert, solange es noch zu sehr von der Projektion kindlicher Allmachtswünsche geprägt ist.

Sollte Gott darauf verzichten,
ein liebendes Bewusstsein zu schaffen?

Diese doppelte Feststellung lädt uns ein, nicht länger in der Abhängigkeit jener illusorischen Alternative zu verharren und stattdessen eine
Alternative in Betracht zu ziehen, welche die zur Evolution des Lebens
anscheinend notwendigen Etappen und die komplexen Zusammenhänge der Evolution samt deren Risiken für die einen oder anderen
Lebewesen tatsächlich berücksichtigt. Eine in sich schlüssige Alternative bedingt neben der wissenschaftlichen aber auch eine theologische Klärung. Denn eine solche Alternative kann nicht auf theologischen Spekulationen beruhen, die mit dem Plan oder dem Wesen eines
Schöpfergottes, der Liebe ist, unvereinbar wären[9]. Es ist also sorgsam
darauf zu achten, Kriterien ins Zentrum dieser Überlegungen zu stellen, die der Grundmotivation eines Gottes der Liebe am ehesten
entsprechen.

Ein Kriterium, das besonders gut geeignet ist, eine Anzahl inko-
härenter Hypothesen auszuschließen, ist schon mit folgender einfachen Schlussfolgerung gegeben: Hätte es einen anderen Weg gegeben,
ein bewusstes Wesen zu schaffen, dessen Liebesfähigkeit größer
gewesen wäre als die des Menschen, so hätte ein Gott der Liebe diesen Weg gewählt und nicht den, den wir nun auf Erden beobachten
können. Gewiss kann niemand behaupten, dass es für einen Schöpfergott völlig unmöglich gewesen wäre, eine andere Form von Evolution oder ein anderes Universum mit anderen Eigenschaften zu
wählen, die nicht zu denselben Folgen geführt hätten. Doch es kann
wohl nicht geleugnet werden, dass ein Gott der Liebe den Menschen
niemals durch begrenzte und manchmal auch gefährliche und
schmerzhafte Stadien hindurch geschaffen hätte, wenn es dazu einen
risikoärmeren, direkteren und verheißungsvolleren Weg gegeben
hätte.

Nun gilt es, ein zweites Kriterium der Schlüssigkeit und der theologischen Klarsicht aufzuzeigen: Um eines Tages eine echte gegenseitige Liebe zwischen Gott und Mensch zu ermöglichen, musste der
Schöpfungsplan den Menschen mit einem ausreichend entwickelten
Grad an Bewusstsein und Liebesfähigkeit ausstatten. Den in dieser
Hinsicht notwendigen Entwicklungsgrad zu beurteilen, übersteigt
aber die Fähigkeit des Menschen, sodass dieses Kriterium ein Stück
weit von Geheimnis umhüllt bleibt. Aber könnte es nicht sein, dass
der auf Erden zu beobachtende Weg nicht nur der verheißungsvollste,

sondern gar der einzige wäre, der einen genügenden Grad an Bewusstsein und Liebesfähigkeit sicherstellen könnte?

Beachtung verdient noch ein drittes Kriterium, das sich teilweise ebenfalls menschlicher Beurteilung entzieht und Geheimnis bleibt[10]. Wenn es so ist, dass ein Gott der Liebe nicht in diktatorischer Weise handeln kann, so konnte er gar nicht anders, als all den Elementen seiner Schöpfung ein Maß an Freiheit und relativer Autonomie zuzugestehen, das ihrer jeweiligen Natur entspricht. Zu den zuvor besprochenen Herausforderungen kommt also noch jene hinzu, dass es beim Menschen gilt, einen Grad an Freiheit zu entwickeln, der jene gegenseitige Zustimmung erlaubt, ohne die es zwischen Gott und Mensch keine echte Liebe geben könnte. Darüber hinaus sollte ein Gott der Liebe auch allen anderen Lebewesen und so weit wie möglich selbst der Materie ein gewisses Maß an Freiheit oder relativer Autonomie gewähren. Dieses je eigene Maß an Freiheit oder relativer Autonomie könnte zum Teil auch die zahllosen ergiebigen oder fruchtlosen, tastenden Versuche erklären, die durch die ganze Evolution hindurch zu beobachten sind. Sie könnten den Anteil darstellen, den sie je auf ihre Art zur schöpferischen Exploration beitragen, welche dieser Gott der Liebe wirkt. Könnte es sein, dass es einem solchen Schöpfergott, trotz der vielen Bedingungen in Bezug auf Präzision, Synchronisation und weiteren Parametern, die anscheinend notwendig sind, um gewisse Komplexitätsschwellen zu überschreiten, daran gelegen wäre, dieses außergewöhnliche Potenzial an Kreativität und Fruchtbarkeit bereitzustellen, damit sein kreativer Erfindergeist so den besten Weg erkunden könnte, ein bewusstes Wesen hervorzubringen, das lernen könnte zu lieben?

Versucht man bei seinen Überlegungen sowohl die tatsächliche Wirklichkeit, ihre Komplexität, wenn nicht gar Notwendigkeit, wie auch die Motive zu beachten, die einer göttlichen Liebe entsprechen könnten, so erscheint schließlich die Hypothese am ehesten folgerichtig, dass ein Schöpfergott einer viel radikaleren Wahl gegenübersteht, als es sich der Mensch unter dem Einfluss seiner kindlichen Allmachtswünsche vorstellt: Er kann entweder Etappen folgen mit allen Konsequenzen, wie wir Menschen sie erfahren, oder er kann darauf verzichten, ein genügendes Maß an Bewusstsein und Liebesfähigkeit zu schaffen, die eine gegenseitige Liebe zwischen Gott und Mensch ermöglicht.

Eine gegenseitige Liebe ohne Ende

Wenn wir uns dieses Dilemma vor Augen führen, so gibt es uns die Möglichkeit, sehr viel klarer wahrzunehmen, was auf dem Spiel steht und welchen Gewichtungen und Herausforderungen ein Schöpfergott, der Liebe ist, tatsächlich gegenübersteht. Aus psychologischer Sicht ist dies umso wichtiger, als jeder Versuch, die verschiedenen theoretisch möglichen Varianten eines Zauberer-Gottes hinter sich zu lassen, bei uns allen innere Widerstände hervorruft, deren letztes Aufbäumen umso intensiver ist, je tiefer unsere unbewussten Allmachtswünsche noch verankert sind. Aus philosophischer und theologischer Sicht erweist sich diese Etappe als umso entscheidender, als sie die Grundlage stark erschüttert, auf welcher der Eindruck einer Unvereinbarkeit zwischen gewissen Formen des Bösen und der Existenz eines allmächtigen Gottes der Liebe beruht. Diese Grundlage ist nichts anderes als die teils unbewusste Vorstellung eines Zauberer-Gottes, der ebenso gut eine ähnliche Evolution ohne das Risiko unerwünschter Nebenwirkungen hätte in Gang bringen können. Der bekannte Theologe und Wissenschaftler Pierre Teilhard de Chardin war einer der Ersten, der versuchte, den neuen Perspektiven in vertiefter Weise nachzugehen, die ein wachsendes Verständnis für die Evolution des Universums und des Lebens auf Erden nach sich ziehen sollte. Denn er war erfüllt von der tiefen Überzeugung: »Auf das Problem [des Bösen] beginnt ein besseres Verständnis des Universums, in dem wir uns vorfinden, tatsächlich den Anfang einer Antwort zu bringen.«[a] Eine solche Sichtweise eröffnet tatsächlich den Weg zu einem besseren Verständnis und gar zu einer Versöhnung mit der Welt, wie sie ist: einen Weg der Versöhnung für all jene, die die Bedeutung der Evolutionsstufen, ihrer unzähligen Elemente, Eigenschaften und weiteren Parameter ernst nehmen, die beachtet werden mussten, damit die Welt ein Leben hervorbringen konnte, das genügend Bewusstsein hat und lieben kann; einen Weg der Versöhnung für alle, die einsehen, dass alles, was ihnen auf Erden am liebsten ist – wie auch das Schönste, was sie erlebt haben –, niemals möglich gewesen wäre ohne die Elemente, die manchmal indirekt auch zu den empörendsten Phänomenen führen können; einen Weg der Versöhnung für alle, die nach den wahren Motiven fragen, welche einen Gott der Liebe dazu gebracht haben könnten, diese Welt lieber zu haben als gar keine

a *Sur la souffrance*, Paris, Seuil, 1974, S. 118.

Welt, und die vielleicht gar eine noch viel weitere Absicht erahnen, als es die begrenzten Aussichten ihres irdischen Lebens voraussehen lassen: die Absicht, ein liebendes Bewusstsein zu erschaffen, das mit ihm eines Tages für immer in einer gegenseitigen Liebe leben könnte.

Wie auch immer der weitere Weg und die weiteren Fragen für jeden Einzelnen aussehen mögen, das Beachten der wesentlichen Etappen der Evolution wird für jedes Suchen nach Sinn, das nicht weiter bei Gottesvorstellungen bleiben möchte, die von kindlichen Allmachtswünschen geprägt sind, ein wertvoller Hinweis bleiben. Falls es einen allmächtigen Gott der Liebe gibt, so ist die Allmacht seiner göttlichen Liebe nicht mit einer magischen Kraft zu vergleichen, die aus illusorischen Träumen hervorgeht. Sie gleicht vielmehr einer ständig wirksamen schöpferischen Liebesenergie, die sich weder von den vielen Hindernissen und Gefahren aller Art entmutigen lässt, die mit der Erschaffung einer derartigen Evolution einhergehen – Gefahren, die allenfalls gar von den Geschöpfen und dem Missbrauch ihrer Freiheit noch verschlimmert werden –, noch von der extremen Komplexität und von der Präzision, die bei all den Eigenschaften, Konstanten, Synchronisationen und raffinierten Anpassungen notwendig sind, um nach und nach ein Bewusstsein hervorgehen zu lassen, das lernen kann zu lieben[11]. Bei seinen Meditationen über diese sehr konkrete Seite von Gottes Liebe, die unerschütterlich dazu entschlossen ist, ein liebendes Wesen als Gegenüber zu schaffen, fand Teilhard de Chardin gar zu dieser kühnen Formulierung: »Liebe ist die universellste, gewaltigste und geheimnisvollste aller kosmischen Energien. […] Die eindrucksvollste und wohl auch wahrste Weise, die Geschichte der Evolution zu erzählen, wäre wohl, die Evolution der Liebe nachzuzeichnen.«[a]

Diese Vorstellung der göttlichen Allmacht hat jedenfalls das Verdienst, dass sie sich sowohl an die beobachteten Tatsachen hält und zugleich ganz einem Gott der Liebe entspricht, der bestimmt anders gehandelt hätte, wenn er eine Möglichkeit gesehen hätte, direkter zu einem ähnlichen oder gar besseren Resultat zu gelangen. Sie zeigt einmal mehr, wie lohnend es für uns alle sein kann, darauf zu achten, nicht allzu sehr von der unbewussten Projektion unserer Allmachtswünsche abhängig zu bleiben und so einen Glauben nicht allzu sehr zu entstellen, der das Geheimnis Gottes und das Geheimnis der Liebe zueinander in Verbindung bringt. In der Bibel, wo diese Verbindung

a *Sur l'Amour*, Paris, Seuil, 1967, S. 7 und 10.

ganz zentral ist, wird der Begriff der Allmacht durch das griechische Wort »pantokrator« ausgedrückt, das eigentlich den bezeichnet, »der alles trägt«. Der Pantokrator hält die gesamte Geschichte in seiner Hand, er ist der, der die Macht hat und entschlossen ist, seine Schöpfung zu ihrer Erfüllung zu führen. Es handelt sich also nicht um irgendeine magische Kraft, sondern um den Willen und die Fähigkeit, den tiefsten Sinn der Evolution Wirklichkeit werden zu lassen. So wie Paulus schreibt: »Denn in ihm (Christus) hat er uns erwählt vor der Erschaffung der Welt, damit wir heilig und untadelig leben vor Gott.«[a] Für die christliche Offenbarung ist es das Ziel der ganzen Evolution, ein bewusstes Wesen zu schaffen, das dieser Schöpfergott einmal in seine eigene Dimension eintreten lassen kann, um mit ihm in Liebe zu leben. Für sie ist die Schöpfung erst dann wirklich vollendet, wenn ein jeder auferstanden ist. Erst die Auferstehung – und nicht schon das irdische Leben – offenbart das wirkliche Ziel des Schöpfungsplans. Erst sie verleiht im Nachhinein einer jeden dieser Etappen, die es möglich gemacht haben, ihren wahren Wert, so wie die Schönheit eines Bildes erst dann in all seiner Leuchtkraft erfasst werden kann, wenn es der Maler wirklich vollendet hat[12]. So sind wir alle eingeladen, unseren Blick auf die Welt und auf den Plan eines Gottes der Liebe, der diese geschaffen hat, von Grund auf zu erneuern.

Welches auch immer unsere Überzeugungen auf diesem Gebiet sein mögen, wir kommen nicht umhin, festzustellen, dass das Vertrauen in einen allmächtigen Gott der Liebe, der in einer ewigen Beziehung zur schönsten Frucht seiner Schöpfung leben möchte, zumindest nicht in sich widersprüchlich ist. Nichts, im Gegenteil, wäre widersprüchlicher und absurder, als über vierzehn Milliarden Jahre hindurch alles ins Werk gesetzt zu haben, um ein Bewusstsein entstehen zu lassen, das lieben lernen kann, um es danach ins Nichts zurücksinken zu lassen, als ob es niemals existiert hätte. Das Motiv aber, das dieser Aussicht auf eine ewige Liebesbeziehung innewohnt, verstärkt mehr denn je die zwei spezifischsten Merkmale des neuen Gesichts einer göttlichen Allmacht, das zumindest teilweise schon von gewissen unbewussten Prägungen befreit ist: die wunderbar schöpferische Erfindungskraft und die unerschütterliche Entschlossenheit[13]. Alle beide zeichnen eine Liebe aus, die bereit ist, allen Hindernissen entgegenzutreten und sich niemals von einem geliebten Wesen trennen zu lassen,

a Epheserbrief, Kapitel 1, Vers 4.

dessen Freiheit sie immer unendlich respektieren wird. Und beide Merkmale erscheinen für jede wahre Liebe spezifisch genug, dass wir alle – ob gläubig oder nicht – sorgsam darauf achten sollten, unsere Suche nach Sinn nicht weiter von einer illusorischen psychologischen Projektion abhängig bleiben zu lassen, die unbemerkt einem schlussendlich völlig unberechtigten Gefühl der Widersprüchlichkeit Nahrung gibt: Das Funktionieren und die Umstände dieser Welt stehen nämlich nicht im Widerspruch zur Existenz einer göttlichen Liebe, deren Allmacht von Beginn an der Erschaffung eines bewussten Wesens dient, das mit Gott eines Tages in einer gegenseitigen Liebe ohne Ende leben könnte.

II. Schuldgefühl und versteckte Ängste vor Gott

Unbewusste Projektionen und Vorstellungen von Gottes Urteil über uns

Unter den unbewussten Projektionen, die jeder spirituellen Fragestellung im Wege stehen, richten vielleicht jene den größten Schaden an, die uns Menschen dazu bringen, uns Gott – ob wir nun an ihn glauben oder nicht – als das Wesen vorzustellen, das uns streng verurteilen, bestrafen oder gar für immer verwerfen könnte. Der zweite Teil dieses Buches will Stück für Stück den wirklichen Ursprung solcher Projektionen entlarven und uns so in die Lage versetzen, uns schrittweise von diesen geheimen Ängsten zu befreien, selbst wenn es uns manchmal tatsächlich schwerfällt, uns für liebenswert zu halten. Oft führen uns versteckte Ängste aber auch dazu, die Frage nach Gott zu verdrängen, oder dazu, dass unser inneres Leben uns mehr lähmt, als dass es zu unserer Entfaltung beiträgt. Nach und nach wird in diesem zweiten Teil eine Vorstellung von Gottes Urteil über uns sichtbar werden, die weit von dem entfernt ist, was wir Menschen uns immer wieder vorstellen, wenn wir uns selbst betrachten, ganz besonders wenn wir uns dabei in mehr oder weniger diffuse Schuldgefühle verstricken.

Eine schwierige Begegnung mit uns selbst

Um das wahre Wesen und den Ursprung dieser Projektionen zu entdecken, müssen wir zuallererst die Tatsache anerkennen, dass jeder Mensch von Ängsten bewohnt ist: von der einfachen Angst, enttäuscht oder missverstanden zu werden, bis hin zur Furcht, nicht geliebt oder völlig verlassen zu werden. Dabei handelt es sich nicht nur um klar zu benennende und bewusste Ängste. Einige geistern ziemlich verborgen und subtil in den Windungen unserer menschlichen Psyche umher, andere bleiben uns gar völlig unbewusst. Trotzdem reichen sie bei uns allen aus, um die Art und Weise zu beeinflussen, wie Gott sich nach unserer Vorstellung wohl uns gegenüber verhalten wird. Solche Ängste können die einen dazu führen, religiösen Fragen gegenüber scheinbar gleichgültig zu bleiben und Abstand zu nehmen.

Dafür geben diese Menschen allerdings oft Gründe an, die eher Vor-
wänden als der Frucht einer reifen Reflexion gleichen. Andere führen
diese Ängste zu einer Spiritualität, die aus einer Menge von Bedingungen besteht, die zu erfüllen sind. Andernfalls, meinen sie, könne
Gott sie gar nicht lieb haben. Das kann gar so weit gehen, dass ihr
inneres Leben oder ihr ganzes Leben überhaupt einem Gefängnis
voller Verbote gleicht. Manchmal haben auch ihre Angehörigen unter
ihren Vorstellungen zu leiden. Für die einen wie für die anderen
braucht es ein genaueres Verständnis solcher Prozesse, damit eine
authentische Sinnsuche oder ein spiritueller Weg überhaupt möglich
wird.

Entgegen einer recht verbreiteten Meinung entwickeln sich diese
versteckten Ängste vor Gott nicht nur als Folge einer ungeschickten
und eher strengen religiösen oder elterlichen Erziehung. Gewiss können viele dieser Ängste durch sehr fordernde Gottesbilder oder unter
dem Einfluss strenger Eltern verstärkt werden. Dies umso mehr, als
das Elternbild ja sehr häufig auf Gott übertragen wird. Überdies neigt
jedes Kind dazu, das, was ihm von seinen Erziehern gesagt wird –
»handelst du gut, so wirst du belohnt; handelst du schlecht, so wirst
du bestraft« –, als eine Art emotionaler Erpressung zu verstehen: als
ob dabei die Liebe seiner Eltern auf dem Spiel stünde. Dies trägt dann
oft dazu bei, im Kind den Eindruck zu verstärken, dass auch ein Gott
der Liebe es nur dann lieben kann, wenn es vorerst bestimmte Bedingungen erfüllt. All diese Elemente haben unbestreitbare Auswirkungen auf die spontanen Gottesvorstellungen vieler Menschen, ob sie
sich nun als »gläubig« oder als »nicht-gläubig« bezeichnen. Trotzdem liegt der wahre Ursprung der versteckten Angst, ungeliebt zu
bleiben, streng beurteilt und bestraft, wenn nicht gar gänzlich verworfen zu werden, sehr viel tiefer als der Bereich, auf dem Erziehung
und äußerer Druck Einfluss haben können. Dieser Ursprung hängt
untrennbar mit einer Phase der psychologischen Entwicklung eines
jeden Menschen zusammen. In dieser Phase steigen bestimmte unbewusste Gegebenheiten bis an die Grenze des Bewusstseins empor. Sie
konfrontieren den Menschen mit seinen inneren Schattenseiten, mit
seinen aggressiven Trieben, mit Aspekten seiner Geschichte und seiner Persönlichkeit, die ihm missfallen, die ihn beängstigen oder ver-
stören. Dadurch kommt in ihm ein inneres Unbehagen auf. Diese
schwierige Begegnung mit sich selbst macht es dem Menschen schwer,
sich als liebenswert zu empfinden – und sich also lieben zu lassen. Sie
führt ihn dazu, sich Gott als ein Wesen vorzustellen, das ihn wegen

der schwierigen und noch unversöhnten Seiten seiner Persönlichkeit streng verurteilen könnte. Die Gefahr ist deshalb bei jedem Menschen groß, dass er den strengen Blick, mit dem er sich selbst beurteilt, auf Gott überträgt. Diese eigene Strenge erweist sich manchmal als ebenso unbewusst wie die Projektion, zu der sie führt. Denn nur das Unbewusste hat vollen Zugang zu bestimmten verdrängten Seiten unsrer selbst, und diese hält es häufig stark unterdrückt. Mit anderen Worten: Wie klar auch immer der Mensch seine Strenge gegenüber gewissen ungeliebten Seiten seiner selbst erkennen mag, ein Teil seiner selbst bleibt von diesem inneren Unbehagen bewohnt, das von einem gewissen Schuldgefühl nicht zu unterscheiden ist.

Leicht projizieren wir unsere eigene Strenge denn auch auf Gott. So kann dieses innere Unbehagen sowohl den Weg derjenigen verfälschen, die noch auf der Suche nach Gott sind, wie auch jenen derer, die bereits eine Beziehung zu Gott haben. Bei den einen wie bei den anderen besteht die Gefahr, dass ihre Gottesvorstellung von ihrer tatsächlichen Schwierigkeit beeinflusst wird, sich selbst lieb zu haben. Wenn überdies der Einfluss jener schwierigen Selbstbegegnung, jenes Schuldgefühls, das tief in jedem von uns verankert ist, unerkannt bleibt oder in theologischen Formulierungen unterschätzt wird, so kann das, was eine Froh-Botschaft hätte sein sollen, sehr wohl auch als Droh-Botschaft wahrgenommen werden[14]! Es ist kein Zufall, dass es bei einem theologischen Gedankengang oder beim Lesen eines besonders schönen Bibelabschnitts nur eines einzigen etwas ambivalenten Ausdrucks bedarf, der einen leichten Schatten zum Beispiel auf Gottes Liebe wirft, damit ausgerechnet diese Formulierung unsere Aufmerksamkeit auf sich zieht und uns innerlich verstört. Ohne das unterschwellige innere Unbehagen und dieses mehr oder weniger unbewusste Schuldgefühl hätte der Ausdruck kaum eine derartige Resonanz.

Nach dieser Feststellung stellt sich nun die Frage: Wie können wir uns allmählich von der Projektion unserer eigenen strengen Sichtweise auf die Art, wie Gott uns vielleicht betrachtet, befreien? Da dieser psychische Prozess tief in uns verankert ist und auf die kleinste Gelegenheit lauert, sich bemerkbar zu machen, stellt die Kenntnis seines Einflusses leider nur den allerersten Schritt auf einem Weg dar, wo wir kaum hoffen können, uns dieser Projektion endgültig zu entledigen, doch darauf achten können, uns ihrem Zugriff immer wieder zu entziehen. Natürlich ist diese erste Etappe unerlässlich, um vorerst den Einfluss dieser Projektion zu begrenzen, denn sie erlaubt uns, deren Rolle in all den strengen Gottesvorstellungen zu erkennen, und sie berechtigt uns, ihren Wahrheitsgehalt zu hinterfragen. So öffnet sich ein innerer Raum, in dem es möglich wird, eine neue Vorstellung von Gott überhaupt in Betracht zu ziehen und offen zu werden für ein neues Gottesbild, ohne dass es sogleich dieser unbewussten Entstellung wieder zum Opfer fällt. Doch nun erweisen sich eine zweite und eine dritte Etappe als ebenso unerlässlich, um unseren Blick auf uns selbst und den Blick, den wir Gott zuschreiben, zu erneuern. Sie werden es insbesondere erlauben, den spezifischen Beitrag der Psychologie und den nicht minder spezifischen Beitrag der christlichen Offenbarung sich begegnen und einander hinterfragen zu lassen und beide respektvoll anzuhören. Die zweite Etappe besteht im Wesentlichen in einem verfeinerten Verständnis der verschiedenen Quellen des Schuldgefühls im Rahmen der psychologischen Entwicklung jedes einzelnen Menschen. Dieses Verständnis erlaubt uns, manche Urteile über uns selbst und manche illusorischen Gottesvorstellungen, die einem inneren Weg so sehr schaden, als unzutreffend zu erkennen. In der dritten Etappe geht es dann mehr um den Versuch, objektiver zu erfassen, welches die Sichtweise eines Schöpfer-Gottes auf das sein könnte, was der Mensch an sich selbst nicht liebt. Dieser Versuch soll gewisse Schuldgefühle als unberechtigt entlarven und andere, berechtigte Schuldgefühle einer Heilung entgegenführen und so einige Meilensteine auf dem Weg zu einer echten Versöhnung mit sich selbst aufzeigen.

Ursprünge des Schuldgefühls

Um die verschiedenen Ursprünge des Schuldgefühls besser zu erfassen, gilt es in dieser zweiten Etappe vorerst, eine – wenn auch sehr grobe – Gesamtübersicht über die wichtigsten Etappen der psychischen Entwicklung des Menschen während seiner ersten vier Lebensjahre zu gewinnen. Einer der wichtigsten Beiträge der Psychoanalyse ist, dass sie aufgezeigt hat, dass ein Schuldgefühl in jedem Menschen seit frühester Kindheit tief verankert ist. Sie unterscheidet dieses Schuldgefühl von dem, das wir in der Alltagssprache als Gewissensbiss bezeichnen, wenn wir nämlich etwas getan haben, was wir – zu Recht oder zu Unrecht – als tadelnswert empfinden. Von dieser zweiten Form des Schuldgefühls wird später noch die Rede sein. Vorerst gilt es aber, den Mechanismen nachzugehen, die zum ersten Auftauchen des Schuldgefühls führen. Diese sind nämlich umso gefährlicher, als sie von frühester Kindheit an ihre Spuren in den Tiefen der Psyche hinterlassen und weil ihre Existenz selbst theoretisch noch kaum bekannt ist.

Die Psychoanalyse betrachtet das Auftauchen des Schuldgefühls in der frühen Kindheit als das Ergebnis der aggressiven Triebentwicklung im Kind. Diese aggressiven Triebe können in der kindlichen Einbildung solch erschreckende Ausmaße annehmen, dass das Subjekt sich unbewusst schuldig fühlt, von derartigen Zerstörungs-, Hass- und sogar Mordfantasien bewohnt zu sein. Für Melanie Klein, eine Pionierin der Kinderpsychoanalyse in den 1920er-Jahren, stand diese überraschende Feststellung schon damals außer Zweifel: »Es ist – wie ich aus Erfahrung weiß – schwer, sich zu der Erkenntnis zu entschließen, dass dieses erschreckende Bild der Wahrheit entspricht. Die Fülle und reichhaltige Grausamkeit der mit diesen Begierden einhergehenden Fantasien, wie wir sie in Frühanalysen mit voller Deutlichkeit und Eindringlichkeit dargestellt sehen, ist überwältigend.«[a] Doch wie können solch aggressive Triebe entstehen und sich im Menschen derart entwickeln?

Die Entstehung des Lebens ist an sich schon ein Kampf gegen das Nichts und den Tod. Deshalb muss jedes Lebewesen, um überleben zu können, über einen Grundbestand an Aggressivität verfügen. Sigmund Freud vermerkt, dass im Tiefsten jedes Lebewesens von Geburt an ein ständiger Kampf im Gang ist, um sich vom Nichts loszureißen, ein Kampf zwischen dem Lebenstrieb, den er *Eros,* und dem Todestrieb, den er *Thanatos* nennt. Der Psychoanalytiker Jean-Pierre Chartier beschreibt diese erste Aggressionsäußerung mit folgenden Worten: »Die Aggression erscheint demnach als die nach außen gerichtete Vertreibung einer Zerstörungskraft, die ursprünglich gegen das Subjekt selbst gerichtet war.«[b] Dieses Aggressionspotenzial erfährt im Laufe der ersten Jahre eine spektakuläre Entwicklung. Dies als Folge dreier Hauptereignisse, die große Auswirkungen auf das vom Kind empfundene Schuldgefühl und auf seine Strenge zu sich selbst haben werden: die Entwöhnungszeit, das Aufkommen des Ödipuskomplexes und die Entstehung dessen, was Freud das »Über-Ich« nennt.

Die Phase der Entwöhnung markiert eine erste Stufe in der Ent-

---

a *Die Psychoanalyse des Kindes*, Wien, Internationaler Psychoanalytischer Verlag, 1932, S. 140.
b *Introduction à la pensée freudienne*, Paris, Payot, 1993, S. 145.

wicklung aggressiver Triebe im Kind. Das Baby erkennt dabei, dass die Mutterbrust nicht Teil seiner selbst ist und dass es über die Hauptquelle seines Vergnügens und Trostes nicht nach Belieben verfügen kann. Fortan wird das Mutterbild ambivalent, eine Quelle sowohl des Glücks als auch des Unglücks, der Liebe und des Hasses. Melanie Klein wagt gar zu behaupten: »Hass und aggressive Gefühle kommen auf; das Kind wird von der Triebregung beherrscht, eben jene Person zu zerstören, die das Objekt all seiner Begierden und die mit allem, was es erlebt – Gutem wie Bösem – verknüpft ist.«[a]

Durch das Aufkommen des Ödipuskomplexes wird eine neue kindliche Aggressionsschwelle überschritten: Das wachsende Verlangen des Kindes, sich mit dem andersgeschlechtlichen Elternteil zu vereinen und ihn für sich allein zu beanspruchen, lässt in seinem Unbewussten den Wunsch aufkommen, den gleichgeschlechtlichen Elternteil, den es von nun an als Rivalen empfindet, verschwinden zu lassen. Schließlich richtet sich diese Aggression auch gegen den andersgeschlechtlichen Elternteil, einerseits aufgrund eines gleichzeitigen Phänomens der Identifikation, Bewunderung und Komplizenschaft mit dem gleichgeschlechtlichen Elternteil, den das Kind ja auch für sich alleine haben möchte – man nennt dies die »negative« Form des Ödipuskomplexes –, und andrerseits aufgrund der tatsächlichen Unmöglichkeit, sich mit dem andersgeschlechtlichen Elternteil zu vereinen: »Zudem weckt das jeweilige Hauptobjekt aller sexuellen Begierden – für das Mädchen der Vater, für den Knaben die Mutter – auch Hass und Rachegefühle, weil die sexuellen Wünsche unbefriedigt bleiben.«[b]

Dies ist einer der Gründe, weshalb Sigmund Freud die indirekte Verbindung zwischen der Intensität der sexuellen und der aggressiven Triebe betont hat. Weil das Kind diese in Schranken halten muss, kehren sich diese Triebe als Schuldgefühle gegen es selbst: »Wie soll man es denn dynamisch und ökonomisch erklären, dass an Stelle eines nicht erfüllten erotischen Anspruchs eine Steigerung des Schuldgefühls auftritt? Das scheint doch nur auf dem Umwege möglich, dass die Verhinderung der erotischen Befriedigung ein Stück Aggressionsneigung gegen die Person hervorruft, welche diese Befriedigung

a *Liebe, Schuldgefühl und Wiedergutmachung*, 1937, übersetzt von Gerhard Vorkamp, revidiert von Ruth Cycon, in: Melanie Klein, *Gesammelte Schriften*, Band I, 2: *Schriften 1920–1945*, Teil 2, Stuttgart, Fromman-Holzboog, 1996, S. 108.
b *Ibd.*, S. 113.

stört, und dass diese Aggression selbst wieder unterdrückt werden muss.«[a]

So kommt es, dass von extremer Gewalt gegen die eigenen Eltern geprägte aggressive Triebe unbewusst vom Kind Besitz ergreifen[15], die dann zur Quelle von Schuldgefühlen und einer Strenge gegen sich selbst werden, die sich besonders dann entwickeln, wenn sich das »Über-Ich« ausgebildet hat: »Das Über-Ich«, erklärt Jean-Pierre Chartier, »[...] ist eine unbewusste Verbotsinstanz. Aus Angst, die Liebe seiner Eltern zu verlieren, verinnerlicht das Kind die familiären Verbote, die moralischen Urteile und die Ansprüche seines Umfeldes. [...] Das derart veränderte Ich waltet als ein verinnerlichter Richter, der manchmal barbarisch bestraft.«[b] Erweist sich also die Strenge dieses Über-Ichs als abhängig von den fortan verinnerlichten »familiären Verboten« und »moralischen Urteilen«, dann wird sie nach Sigmund Freud durch die Intensität der aggressiven Impulse des Subjekts noch verstärkt. Denn die Strenge des Über-Ichs steht gleichsam in einem proportionalen Verhältnis zu ihren Zerstörungstendenzen: »Die Wirkung des Triebverzichts auf das Gewissen geht dann so vor sich, dass jedes Stück Aggression, dessen Befriedigung wir unterlassen, vom Über-Ich übernommen wird und dessen Aggression (gegen das Ich) steigert.«[c] Daraus folgt, dass alle Kinder von der Strenge des Über-Ichs betroffen sind und nicht nur jene, die eine besonders strenge elterliche Erziehung hätten verinnerlichen müssen. Einerseits kennt jedes Kind im Lauf seiner psychischen Entwicklung notwendigerweise aggressive Triebe, die weitgehend unabhängig von seinem Lebensumfeld sind. Andrerseits kann paradoxerweise selbst die Freundlichkeit der Eltern zur Strenge des Über-Ichs beitragen, weil das Kind sich wegen seiner aggressiven Triebe solch guten Eltern gegenüber erst recht schuldig fühlt: »Der ›übermäßig weiche und nachsichtige‹ Vater wird beim Kinde Anlass zur Bildung eines überstrengen Über-Ichs werden, weil diesem Kind unter dem Eindruck der Liebe, die es empfängt, kein anderer Ausweg für seine Aggression bleibt als die Wendung nach innen.«[d] Und Sigmund Freud fügt hinzu: »Wir kennen also zwei Ursprünge des Schuldgefühls, den aus der Angst vor der Autorität und den späteren aus der Angst vor dem Über-Ich. Das Erstere

a *Das Unbehagen in der Kultur*, Wien, Internationaler Psychoanalytischer Verlag, 1930, S. 124.
b *Introduction à la pensée freudienne*, op. cit., S. 141.
c *Das Unbehagen in der Kultur*, op. cit., S. 109.
d *ibd.*, S. 111, Anmerkung 2.

zwingt dazu, auf Triebbefriedigungen zu verzichten, das andere drängt, da man den Fortbestand der verbotenen Wünsche vor dem Über-Ich nicht verbergen kann, außerdem zur Bestrafung.«[a]

Das eigene Über-Ich nicht mehr mit Gott verwechseln

Dieser unbewusste Mechanismus, hinter dem sich die eigentlichen Wurzeln eines inneren Unbehagens und einer Schwierigkeit, sich selbst zu lieben und als liebenswert zu erachten, einer Strenge sich selbst gegenüber und deren oft unbewusste Projektion auf einen eventuellen göttlichen Blick verbergen, ist so tief in unserer Psyche verankert, dass er lebenslang Spuren hinterlässt. In der Zeit der Adoleszenz scheinen diese besser sichtbar zu sein. Hier erreicht die Sexualität eine neue Entwicklungsstufe, die den Ödipuskomplex reaktiviert, die aggressiven Triebe verstärkt und damit auch das für dieses Lebensalter so charakteristische Unbehagen vergrößert. Im Erwachsenenalter sind diese Spuren scheinbar weniger offensichtlich, doch sie üben ihren Einfluss auch weiterhin aus, selbst wenn das Über-Ich nach Melanie Klein in der frühen Kindheit am strengsten ist: »Gerade das frühe Über-Ich ist nach meinen Erfahrungen von besonderer Strenge. [...] Ich fand ferner, dass die Gebote und Verbote des Über-Ichs beim kleinen Kinde nicht weniger unbewusst sind als beim Erwachsenen.«[b]

Damit wird nun eine der größten Gefahren klar identifizierbar, welche bei uns allen die spontane Gottesvorstellung bedroht – seien wir nun gläubig oder nicht: dass wir nämlich Gott und sein Geheimnis mit unserem Über-Ich verwechseln, also mit jenem »verinnerlichten Richter, der manchmal barbarisch bestraft«, jenem Richter, der durch die Verinnerlichung elterlicher Verbote, moralischer Urteile des Umfeldes und aus der Intensität der eigenen aggressiven Triebe entstanden ist. Es ist dies einer der wichtigsten Gründe, weshalb Sigmund Freud dazu neigte, die Religion als illusionäre Frucht unbewusster Projektionen anzusehen. Wo sich die Gottesvorstellung unserem Über-Ich angleicht, da trifft dieses Urteil, so müssen wir zugeben, tatsächlich zu. Doch hier gilt es nun aufzupassen: Ist es nicht vielleicht eines der größten Verdienste einer besseren Kenntnis unserer Psyche und also der spezifische Beitrag der Psychologie, dass

a *Ibd.*, S. 106.
b *Die Psychoanalyse des Kindes, op. cit.*, S. 149–150.

42

sie uns Menschen immer mehr von religiösen Illusionen befreit? Das soll allerdings kein Vorwand werden, um auf jede spirituelle Vertiefung zu verzichten. Es ermöglicht uns aber, wenn wir dies wünschen, uns in glaubwürdigerer Weise auf die Suche nach Gott zu begeben. Und in der Tat: Wo wir besser darauf achten, den bösen Streichen, die uns unbewusste Projektionen manchmal spielen können, nicht mehr ganz so hilflos ausgeliefert zu bleiben, wo unsere Fähigkeit zunimmt, spontane Gottesvorstellungen zu hinterfragen und zu verändern, da wird es uns allen möglich, uns unerwarteten Entdeckungen zu öffnen und auf dem Weg einer immer authentischeren spirituellen Suche voranzuschreiten.

So lädt uns diese zweite Etappe ein, unsere Vorstellungen von Gottes Urteil über uns nicht mehr nur unserem strengen Über-Ich zu entnehmen und uns in dieser Beziehung nicht mehr von den Schuldgefühlen und geheimen Ängsten beeinflussen zu lassen, die unsere Psyche bevölkern. Doch sie zeigt uns noch nicht, worin sich Gottes Urteil von unserem menschlichen Urteil unterscheidet. Dies ist nun der Sinn einer dritten Etappe. Hier werden wir wahrzunehmen suchen, wie denn ein Schöpfer-Gott jene Dinge sehen könnte, die der Mensch an sich selbst nicht mag. Dabei werden wir unser Augenmerk darauf richten, was Psychologie und christliche Offenbarung einander zum Thema jener beiden Hauptformen von Schuldgefühlen je zu sagen haben, die sich unseres Herzens bemächtigen können. Von der ersten, unbewussteren Form war eben die Rede, als wir von den Untiefen unserer Person sprachen, wo sich unkontrollierbare Triebe unentwirrbar vermischen. Bei der zweiten, bewussteren Form handelt es sich um jene, die in uns nach einer verwerflichen Tat Gewissensbisse erzeugt.

Auf dem Weg zu einer ehrlichen, aber wohlwollenden Sichtweise

In den vorerst völlig erschreckenden und empörenden frühen Aggressionstrieben während der grundlegendsten Stadien unserer inneren Entwicklung sowie in deren Unterdrückung durch die Eltern und das Über-Ich hat die Psychologie allerdings Aspekte erkannt, die nicht nur positiv und konstruktiv, sondern die für die spätere Entwicklung der Beziehungsfähigkeit und insbesondere der Liebesfähigkeit sogar unerlässlich sind. Ist es nicht tatsächlich jenes von Geburt an vorhandene minimale Aggressionspotenzial, das uns im Kampf gegen äußere Gefahren wie auch im Kampf gegen den Todestrieb, der uns ständig nach unten zu ziehen droht, das Überleben sichert? Ist es nicht die leidenschaftliche Kraft unserer Sehnsucht, weiterhin eine bestimmte Form des Vergnügens und der Fülle zu genießen, die wir an der Mutterbrust empfunden haben, die uns später in unserer Fähigkeit unterstützt, nach Dingen zu suchen, die uns und unseren Lieben Freude bereiten, aber im Geheimen auch Ausschau zu halten nach einer Fülle, die uns irgendwie helfen wird, zu leben und zu hoffen? Ist es nicht die Weigerung der Mutter, unserem Drang nach Verschmelzung nachzugeben, die es uns erlaubt, nicht einfach innerlich zu regredieren, sondern immer mehr zu einer eigenständigen Person zu werden, einer Person, die dazu berufen ist, das zu entdecken, zu entwickeln und auszudrücken, was sie in ihrem tiefsten Inneren ist, einer Person, die dazu berufen ist, eines Tages eine Liebesbeziehung kennenzulernen, die jener frühkindlichen Vereinigung in nichts nachsteht, die aber die Eigenständigkeit des anderen respektiert? Lässt nicht der intensive Wunsch nach ödipaler Vereinigung mit dem andersgeschlechtlichen Elternteil, der indirekte Ursprung also unserer unbewussten Todeswünsche dem anderen Elternteil gegenüber, bereits die starke Sehnsucht danach erkennen, geliebt zu werden und zu lieben, jene Sehnsucht also, die im Erwachsenenalter zum Schönsten in uns gehört und die uns befähigen wird – sofern wir es denn wollen –, der Liebe den ersten Platz in unserem Leben einzuräumen? Werden wir nicht, dank der Weigerung des andersgeschlechtlichen Elternteils, unsere ödipalen Wünsche zu befriedigen – jener Weigerung, die so viel unterdrückte Aggression hervorgerufen hat –, letztlich erst fähig, eine wirklich auf Gegenseitigkeit beruhende Liebe zu einer Person zu erleben, die wir auf unserem Weg zu gegebener Zeit kennenlernen werden? Und ist es schließlich nicht die Unterdrückung der aggressiven Triebe durch das Über-Ich, welche uns die zu einem gemeinsamen Leben notwendige Selbstbeherrschung lehrt, die aber – dank der Schuldgefühle, die aus dieser Unterdrückung erwachsen – in uns auch den Wunsch aufbringt, dieses eingebildete Böse wieder gutzumachen, und die so indirekt zur Entfaltung unserer Fähigkeit beiträgt, das Glück unserer Nächsten verwirklichen zu wollen?

Melanie Klein unterstreicht ebenfalls die konstruktiven Folgen dieser dunkelsten Seiten im Menschen: »Neben den destruktiven Impulsen im Unbewussten des Kindes wie des Erwachsenen besteht ein starker Drang, Opfer zu bringen, um geliebte Menschen, die in der

Fantasie beschädigt oder zerstört worden sind, wieder ganz zu machen und ihnen zu helfen. In der Tiefe ist das Verlangen, Menschen glücklich zu machen, verknüpft mit einem ausgeprägten Gefühl der Verantwortung für und der Sorge um sie. Es offenbart sich in einem echten Mitgefühl mit anderen Menschen und in der Fähigkeit, sie so zu verstehen, wie sie sind und fühlen.«[a] In ihren Augen spielen übrigens diese aggressiven Impulse in zahlreichen weiteren Bereichen eine konstruktive Rolle: »Im Allgemeinen werden bei solchen Menschen Aggression und Hass (letzterer abgeschwächt und durch Liebesfähigkeit einigermaßen ausgeglichen) in großem Maße konstruktiv genutzt (»sublimiert«, wie man es nennt). Praktisch gibt es keine produktive Tätigkeit, in die nicht auf irgendeine Weise Aggression einfließt.«[b]

Alles zusammengenommen und auf lange Sicht ergibt sich so eine völlige Umkehr unserer spontanen Beurteilung all der Triebe und psychischen Entwicklungsphasen, welche diese Triebe in uns allen entstehen lassen. Statt sie als negativ zu betrachten und sie damit weiterhin letztlich ungerechtfertigte Schuldgefühle nähren zu lassen, können wir in ihnen – dort, wo sie hingehören – ebenso viele Elemente und Phasen sehen, ohne die der Mensch nicht die psychische Möglichkeit hätte, eines Tages eine Person zu werden, die in der Lage ist, so gut wie möglich konstruktive und heilsame Beziehungen zu führen[16]. Was wir bei der Geschichte des Universums und seiner Ursprünge bis zur Erscheinung des Menschen festgestellt haben, trifft ebenso auf die individuelle Geschichte eines jeden von uns zu: Welches auch immer ihre Grenzen und unerwünschten Nebenerscheinungen sein mögen, alle eben beschriebenen Etappen erweisen sich als unabdingbar notwendig, um ein Lebewesen hervorzubringen, das fähig ist, lieben zu lernen[17]. So wird eine ehrliche, aber wohlwollende Sichtweise auf jede einzelne dieser Etappen möglich, ja gar Dankbarkeit für all das, was ohne sie nicht hätte existieren können.

»Gott ist größer als unser Herz«

So erlauben denn die Erkenntnisse der Psychologie über die Funktionsweise des Menschen einem jeden eine ehrliche, aber wohlwollende Sicht seiner selbst. Sie geben jedoch auch all denen wertvolle Hin-

a *Liebe, Schuldgefühl und Wiedergutmachung*, op. cit., S. 114.
b *Ibd.*, S. 115, Anmerkung 4.

weise, die etwas objektiver erkennen möchten, wie ein Schöpfer-Gott die Phasen und Elemente der psychischen Entwicklung des Menschen beurteilen könnte. Wer könnte schon einen besseren Gesamtüberblick über all diese Etappen haben und die wahre Bedeutung ihrer verschiedenen Elemente – auch der dunkelsten Seiten der Psyche – besser beurteilen als ein Gott, der den Menschen so hätte schaffen wollen, dass er all diese Etappen zu durchschreiten hat? Das ist ein objektiver und weit verlässlicherer Grund als all unsere unbewussten und illusorischen Projektionen, darauf zu vertrauen, dass niemand besser als ein Schöpfer-Gott in der Lage ist, einen ehrlichen, aber wohlwollenden Blick auf das zu werfen, was den Menschen zum Teil unbewusst dazu bringt, sich als nicht liebenswert zu empfinden. Schon in ihren allerersten Versen stellt die biblische Offenbarung fest: »Gott sah alles an, was er gemacht hatte: Es war sehr gut.«[a] Und in besonders erschütternder Weise drückt sie es im ersten Johannesbrief aus: »Denn wenn das Herz uns auch verurteilt – Gott ist größer als unser Herz, und er weiß alles.«[b] [18]

»Er weiß alles« heißt unter anderem, dass er als Schöpfer nicht nur all die wertvollen Beobachtungen kennt, welche die Wissenschaft bisher gemacht hat und in Zukunft noch machen wird, um die Funktionsweise der menschlichen Psyche besser zu verstehen. Es heißt vor allem auch, dass er deren wahren Zweck und letzten Sinn kennt. Dieser Sinn und Zweck stellen den spezifischen Beitrag der Religion zur Interpretation der wissenschaftlichen Beobachtungen dar. Sie zeigen aus einem zusätzlichen Blickwinkel den Grund jener aggressiven Sexualtriebe auf, die am Ursprung unserer Schuldgefühle stehen. Aus christlicher Sicht der Geschichte hat die gesamte Evolution den einzigen Zweck, ein Lebewesen hervorzubringen, das eines Tages in der Lage sein wird, mit Gott in ewiger Liebe vereint zu leben. In diesem Licht betrachtet sehen diese Triebe mit ihrer so überraschenden Kraft nochmals ganz anders aus: Wenn der Mensch schon von Anfang an dazu berufen ist, mit Gott in einer letzten, absoluten und unbegrenzten Liebe vereint zu leben, so ist es auch nicht verwunderlich, dass das Baby so verwirrend oder gar schockierend intensiv danach trachtet, mit der Mutterbrust vereint zu bleiben. Es überrascht auch nicht mehr, dass das Kleinkind nach einer liebenden Vereinigung mit dem andersgeschlechtlichen Elternteil strebt oder dass es – wenn es sieht,

a Genesis, Kapitel 1, Vers 31.
b 1. Johannesbrief, Kapitel 3, Vers 20.

dass dies nicht möglich ist – derart aggressive und teilweise auch mörderische Impulse hat[19]. Wie also könnte ein Schöpfer-Gott anders, als einen überaus wohlwollenden Blick auf all diese intensiven Gefühle zu werfen, wo er doch als Gott der Einzige ist, der die unvergleichliche Intensität jener ewigen Vereinigung kennt, zu der er sein Geschöpf bestimmt hat?

Das Geheimnis einer inneren Schönheit entdecken

Zum Wohlwollen und zur Ehrlichkeit sollte sich in unserer Vorstellung von Gottes Blick auf uns auch die Fähigkeit des Schöpfer-Gottes gesellen, nicht am äußeren Schein hängen zu bleiben, sondern in jedem Menschen Keime einer inneren Schönheit zu entdecken, und dies selbst, wenn diese Keime noch tief unter kindlichen und unreifen Erscheinungen begraben sind, welche die Liebe entstellen oder diese noch nicht zu ihrer vollen Reife kommen lassen. Weil er ja selbst in jeden von uns diese mächtige Sehnsucht nach einer vollendeten Liebe hineingelegt hat, weiß dieser Schöpfer-Gott selbst am allerbesten, dass diese innere Schönheit das wahre Wesen des Menschen ausmacht. Könnte dann diese mächtige Sehnsucht nach vollendeter Liebe nicht auch für alle, die sich ebenfalls nicht mehr mit dem äußeren Schein begnügen möchten, zu einem Hinweis werden, dass es sich dabei nicht einfach um funktionelle, tierische, organische oder psychische Triebe handelt, sondern auch hier um ein Geheimnis? Und ahnen nicht auch all jene, bewusst oder unbewusst, ebendieses Geheimnis, die je voller Staunen und Bewunderung eine wahre Liebe erfahren haben und die darin deshalb nicht mehr bloß eine biologische Anziehung zur Reproduktion und zur Arterhaltung erkennen können?

So hat es jedenfalls die christliche Mystik gesehen, welche die menschliche Liebe mit einem irdischen Widerschein der göttlichen Liebe und der ewigen Vereinigung vergleicht. So ruft uns der Theologe Olivier Clément in Erinnerung: »Wenn das Hohelied ein Liebeslied ist – über die Liebe, die sich hingibt, wie auch über die sinnlich-erotische Liebe –, ein Liebeslied, das die Vereinigung Gottes und der Seele symbolisiert, so deshalb, weil menschliche Liebe, sowohl in ihrer Hingabe wie auch in ihrem Verlangen, etwas mit Gott zu tun hat und weil sie für viele eine der wenigen mystischen Erfahrungen bleibt, die ihnen auf Erden zu machen vergönnt ist. [...] Viele [...]

könnten im Licht einer Theologie der leidenschaftlichen Liebe verstehen, dass sie vielleicht gerade durch diese Leidenschaft selbst der Suche nach dem Absoluten hingegeben waren. Das wissen und respektieren die wahrhaft spirituellen Menschen.«[a] Eine christliche Theologie, die sich auf das Wesentliche konzentriert und die also auf alles achtet, was zu einer ganz besonders schönen und intensiven Vereinigung mit Gott führen kann, bleibt sich bewusst, dass jeder Mensch in gegenseitiger Liebe mit Gott lebt oder – aufgrund seines Glaubens, dass er geliebt wird und auch selbst lieben kann – eines Tages leben wird. Bis in die intensivste erotische Leidenschaft hinein erkennt sie eine der schönsten Möglichkeiten der Körpersprache, um in der Paarbeziehung die Intensität seiner Liebe zum Partner oder zur Partnerin auszudrücken und das Vertrauen wachsen zu lassen, dass man geliebt ist und auch selbst lieben kann[20].

Diese Erkenntnis lässt auch die fast obsessive Betonung der Sexualität bei Sigmund Freud in einem neuen Licht erscheinen – eine Betonung, die oft unverstanden blieb, hinter der aber wohl eine tiefere, vielleicht gar mystische Ahnung verborgen war. Dies war jedenfalls der Eindruck Carl Gustav Jungs, der mit Sigmund Freud befreundet war: »Letzten Endes wollte er lehren – so wenigstens schien es mir –, dass, von innen her betrachtet, Sexualität auch Geistigkeit umfasse oder Sinn enthalte. Seine konkretistische Terminologie war aber zu eng, um diesem Gedanken Ausdruck zu geben. So hatte ich von ihm den Eindruck, dass er im Grunde genommen gegen sein eigenes Ziel und gegen sich selbst arbeite. [...] Freud hat sich nie gefragt, warum er ständig über den Sexus reden musste, warum ihn dieser Gedanke so ergriffen hat. Es wurde ihm nie bewusst, dass sich in der ›Monotonie der Deutung‹ eine Flucht vor sich selber ausdrückte oder vor jener anderen, vielleicht als ›mystisch‹ zu bezeichnenden Seite in ihm. Ohne Anerkennung dieser Seite konnte er jedoch nie in Einklang mit sich selber kommen. [...] Eben darum sehe ich in ihm eine tragische Gestalt; denn er war ein großer Mann und, was noch mehr ist, ein Ergriffener.«[b][21]

Wir haben nun versucht, der Sichtweise des Schöpfer-Gottes auf den Ursprung unserer Schuldgefühle etwas objektiver näherzukommen, auf jene Schuldgefühle vorerst, die uns Menschen so unbewusst

a *Corps de mort et de gloire*, Paris, Desclée de Brouwer, 1995, S. 84 und 79.
b *Erinnerungen, Träume, Gedanken von C. G. Jung*, aufgezeichnet und herausgegeben von Aniela Jaffé, Zürich und Düsseldorf, Walter Verlag, 1961, S. 156–157.

bleiben und die uns deshalb so leicht daran zweifeln lassen, dass wir liebenswert sein könnten. Nun gilt es aber, dasselbe auch für jene bewusstere und deshalb auch bekanntere Form der Schuldgefühle zu tun, die im Menschen aufkommen, wenn er – zu Recht oder zu Unrecht – seine Handlung als verwerflich betrachtet. Auch hier wird das Entscheidende darin bestehen, die spezifischen Beiträge von Psychologie und christlicher Offenbarung miteinander ins Gespräch zu bringen.

Ein Gott, der all unsere Verletzungen kennt

Eine der grundlegendsten und spezifischsten Funktionen der Psychologie ist es immer gewesen, das Herz des Menschen besser zu verstehen, insbesondere auch zu verstehen, weshalb es so oder anders reagiert oder handelt. Psychologie wertet nicht, nicht etwa weil sie die Wirklichkeit begangenen Übels – wenn es denn Übel ist – nicht anerkennen oder dessen Ernst – wenn es denn Ernst ist – relativieren möchte, sondern weil ihre eigentliche Aufgabe darin besteht, unermüdlich Tiefen und Untiefen der menschlichen Seele verstehen zu wollen. Unter all den Entdeckungen, welche diese Herangehensweise mit der Zeit ermöglicht hat, sticht eine hervor, die ganz besonders geeignet ist, uns verstehen zu lassen, weshalb ein Mensch negativ reagieren kann: Aggressionen haben auf die eine oder andere Weise, direkt oder indirekt, mit Verletzungen zu tun, die im Täter schon vorhanden waren. Diese Verletzungen stehen nicht notwendigerweise mit der Person in Verbindung, an der sich das Unbehagen des Täters schließlich entladen hat. Es sind auch nicht notwendigerweise neuere Verletzungen noch Verletzungen, die ihm bewusst sind, es sind aber immer Verletzungen, die jedenfalls so gegenwärtig sind, dass sie sich von Zeit zu Zeit in unterschiedlichster – harmloser bis höchst schädlicher – Weise entladen müssen.

Wenn wir uns alle darüber im Klaren wären, so würden wir oft darüber staunen, wie sehr unsere persönlichen Verletzungen unsere gewohnten negativen Verhaltensweisen bestimmen und es uns so schwer machen, uns selbst zu lieben. Diese Feststellung könnte dann sehr wohl auch unserer Neigung Einhalt gebieten, uns Gott – ob wir nun an ihn glauben oder nicht – als ein Wesen vorzustellen, das uns nicht wirklich lieben kann, sondern eher bereit ist, uns zu verurteilen und zu bestrafen. Hier bestätigt sich dann wieder, dass diese Neigung ursprünglich von der unbewussten Projektion unserer eigenen Strenge auf Gott herkommt. Nichts hilft uns besser, den inneren Widerstand, uns lieben zu lassen, zu überwinden, als wenn wir lernen, mit den Verletzungen tatsächlich zu rechnen, die unsere nahe oder fernere Vergangenheit gekennzeichnet haben. Es können Verletzungen sein, die wir schon kennen, oder verdrängte und noch nicht bewusst gewordene Verletzungen aus einer Zeit, als wir sie noch nicht bewältigen konnten. Vielleicht sind es aber auch solche, die uns immer unbewusst bleiben werden, deren Wirkung wir aber trotzdem nicht unterschätzen sollten, auch wenn sie uns verborgen bleiben. Das ist aber nicht etwa einfach der Weg der Bequemlichkeit: So viel Realismus an den Tag zu legen ist im Gegenteil sehr viel schwieriger, als sich ständig schlechtzumachen, was ja so viel heißt wie sich selbst zu hassen. Bei ihrer Erforschung der dunklen Seiten des Menschen hat die Psychologie schon längst gemerkt, dass es betrübten Geistern weit leichter fällt, sich in Selbstzerfleischung zu ergehen, sich ihrem Todestrieb hinzugeben – und dies paradoxerweise schließlich gar zu genießen –, als zu lernen, sich zu lieben und lieben zu lassen. Der wahre Mut ist nicht immer da, wo viele ihn vermuten, und Sigmund Freud hat jenen zerstörerischen Trieb nicht ohne Grund »Thanatos« genannt, der ständig darauf aus ist, den Menschen unter irgendeinem Vorwand nach unten zu ziehen und seine Lebenskraft zu beschneiden, indem er das Bild schlechtmacht, das dieser von sich selbst und von anderen hat. Wer sich darin übt, am Ursprung dieser oder jener Handlung oder dieses oder jenes Gedankens mit Verletzungen zu rechnen, der hat schon zu einer sehr viel tieferen Wahrheit über sich selbst gefunden als all jene vermuten könnten, die sich vom Anschein blenden lassen. Dies zu üben lässt uns bereit werden, Ähnliches auch für unsere Nächsten zu tun, und zu merken, dass sich hinter vielen Verhaltensweisen, die – bei ihnen wie bei uns – vorerst negativ erscheinen, ebenso viele Verletzungen verbergen, die geheilt werden möchten, und ebenso viele Appelle um Verständnis, Anerkennung und Liebe[22].

Wenn all diese großen und kleinen inneren Verletzungen – zu Recht oder zu Unrecht – irgendwie mit dem Schmerz zusammenhängen, nicht genügend verstanden, anerkannt und geliebt zu werden, wie könnte dann ein Gott, der den Menschen geschaffen hat und also besser als jeder andere weiß, wie dieser denkt und handelt, selbst in die Falle des äußeren Anscheins tappen und hinter allem Bösen, das jener getan hat, nicht auch dessen versteckten Schmerz erkennen?

Wie könnte er übersehen, dass Böses noch nicht bedeutet, dass der Mensch im Innersten böse wäre, sondern dass er im Innersten verletzt ist? Umso klarer antwortet darauf jene machtvolle Aussage dessen, der vielleicht der engste Vertraute Jesu auf Erden gewesen ist: »Denn wenn das Herz uns auch verurteilt – Gott ist größer als unser Herz, und er weiß alles.«[a]

»Er weiß alles«, das heißt zwar, dass er all unsere Verletzungen kennt, selbst jene, die wir einst verdrängt haben und die in diesem Leben weder bisher noch in Zukunft je wieder in unser Bewusstsein gelangen werden. Es heißt aber ebenso, dass er auch eine noch viel geheimnisvollere und tiefere Verletzung kennt, eine Verletzung, die sich von ihrem Wesen her jeder naturwissenschaftlichen Untersuchung entzieht. Deren Gegenwart kann nämlich nicht durch bloße Beobachtung ihres Funktionierens wahrgenommen werden, sondern einzig vom letzten Sinn der menschlichen Existenz her, und nur dieser ist in der Lage, deren Auswirkung auf unser Herz nicht zu unterschätzen. Wenn es tatsächlich so ist, wie es die christliche Offenbarung behauptet, dass der Mensch nämlich dazu erschaffen wurde, eines Tages in ewiger Liebesvereinigung zu leben, und er sich auch von allem Anfang an aus tiefster Vorahnung danach sehnt, wie könnte er dann nicht unter der Verletzung leiden, die von der unvermeidlichen Kluft zwischen der unendlichen Liebe herrührt, zu der er berufen ist, und jener Liebe, die er auf Erden erfährt? Diese Verletzung betrifft ausnahmslos jeden Menschen, denn selbst die wundervollste Liebe, die ihm auf Erden widerfahren könnte, kann jener göttlichen Liebe nicht gleichkommen, auf die hin er in seinem tiefsten Wesen erschaffen wurde. Und einmal mehr: Wer könnte die Tiefe dieser Verletzung ermessen und ihr Rechnung tragen, wenn nicht jener Schöpfer-Gott, der diese ewige Liebe wirklich kennt und demnach ermessen kann, was dem Menschen – bewusst oder unbewusst – wirklich fehlt? Dieses Fehlen, das den Autor des Hebräerbriefs schreiben lässt, wir Menschen fühlten uns wie »Fremde und Gäste auf Erden«[b], und diese Erwartung, die Augustinus sagen lässt: »Ruhelos ist unser Herz, bis es ruhet in dir [o Herr]«[c], sind am Ursprung einer Verletzung, die zum Menschenleben wesentlich dazugehört, und es ist kaum vorstellbar, dass Gott diese wesensmäßige Verletzung unbeach-

a 1. Johannesbrief, Kapitel 3, Vers 20.
b Vgl. Hebräer, Kapitel 11, Verse 13–16.
c *Die Bekenntnisse des heiligen Augustinus*, Übersetzung von Otto Lachmann, Leipzig, Reclam, 1888, Buch I, Kapitel 1.

tet lassen könnte, wenn er seinen Blick auf das richtet, was der Mensch an sich selbst nicht liebt, auf jene Seiten seiner Persönlichkeit, mit denen er sich noch nicht versöhnt hat.

Eine Liebe, aus der niemand ausgeschlossen bleibt

Wenn wir einmal Gottes Fähigkeit erkannt haben, im Bösen die Folge verschiedenster versteckter Verletzungen im Herzen des Menschen zu sehen, so wird es uns möglich, zu einer völlig neuen Vorstellung eines göttlichen Urteils über uns zu gelangen. Ein reifer christlicher Glaube geht in seiner Vorstellung davon aus, dass Jesus in so typischer und überwältigender Weise immer darauf achtet, dass niemand je aus seiner Liebe ausgeschlossen bleibt. Die Grundausrichtung seines Urteils über uns besteht nicht darin, dass er den Menschen zu verurteilen sucht, sondern darin, dass er unermüdlich die inneren Verletzungen heilen möchte, ohne die des Menschen Neigung zum Bösen sich niemals derart hätte entwickeln können. Das heißt nicht, dass er das Böse deswegen vergessen oder dessen Ernst relativieren würde, wie man das dem christlichen Begriff der Vergebung oft vorwirft. Weit davon entfernt, den Ernst des begangenen Bösen zu leugnen oder zu relativieren, ist Gottes Vergebung der höchste Ausdruck seines ständigen Ringens, um dem Bösen dadurch den Boden zu entziehen, dass er dessen wahre Wurzel angeht und es dort behandelt, wo es im Herzen des Menschen erst Gestalt annimmt. Er bemüht sich, die geschlagenen Wunden zu vernarben, statt sie durch ein oberflächliches Urteil noch zu vergrößern[23].

»Christi Tod am Kreuz ist ein Gericht über das Gericht«, schrieb bereits im 7. Jahrhundert Maximus der Bekenner.[a] Er hatte begriffen, dass Christi Haltung bei seiner Passion vor allem einen Gott zeigt, der selbst dann niemanden verlässt, verurteilt und verwirft, wenn er selbst verlassen, verurteilt und verworfen wird, sondern der bis ans Ende liebt, selbst diejenigen, die ihn kreuzigen.[b] Damit ist das Kreuz zum christlichen Symbol schlechthin geworden, nicht als ein heimliches Einverständnis mit einer das Leiden glorifizierenden Sicht des Daseins, sondern weil in diesem hochdramatischen Moment die Hal-

a *Questions à Thalassius [Fragen an Thalassios]*, 43 (PG 90, 408), zitiert in: Olivier Clément, *Sources, les mystiques chrétiens des origines*, Paris, Stock, 1992, S. 47.
b »Vater, vergib ihnen, denn sie wissen nicht, was sie tun« (Lukasevangelium, Kapitel 23, Vers 34).

tung Christi die Offenbarung einer leidenschaftlichen und grenzenlosen Liebe zur Vollendung gebracht hat, die allen ohne Ausnahme
angeboten ist. In dieser leidenschaftlichen Liebe ist alles zusammengefasst, bestätigt und erhellt, was Jesus in seinem Leben getan hat. Sie
gibt uns ein äußerst bemerkenswertes Instrument in die Hand, um
seine Worte zu meditieren und sie von Interpretationen zu befreien,
die zu seinem Tun in Widerspruch stehen, Interpretationen, die oft
genug der unbewusste Ausfluss im Dunkeln lauernder Schuldgefühle
sind, die nur darauf warten, auch die geringste Zweideutigkeit für
sich zu nutzen[24]. Diese leidenschaftliche Liebe ist ein mächtiger Aufruf, nicht länger in unbewussten Projektionen unserer eigenen Strenge
gegen uns selbst auf Gott und in all den Ängsten stecken zu bleiben,
die daraus hervorgehen. Vielmehr ruft sie uns auf, all unsere Vorstellungen von Gottes Haltung zu hinterfragen, beiseitezulegen und neu
zu gestalten, die mit einer derartigen Liebe nicht vereinbar wären[25].

Darunter verdienten es die volkstümlichen Vorstellungen der Hölle
eigens behandelt zu werden, denn sie zeigen, wie allgegenwärtig
Schuldgefühle bei den Menschen sind. Sie zeigen die unbewusste Projektion unseres strengen Blicks auf uns selbst auf Gott und die echte
Mühe, die wir haben, uns für liebenswert zu halten. Je mehr wir uns
von dieser Projektion frei machen, desto eher werden wir zum einzigen Verständnis der Hölle gelangen, die mit dem Urteil eines Gottes
der Liebe wirklich vereinbar ist, nämlich: nicht die Verdammung des
Menschen, sondern, so meint Olivier Clément, die Möglichkeit, die
ihm immer gegeben bleibt, Gottes Liebe auszuschlagen oder aus
freien Stücken anzunehmen: »Der Mensch kann sie [diese Liebe] aber
auch ablehnen, sich verschließen, sich auf sich selbst zurückziehen
[…], denn er hat die letzte Freiheit dazu; das ist das Geheimnis, das
man »Hölle« nennt. […] Ich erinnere mich an eine Begegnung mit
Vater Sofroni vom Berg Athos, einem großen zeitgenössischen Mystiker. Auf meine Frage, was geschieht, wenn ein Mensch sich weigert,
sein Herz zu öffnen und die Liebe zu empfangen, die ihm zugedacht
ist, antwortete er: ›Glauben Sie mir, solange noch jemand in der
Hölle ist, ist Christus dort bei ihm.‹ […] Gott [steht] vor der Türe
jedes Herzens, auch jener Herzen, die ihm verschlossen bleiben, und
[wartet], wenn es sein muss, die ganze Ewigkeit lang darauf, dass sich
auch solche Herzen für ihn öffnen.«[a]

a *Taizé, einen Sinn fürs Leben finden*, aktualisierte Neuausgabe, Freiburg, Basel,
   Wien, Verlag Herder, 2006, S. 107 und 110.

So enthüllt sich Stück um Stück das verkannte Gesicht eines göttlichen Gerichts über uns. Es ist weit von dem entfernt, was Menschen sich oft unter dem Einfluss ihrer größtenteils unbewussten Schuldgefühle vorstellen, unter dem Einfluss jener ebenso unbewussten Neigung, das Geheimnis Gottes mit dem Über-Ich zu verwechseln, unter dem Einfluss jenes strengen Blicks auf sich selbst, den sie so gerne auf ihre Vorstellung von Gottes Blick übertragen, unter dem Einfluss schließlich jenes falschen Selbstverständnisses und insbesondere der Rolle, die ihre inneren Verletzungen bei den Handlungen spielen, die sie für verwerflich halten. Uns dieses nicht zu vernachlässigenden Einflusses bewusst werden, zu einem sachgerechteren Verständnis der wesentlichen Etappen unserer psychischen Entwicklung voranschreiten – mit all ihren Trieben, Frustrationen und Verletzungen –, die Vorstellung eines göttlichen Blicks voller Ehrlichkeit und Wohlwollen erlangen: Das alles macht es uns möglich, zu erahnen, dass Gott in seinem Urteil über uns nichts lieber möchte, als die tiefsten Verletzungen des menschlichen Herzens zu heilen und es von seinen versteckten Ängsten zu befreien, einem jeden zu neuen Stufen des Vertrauens zu verhelfen, dass er geliebt ist und lieben kann, und ihm so die Möglichkeit zu schenken, zu einer gegenseitigen Liebe zu gelangen, die seine kühnsten Hoffnungen übersteigt.

III. Von distanzierter Herablassung zu gegenseitiger Liebe

Unbewusste Projektionen und Vorstellungen über Gottes Transzendenz

Ein eher fernes, dominierendes oder herablassendes Wesen: Derartige spontane Assoziationen zu Gott gehören wohl zu denen, die am meisten zur religiösen Gleichgültigkeit oder spirituellen Lauheit beitragen. Die einen bringen sie oft dazu, sich für die Frage nach Gott nicht besonders zu interessieren; andere führen sie manchmal dazu, ihren Glauben – auf Kosten ihres inneren Lebens – auf einen engen moralistischen Rahmen zu beschränken oder ihre Spiritualität auf eine fromme Herr-Knecht-Beziehung zu reduzieren. Solche Gottesbilder erwachsen vor allem aus unbewussten psychologischen Projektionen, die dann entstehen, wenn von einem transzendenten Wesen die Rede ist. Diesem schreiben solche Projektionen dann gerne eine dominierende und distanzierte Größe zu. Jeder Mensch strebt unbewusst nach solcher Größe, und jeder, sei er nun gläubig oder nicht, steht deshalb in Gefahr, diese auch in das Gottesbild zu projizieren, das seinen Überzeugungen zugrunde liegt. Der dritte Teil dieses Buches wird nun die Konsequenzen solcher Projektion aufzeigen und nach und nach die Besonderheiten einer Größe herausschälen, die mit einem Gott der Liebe vereinbar sind. Daraus wird immer klarer auch eine ganz neue Vorstellung von Gottes Transzendenz zu erahnen sein. Diese bedeutet dann nicht mehr distanzierte Herablassung, wie uns das Unbewusste dies glauben machen möchte, sondern macht Nähe, ja sogar gegenseitige Liebe möglich zwischen Gott und Mensch.

Versuchen wir nun, die wesentlichen psychologischen Determinismen zu identifizieren und auszuschalten, die uns daran hindern, die Vorstellung einer göttlichen Transzendenz mit der Möglichkeit einer gegenseitigen gott-menschlichen Liebe zu vereinbaren. Wir werden es dabei sowohl mit theologischen als auch mit philosophischen und psychologischen Hindernissen zu tun bekommen. Diese lassen Gottes Transzendenz insbesondere mit einem Wunsch Gottes unvereinbar erscheinen, selbst geliebt zu werden – ohne einen solchen Wunsch jedoch kann es keine gegenseitige Liebe geben. Ziehen wir aber die Möglichkeit eines solchen Wunsches auch für Gott in Erwägung, so wird dies zahlreiche Möglichkeiten infrage stellen oder gar über den

Haufen werfen, wie wir die Gottesfrage angehen oder unser inneres Leben gestalten können. Es wird auch jede und jeden dazu einladen, seine eigene Liebesfähigkeit mit neuen Augen anzuschauen. Auf dem Weg dahin werden wir auch darzustellen und zu vertiefen suchen, auf welchen Grundlagen eine gegenseitige Liebe zwischen Gott und Mensch tatsächlich möglich wird. Von einer solchen Möglichkeit haben ja mystische Traditionen zu allen Zeiten immer wieder Zeugnis abgelegt. Wenn wir diese Grundlagen schließlich im Licht der christlichen Offenbarung betrachten, so werden sie uns nochmals in einem ganz neuen Licht erscheinen. Für sie ist diese Gegenseitigkeit nämlich zugleich Herz und Vollendung einer jeden spirituellen Suche.

Sich verabschieden von einem dominierend großen Gott

Wer versucht, die Projektionen zu beschreiben, die in einem jeden Menschen schlummern und mit seinem unbewussten Streben nach dominierender Größe zusammenhängen, wird immer auf eine doppelte Schwierigkeit stoßen: Einerseits scheint uns der Begriff »Größe« spontan etwas Positives zu sein. Er wird uns kaum veranlassen, uns vor den möglichen negativen Folgen für unser inneres Leben in Acht zu nehmen. Ferner könnten viele Gläubige das Gefühl haben, sie würden es an Respekt fehlen lassen oder Gott sogar lästern, wenn sie es wagen sollten, dem gegenüber auf Distanz zu gehen, was Gottes Größe für sie bedeutet. Es muss also klar sein, dass die Analyse dieses psychologischen Vorgangs nicht Gottes Größe an sich infrage stellt, sondern das, was Menschen oft darunter verstehen.

Unsere Vorstellung von Gottes Größe ist aber dem unterworfen, was die Psychologie einen »Transfer« nennt. Und dies noch bevor sie von subtileren Projektionen beeinflusst wird. Im Unterschied zur Projektion einer Eigenschaft, die jemand in sich trägt, ohne sich dies bewusst einzugestehen (sein Allmachtswunsch etwa oder die Strenge seiner Selbstbeurteilung), besteht der Transfer eher in der Projektion der eigenen Beziehung zu einer anderen Person oder einer bestimmten Eigenschaft dieser Person aus unserem Bekanntenkreis (zum Beispiel die Projektion der Beziehung zu unserem Vater oder von Eigenheiten unseres Vaterbildes auf unsere Gottesvorstellung). Wenn es um die Größe eines transzendenten Gottes geht, so liegt es nahe, Eigenschaften zu übertragen, die in der einen oder anderen Weise mit dem zusammenhängen, was Menschen in dieser Welt als groß betrachten,

Eigenschaften also, die man Prominenten aus der Welt des Sozialen, des Mondänen, der Hierarchie, der Politik, der Königshäuser oder weiteren Größen zuschreibt. So neigen etwa spirituelle Überlieferungen aus alter Zeit in ihren Schriftzeugnissen oder Liturgien dazu, Gott mit Titeln wie »Herr«, »himmlischer König« und ähnlichen Ausdrücken zu überhäufen. Solche Übertragungen, so verständlich sie auch seien, fördern aber notwendigerweise den Eindruck, dass die Beziehung zu einem solchen Gott von einer äußerst respektvollen Distanz bestimmt sein muss. Wir werden mit jemandem auch innerlich anders umgehen, je nachdem, ob wir in ihm – bewusst oder unbewusst – einen Mächtigen dieser Welt sehen oder ein geliebtes Wesen, von dem wir uns selbst geliebt wissen. Je nachdem werden wir uns ganz anders geben, ausdrücken, anvertrauen oder gar Liebe erwarten und schenken. Dies führt uns dazu, den beträchtlichen Einfluss unseres inneren Bildes von Gott zu unterstreichen. Dieser Einfluss ist nicht zu unterschätzen, denn wir müssen uns bewusst sein, dass ein reifer Glaube vor allem in einer intensiven persönlichen Beziehung zu Gott besteht und nicht aus abstrakten Ideen oder moralisierenden Prinzipien. Dieser Übertragungsprozess verlangt also von uns eine gewisse Vorsicht, wenn wir vermeiden wollen, dass unser Weg von allem Anfang an durch ein in mancher Beziehung allzu menschliches Bild von Gottes Größe verfälscht wird. Dies vor allem da, wo ein solches Gottesbild dazu führt, Gott eine Größe zuzuschreiben, die notwendigerweise dominierend wirkt.

Zu diesem relativ elementaren Transfer gesellt sich ein weiterer, subtilerer unbewusster Prozess: die Projektion des Wunsches nach dominierender Größe, den wir alle von frühester Kindheit an in uns tragen. Der Ursprung dieses Wunsches reicht in die früheste Kindheit zurück. In dieser Zeit erfährt sich das Kind nämlich als sehr begrenzt und erlebt dies als sehr negativ. Diese zahlreichen Frustrationen lassen in der Tiefe seines Wesens eine nachhaltige und mächtige Sehnsucht nach einer Form von Größe zurück, die von einer gewissen Macht, Kontrolle, ja Dominanz nicht zu trennen ist. Diese mächtige und unbewusste Sehnsucht ist tief genug, um auch im Erwachsenenalter Spuren zu hinterlassen, und dann unter dem Einfluss der unvermeidlichen Begrenzungen, denen wir unser Leben lang unterworfen sind, jederzeit aufbrechen zu können. Doch nicht nur wenn wir gezwungen sind, in Dinge einzuwilligen oder auf Dinge zu verzichten, kommt dieser Wunsch regelmäßig wieder in uns auf, auch Demütigungen in der Familie, im Freundeskreis, in der Schule oder im Beruf verstärken diesen Wunsch, selbst wenn uns dies gar nicht bewusst wird. Im Religiösen kann nun diese Sehnsucht nach einer dominierenden Größe eine ideale Projektionsfläche finden. Keiner kann deshalb die Gefahr von der Hand weisen, den Gottesbegriff unbemerkt mit jener dominierenden Größe in Zusammenhang zu bringen, über die er in seinem Unbewussten verfügen möchte. Diese Assoziation zeitigt aber für unseren geistlichen Weg umso gravierendere Folgen, als sie das innere Leben oft auf eine Herr-Knecht-Beziehung reduziert, aus der jegliche Vorstellung einer Gegenseitigkeit, die dieses Namens würdig wäre, von vornherein ausgeschlossen ist. Sie kann gar eine systematische Blockierung gegenüber jeder geistlichen Fragestellung bewirken, wenn Menschen in der Vergangenheit darum kämpfen mussten, sich einer übertriebenen elterlichen Autorität zu entziehen, und sie diese aus ihrer kindlichen Sicht als eine bestimmte Form elterlicher Größe verstanden haben.

Eine der hauptsächlichsten Schwierigkeiten, denen wir uns gegenübersehen, wenn wir von diesem psychologischen Prozess weniger abhängig werden möchten, besteht darin, dass diese teils unbewusste Gottesvorstellung mit einer bewussteren, oft auch reiferen zusammengeht, welche wähnt, erstere überwunden zu haben, und dabei gar nicht mehr wahrnimmt, dass diese untergründig aber noch immer wirksam ist. Dieses zeitweilige oder kontinuierliche Nebeneinander kann daher kommen, dass der unbewusste Prozess tief verwurzelt ist und dann völlig unerwartet wieder auftaucht. Ihn zu entlarven ist dann umso schwieriger, als das Nebeneinander nicht unbedingt im Inhalt dieser oder jener Überzeugung oder theologischen Aussage zum Ausdruck kommt. Subtilerweise geschieht dies manchmal auch bei Inhalten, die nicht ohne Hoffnung oder Schönheit sind, und zeigt sich dann in Haltungen, Gesten oder Symbolen, die verraten, dass die betreffende Person, ohne es zu merken, noch immer unter dem Einfluss einer unbewussten Vorstellung von Gottes Größe steht. Am häufigsten kommt dies wohl beim Predigen vor, bei Schriftlesungen oder – in anderem Rahmen – bei szenischen, dramatischen oder satirischen Aufführungen, dann nämlich, wenn der Sprechende meint, er könne die Stimme Gottes besser wiedergeben, wenn seine Stimme auf einmal härter, direktiver, ja fast tyrannisch tönt. Das Phänomen kann viele weitere Formen annehmen: Wenn sich in einem theologischen Diskurs etwa Formeln häufen, die keinen Widerspruch dulden und einen doppelgesichtigen Gott erahnen lassen, wenn im Namen Gottes kompromisslose Urteile gesprochen werden, wenn die Gestik des

Predigers zeitweise autoritär wirkt, wenn religiöse Rituale allzu beladen oder liturgische Gewänder übertrieben verziert sind usw. Wenn auch solches oft aus dem redlichen Bemühen kommt, Gottes Größe Ehre zu erweisen, so ist dennoch zu fragen: Welche Art von göttlicher Größe soll da geehrt werden? Die eines Königs, der von einem gehorsamen und knechtischen Hofstaat umgeben ist? Die eines Diktators, der von der Menge zwar umjubelt, in Wirklichkeit aber gefürchtet wird? Jedenfalls wird man darin schwerlich die Größe eines Gottes wahrnehmen, dessen Geheimnis eng mit dem der Liebe verwandt wäre. Räumen wir auf unserer Suche nach Sinn und Glauben der Verbindung zwischen dem Geheimnis Gottes und jenem der Liebe den ersten Platz ein, so scheint es jedenfalls sinnvoll, wenn nicht gar unabdingbar, die Frage nach der Art von Gottes Größe zu stellen: Je näher Gott und Liebe einander stehen, desto eher kann ein solcher Glaube nämlich von solch unbewussten Prozessen entstellt werden.

In der christlichen Offenbarung findet die Liebe im Geheimnis Gottes ihren letztgültigen Ausdruck. Hier tut Wachsamkeit also umso mehr Not, als sich eine beträchtliche Distanz auftut zwischen der Höhe dieser göttlichen Liebe und der Tiefe der unbewussten Projektion einer nur allzu menschlichen Sehnsucht nach einer dominierenden Größe. Diese Distanz ruft zu einer radikalen inneren Umkehr auf, will man die wahre Größe eines Gottes erkennen, dessen Wesenskern die Liebe ist: Bei diesem Glauben geht es nicht um eine beliebige göttliche Größe, sondern um die Größe einer göttlichen Liebe. Was aber kennzeichnet die Größe einer Liebe, wenn nicht ihre Qualität, die Qualität der Liebe, die dem geliebten Wesen geschenkt wird? Christus versucht, seine Jünger auf diesen Perspektivenwechsel aufmerksam zu machen, und lädt sie mehrfach dazu ein, Gottes Größe – wie überhaupt jede wahre Größe – nicht mit einer dominierenden, erdrückenden, beherrschenden Größe gleichzusetzen. Davon zeugen sowohl sein Lehren wie auch seine persönliche Haltung: »Welcher von beiden ist größer: wer bei Tisch sitzt oder wer bedient? Natürlich der, der bei Tisch sitzt. Ich aber bin unter euch wie der, der bedient.«[a] Auch hochsymbolische Gesten wie etwa der messianische Einzug in Jerusalem illustrieren dies in unerwarteter Weise: »Jesus fand einen jungen Esel und setzte sich darauf.«[b] Auch in der Fußwa-

a Lukasevangelium, Kapitel 22, Vers 27.
b Johannesevangelium, Kapitel 12, Vers 14.

schung sieht Johannes einen Ausdruck der Größe von Gottes Liebe und erklärt gleich zu Beginn seiner Erzählung: »Da er die Seinen, die in der Welt waren, liebte, erwies er [d. h. Jesus] ihnen seine Liebe bis zur Vollendung.«[a] Die Hingabe seines Lebens am Kreuz schließlich verwandelt, was jedem Menschen als die erniedrigendste Demütigung erscheinen muss,[b] in eine leuchtende Offenbarung der Liebe: »Es gibt keine größere Liebe, als wenn einer sein Leben für seine Freunde hingibt.«[c] Alles Beispiele, die uns zur Einsicht aufrufen, dass die wahre Größe eines Wesens in der Qualität seiner Liebe liegt. Von einem Gott, der zugleich Quelle und letztgültiger Ausdruck der Liebe ist, ist füglich zu erwarten, dass er diese Wahrheit auch am vollkommensten verwirklicht. Doch lässt uns diese Wahrheit auch das Ausmaß der inneren Umkehr erahnen, die es braucht, um von der Vorstellung einer dominierenden Größe Gottes zu einer solchen zu gelangen, in der Gottes Größe gleichbedeutend ist mit der Qualität einer Liebe, die sich immer als noch größer erweist.

Sich verabschieden von einem distanzierten Gott

Unbewusst projizieren wir eine weitere verborgene Sehnsucht auf unsere spontanen Vorstellungen von Gottes Transzendenz, die ebenso weit zurückreicht und ebenso tief in den verschlungenen Wegen der menschlichen Psyche begraben liegt wie der Durst nach einer dominierenden Größe: der Wunsch, eine Selbstständigkeit zu erlangen, die sich gänzlich genügt und die sich darin auch gefällt. Unter dem Einfluss solcher Projektionen kann Gottes Transzendenz leicht als distanzierte Größe missverstanden werden, die in ihrer Selbstgenügsamkeit keinerlei Nähe und keinerlei Gegenseitigkeit in der Beziehung sucht. Der starke Wunsch nach einer distanzierten Selbstständigkeit, der in jeder und jedem von uns vorhanden und wirksam ist, darf nicht unterschätzt werden, stellt doch das Bemühen um ein Stück Selbstständigkeit einen großen Teil dessen dar, was wir in unseren ersten Lebensjahren zu erreichen suchten. Der Erwerb dieser Selbstständigkeit kommt in mancher Hinsicht einem dauernden Kampf gleich, in des-

a Johannesevangelium, Kapitel 13, Vers 1.
b »Er erniedrigte sich und war gehorsam bis zum Tod, bis zum Tod am Kreuz«, Philipperbrief, Kapitel 2, Vers 8.
c Johannesevangelium, Kapitel 15, Vers 13.

sen Verlauf seine körperlichen und psychischen Grenzen regelmäßig das Bild infrage stellen, das das Kleinkind von sich selbst hat. Diese Grenzen verletzen seinen Narzissmus, denn das Kind muss ständig andere um etwas bitten, was es noch nicht selbst tun kann, und ist gleichzeitig völlig von Elternfiguren abhängig, die es um ihre scheinbare Allmacht beneidet. Oft wird diese Narzissmusverletzung, die zu jeder Kindheit gehört, durch Verhaltensweisen von Erwachsenen noch weiter verschärft, die – wie dies die Kinder-Psychoanalytikerin Françoise Dolto unterstreicht – das Kind demütigen, weil sie es nur ungenügend als ein »im Werden begriffenes selbstständiges Wesen«[a] respektieren, das »wie jeder Mensch berufen ist, ein freier Mann, eine freie Frau zu werden«[b]. All dies kann unbewusst leicht dazu führen, eine Größe, die tatsächlich mit einer persönlichen Vollendung zusammenhängt, mit einem Zustand der Selbstgenügsamkeit zu verwechseln, dessen höchster Ausdruck die Tatsache wäre, niemanden um Hilfe bitten zu müssen und – unter dem Einfluss eines reaktiven narzisstischen Antriebs – keine allzu engen Beziehungen zu wem auch immer mehr eingehen zu wollen[26].

Wir können unschwer erahnen, wie sehr sich eine solche Verwechslung auf unsere unbewusste Vorstellung eines Gottes auswirkt, dessen Wesen ja der vollkommensten und höchsten Größe entsprechen soll. Hinter manchen Formen von Spiritualität verbirgt sich eine als distanziert vorgestellte Größe Gottes, deren theologische Ausdrucksformen umso eher unsere spontane Zustimmung finden, als sie jener unbewusst in uns allen vorhandenen Sehnsucht entsprechen. Dieser Mechanismus macht es teilweise verständlich, weshalb wir uns so schwertun, uns vor den verschiedenen Abwandlungen jenes distanzierten, ja gar teilnahmslosen Gottes zu hüten, der sich damit begnügt, ohne sonderlichen Wunsch nach eigenen Beziehungen mächtig über allem zu thronen. Solche theologischen Spekulationen scheinen derart selbstverständlich, dass wir die letztlich illusorischen Bedingungen, die sie uns auferlegen, kaum infrage stellen können. Dabei verdienten es solche Vorstellungen wohl kaum, als derart zuverlässig angesehen zu werden, sind sie doch augenscheinlich eine Hochmutsreaktion auf die Narzissmusverletzung im Zusammenhang mit den Begrenzungen, die mit jedem Wachstum einhergehen.

a *Les chemins de l'éducation*, Paris, Gallimard, 1994, S. 96.
b *Ibd.*, S. 154.

Um solch spontanen Transzendenzvorstellungen Gottes gegenüber Abstand zu finden, müssen wir uns vorerst fragen, wie zuverlässig ihr eigentliches Fundament ist, jene unbewusste Verwechslung nämlich zwischen einer Größe, die mit einer persönlichen Vollendung zusammenhängt, und einer Selbstgenügsamkeit, die darauf bedacht ist, Distanz zu wahren. Bei ihrer Suche nach einem besseren Verständnis psychischer Vorgänge und menschlicher Beziehungen ist die Psychologie jedenfalls zu einem völlig anderen Verständnis dessen gekommen, was bei einem Menschen den Zustand der Vollendung, der Reife und der Entfaltung ausmacht: Der Mensch kann erst dann wirklich wachsen und sich entfalten, wenn ihn seine verschiedenen inneren Blockaden nicht mehr daran hindern, möglichst harmonische zwischenmenschliche Beziehungen zu pflegen. Eines der wichtigsten Ziele vieler Psychotherapien und Psychoanalysen besteht denn auch darin, die Blockaden so gut wie möglich überwinden zu helfen, die Menschen daran hindern, ihre Fähigkeit zum Aufbau wirklich freier und konstruktiver Beziehungen voll zu entwickeln. Eine gesunde Selbstständigkeit besteht nicht im Rückzug auf sich selbst, sondern soll ganz im Gegenteil die Entfaltung und das Wachstum des Menschen unterstützen und ihm erlauben, selbst gewählte, positive Beziehungen aufzubauen. Einige dieser Beziehungen werden dann in einer ehelichen, elterlichen oder geschwisterlichen Liebe gipfeln. Diese Sichtweise zieht eine völlige Umkehrung unserer Vorstellung von Gottes Transzendenz nach sich. Diese entspricht dann nicht mehr einfach der vollkommensten vorstellbaren Größe: Sie besteht vielmehr in der letztgültigen Verwirklichung des Wunsches und der Fähigkeit, konstruktive zwischenpersönliche Beziehungen zu pflegen, die den anderen sich entfalten lassen. Je deutlicher ein Glaube den Zusammenhang zwischen dem Geheimnis Gottes und dem der Liebe erkennt, desto klarer sollte auch Gottes Transzendenz mit seiner Fähigkeit und seinem Wunsch zu tun haben, seine Beziehung zum Menschen in der Liebe gipfeln zu lassen, statt sich in kalter Selbstgenügsamkeit auf Distanz zu halten.

Letzteres lässt deutlich werden, welch radikaler Perspektivenwechsel nochmals nötig ist, wenn man versuchen will, sich die Transzendenz eines Gottes vorzustellen, dessen Wesen eng mit dem der Liebe verwandt ist. In einem solchen Glauben ist ja nicht irgendwelche Transzendenz gemeint, sondern die Transzendenz göttlicher Liebe. Was könnte einer transzendenten Liebe besser entsprechen als die Fähigkeit und der Wunsch, alle Hindernisse zu überwinden, die sie von denen fernhalten könnten, die sie liebt? Und was könnte der Logik der Liebe fremder sein als eine Haltung, die den Geliebten hochmütig auf Distanz halten möchte? Das Geheimnis der Menschwerdung, das Geheimnis eines Gottes also, der aus Liebe unser irdisches Leben teilen will, weist im christlichen Glauben eindrucksvoll auf diesen Perspektivenwechsel hin und wird zur Grundlage eines der überwältigendsten Merkmale christlicher Spiritualität. Im Unterschied zu vielen anderen betont diese nämlich nicht die zahlreichen Bedingungen und asketischen Bemühungen, die zu erfüllen sind, um hoffentlich eines Tages zu einem Gott, einer Wirklichkeit oder einem letzten Zustand zu gelangen, die im Diesseits praktisch unerreichbar bleiben. Sie geht im Gegenteil von einem Gott aus, dessen Liebe den Wunsch hat, einen jeden bis in sein Menschsein hinein aufzusuchen, da, wo er ist, und ihn schon heute zu einer Beziehung gegenseitiger Liebe einzuladen.[a] Solange man sich Gottes Transzendenz unbewusst als stolze und distanzierte Größe vorstellt, bleibt ein derartiges Geheimnis unbegreiflich und verwirrend, es wird aber sinnvoll und überaus berührend, sobald man es mit der inneren Logik der Liebe in Verbindung bringt. Diese kann ja nichts anderes wollen, als mit dem geliebten Wesen zusammen zu sein. Wenn die Transzendenz eines liebenden Gottes die Form einer Liebe annimmt, die bereit ist, alle, auch die scheinbar unüberwindlichsten Hindernisse zu transzendieren, dann braucht man sie nicht mehr als etwas zu fürchten, was immer auf genügende Distanz bedacht wäre. Sie wird dann im Gegenteil zu einem weiteren Grund, sich Gott als ein Wesen vorzustellen, das den brennenden Wunsch hat, dem Menschen gegenwärtig zu sein und ihn zu einer Beziehung der Nähe[b] und der Gegenseitigkeit[c] einzuladen, in der beide wirklich den Platz bekommen, der ihnen zusteht, wenn die Liebe ihren Namen tatsächlich verdient.

a »Ich habe ihnen deinen Namen bekannt gemacht und werde ihn bekannt machen, damit die Liebe, mit der du mich geliebt hast, in ihnen ist, und damit ich in ihnen bin«: Nach dem Johannesevangelium waren dies die letzten Worte, die Jesus vor seiner Passion an Gott gerichtet hat (Kapitel 17, Vers 26).
b »Ich bin bei euch alle Tage bis zum Ende der Welt« (Matthäusevangelium, Kapitel 28, Vers 20). »Ich werde euch nicht als Waisen zurücklassen. [...] Ich werde den Vater bitten, und er wird euch einen anderen Beistand geben, der für immer bei euch bleiben soll. Es ist der Geist der Wahrheit« (Johannesevangelium, Kapitel 14, Verse 18 und 16).
c »Wie mich der Vater geliebt hat, so habe auch ich euch geliebt. Bleibt in meiner Liebe! [...] Bleibt in mir, dann bleibe ich in euch« (Johannesevangelium, Kapitel 15, Verse 9 und 4).

Nicht nur die Projektionen des Wunsches nach einer dominierenden oder distanzierten Größe machen es uns schwer, uns die Transzendenz eines Gottes vorzustellen, der mit den Menschen in gegenseitiger Liebe leben möchte. Gegenseitige Liebe setzt nämlich bei den betroffenen Personen nicht nur den Wunsch zu lieben voraus, sondern auch den, geliebt zu werden. Nun gibt es aber allerlei Hemmungen, die uns die Annahme schwer machen, dass auch Gott von uns Menschen geliebt werden möchte. Vier Blockierungen sind es hauptsächlich, die sich auf theologischer, philosophischer und psychologischer Ebene einer solchen Annahme in den Weg stellen. Diese gilt es nun eine nach der anderen zu beseitigen. Die erste Blockierung hat mit einer gewissen natürlichen Religiosität zu tun, die Gott einfach als ein Wesen betrachtet, das die verschiedensten menschlichen Bedürfnisse befriedigen soll. Dass Gott seinerseits bestimmte Erwartungen an uns haben könnte, kommt dann schon gar nicht in den Blick. Die zweite Blockierung hat mit einer bestimmten theologischen Richtung zu tun, die fast ausschließlich die sich hingebende und selbstlose Seite von Gottes Liebe betont – eine Betonung, die wohl mit einer langen philosophischen Tradition zusammenhängt, die darauf bedacht war, jedes Bedürfnis, jeden Mangel und jeden Wunsch von Gott fernzuhalten. Die dritte Blockierung wird von einer konsequenten christlichen Theologie gespeist, die im Einklang mit dem Evangelium befürchtet, die Annahme, dass Gott selbst auch geliebt werden möchte, könnte dazu führen, aus der Befriedigung dieses Wunsches eine Bedingung zu machen, um von Gott geliebt zu werden – was wiederum zur bahnbrechendsten Botschaft Jesu im Widerspruch stünde, wonach Gottes Liebe völlig bedingungslos ist. Die vierte Blockierung kommt daher, dass wir uns selbst entwerten und kaum an die verborgene Schönheit unserer Liebesfähigkeit glauben mögen. Damit kommen wir schon gar nicht auf die Idee, dass ein Gott der Liebe diese verborgene Schönheit begehren könnte und von uns allen geliebt werden möchte.

Eine gegenseitige Liebe um ihrer selbst willen

Die erste Blockierung kennzeichnet eine natürliche Religiosität, die überall und seit jeher in der Geschichte menschlicher Spiritualität vorhanden war. Kurz gesagt geht es dabei nur um den Versuch, die Gottheit mit Ritualen, Diensten, Opfern und Gebeten bei Laune zu halten, um von ihr dann im Gegenzug allerlei Vorteile zu erwirken: die Erfüllung einer Bitte, Macht, Erfolg usw. Hier muss man schon sehen, dass diese Haltung mehr mit Feilschen und gefühlsmäßiger Erpressung zu tun hat als mit einer wirklich reifen gegenseitigen Beziehung[27]. Sigmund Freud glaubte den psychischen Ursprung dieser Haltung im unbewussten Wunsch erwachsener Menschen zu erkennen, durch den Glauben an einen Vatergott weiterhin über eine Elternfigur zu verfügen, die sie beschützt und ihnen gibt, was sie brauchen, wenn man sie nur darum bittet. Für ihn handelt es sich dabei um die »Vatersehnsucht«. Diese entwickelt sich dann, wenn das größer gewordene Kind notwendigerweise eines Tages entdeckt, dass seine Eltern nur begrenzt auf seine Bedürfnisse und Ängste antworten können: »Für die religiösen Bedürfnisse scheint mir die Ableitung von der infantilen Hilflosigkeit und der durch sie geweckten Vatersehnsucht unabweisbar, zumal da sich dies Gefühl nicht einfach aus dem kindlichen Leben fortsetzt, sondern durch die Angst vor der Übermacht des Schicksals dauernd erhalten wird.«[a]

Es ist jedenfalls kaum zu bestreiten, dass viele sogenannte »religiöse« oder »fromme« Verhaltensweisen mehr Eigeninteresse widerspiegeln als ein echtes Interesse an Gott. Wo einzig die Erwartungen des betreffenden Menschen zählen, da ist dieser so sehr mit sich selbst beschäftigt, dass sein spontanes Gottesbild kaum Platz für den Wunsch offenlässt, dass auch Gott selbst geliebt werden möchte. Was Gott fühlen oder erwarten könnte, zählt unter diesen Umständen gar nicht und ist schlicht eine unnötige Frage. Mag Gott dann noch so umworben werden, so wird er in Wirklichkeit dennoch vergessen, wie dies Olivier Clément hervorhebt: »Gott ist der am meisten Ausgeschlossene, Vergessene und Verachtete.«[b] In dieser natürlichen Religiosität, die teilweise auch von der »Vatersehnsucht« genährt wird, kann Gott tatsächlich nur der Gebende sein, der, der die Anliegen der Menschen befriedigt. »Wozu sonst denn auch glauben?«, setzt eine zwar eher kommerzielle als spirituelle Logik gleich noch hinzu[28]. All dies zeigt einmal mehr, wie sehr das Unbewusste unser Gottesbild bedingt und es einer natürlichen Religiosität selbst dort unmöglich macht, sich auf neue Perspektiven einzulassen oder andersartige spirituelle Erfahrungen zu machen, wo diese nicht in Formen ausartet, die man zuweilen als »Illusionen« bezeichnet hat.

a *Das Unbehagen in der Kultur*, op. cit., 1930, S. 18.
b *Taizé, einen Sinn fürs Leben finden*, op. cit., 2006, S. 87.

Es zeigt auch, zu welch radikaler Umkehr uns der Glaube an einen Gott einlädt, dessen Geheimnis im Innersten mit dem der Liebe verbunden ist. Die christliche Spiritualität spricht ihrerseits da von einem reifen Glauben, wo sein inneres Leben den Glaubenden dazu führt, Gott um seiner selbst willen, um der Liebe willen zu lieben, und nicht, um etwas von ihm zu erhalten. Wahre Liebe hat ihren Sinn ja in sich selbst. Für Jesus gibt es nichts Höheres als eine derart von der ganzen Person gelebte Liebe: »Du sollst den Herrn, deinen Gott, lieben mit ganzem Herzen, mit ganzer Seele und mit all deinen Gedanken.«[a] Gott um seiner selbst willen achten, mit ihm um ihrer selbst willen in eine gegenseitige Liebesbeziehung treten, die Schönheit dieser Gegenseitigkeit genießen lernen, wie auch immer das eigene Leben in seinem Auf und Ab und seiner Sorgenlast beschaffen sein mag, das war einer der größten Wünsche von Franz von Assisi, nach den Worten jedenfalls, die ihm Eloi Leclerc, selbst ein Franziskaner, in den Mund legt: »Gott existiert, das genügt, sprach Franziskus vor sich hin. [...] [D]ie höchste Forderung jener Liebe, die der Geist des Herrn unablässig in unsere Herzen einflößt, lautet: [...] staunend entdecken, dass Gott Gott ist, in alle Ewigkeit und über alles hinaus, was wir sind und sein können; sich von ganzem Herzen freuen, dass er existiert, [...] ihm danksagen um seiner selbst und um seiner nie versagenden Barmherzigkeit willen.«[b] Ein solches Herz »nimmt tiefen Anteil an Gottes Leben und ist so stark, dass es sich noch in all seinem Elend von der unendlichen Unschuld und der ewigen Freude Gottes anrühren lässt«.[c] In einer derartigen Spiritualität hilft die Einladung, sich zuallererst an Gottes Geheimnis zu freuen, Abstand zu gewinnen sich selbst gegenüber. Aus diesem Abstand können dann ergänzend und in Gegenseitigkeit auch die Erwartungen und Wünsche eines Gottes ihren Platz finden, der ja Liebe ist.

Wo eine Spiritualität in dieser Perspektive ein neues Gleichgewicht, eine Öffnung und Erweiterung des Herzens sucht, da kann sie keinesfalls auf eine »Vatersehnsucht« reduziert werden. Gewiss, auch sie wird Bittgebete kennen. Doch sie wird darauf achten, dass dabei menschliche wie göttliche Wünsche zum Zuge kommen, und wird ihre Bitten so formulieren, dass sie mit einer gegenseitigen Liebe vereinbar sind: In solchen Gebeten geht es dann nicht mehr um Geschäf-

a Matthäusevangelium, Kapitel 22, Vers 37.
b Eloi Leclerc, *Weisheit eines Armen*, Werl (Westf.), Dietrich-Coelde-Verlag, 1980, S. 58 und 76.
c *Ibd.*, S. 75.

temacherei oder emotionale Erpressung, sondern vielmehr um eine unter Liebenden geteilte Sorge, um eine gemeinsame Hoffnung, um einen liebenden Ausblick in dieselbe Richtung[29]. Gegenseitige Liebe motiviert und beseelt alles und steht fortan an erster Stelle. Unter dieser Liebesglut sind auch die Überreste jener natürlichen Religiosität mit ihren verschiedenen Formen zum Vergehen bestimmt: die »Vatersehnsucht«, das Geschäftemachen mit Gott hart an der Grenze zur Erpressung, der enge Moralismus auf Kosten eines inneren Lebens, allerlei Bedingungen, die man erfüllen muss, um zu Gott zu gelangen und von ihm geliebt zu werden, aber auch das Streben nach Effizienz und Erfolg selbst auf der geistlichen Ebene. Schlussendlich wird die gegenseitige Liebe ein einziges Unterscheidungsmerkmal kennen, und alles andere wird nach und nach diesem untergeordnet werden: die Qualität der geschenkten und erfahrenen Liebe, im inneren Leben wie auch im Leben überhaupt.

Wer sich vor den vielfältigen Formen hütet, in denen natürliche Religiosität wieder zum Vorschein kommen kann, kann – ob er nun ein inneres Leben führt oder nicht – von den Vorgaben freikommen, die jene »Vatersehnsucht« seinem Gottesbild aufprägt, wo Gott nur den Zweck hat, auf die Anliegen und Ängste der Menschen einzugehen. Wer sich davor hütet, kann sich dann auch vorstellen, dass es auch in Gott Wünsche geben könnte, unter denen der Wunsch, geliebt zu werden, nicht der geringste wäre. Ohne ein Mindestmaß an gegenseitiger Achtsamkeit lässt sich die Existenz eines solchen Wunsches in Gott kaum erahnen. Mit ihr aber kann ein jeder bis an die Schwelle einer gegenseitigen Liebe gelangen, die um ihrer selbst willen gelebt wird.

Ein Gott, der geliebt werden möchte

Die zweite Blockierung – nämlich unsere Mühe anzuerkennen, dass vielleicht auch Gott geliebt werden möchte – hängt mit einer bestimmten theologischen Richtung zusammen, die fast ausschließlich die sich hingebende, die selbstlose Seite von Gottes Liebe betont. Dies trägt nicht nur dazu bei, dass nur selten darüber meditiert wird, welche Wünsche ein Gott der Liebe selbst haben könnte; ohne dass dies unbedingt beabsichtigt wäre, führt es vor allem dazu, Gottes Liebe in einer Weise zu beschreiben, die mehr mit Herablassung zu tun hat als mit wirklicher Liebe. Wirkliche Liebe setzt nämlich ein ganz intimes und persönliches Engagement voraus. Jeder darf hier seine Wünsche haben, und miteinander bilden diese die Grundlage für eine gesunde Gegenseitigkeit. Die Gefahr, sowohl Gottes Liebe als auch die vom Gott der Liebe ersehnte Liebe zwischen Gott und Mensch zu entstellen, scheint real genug, um jede scheinbar noch so zutreffende Darstellung infrage zu stellen, die Gottes Liebe als herablassend beschreibt[30].

Im Lauf der Geschichte sind zahlreiche Gottesvorstellungen, oft unbemerkt, von einer Argumentation geprägt worden, die der Theologe Anders Nygren folgendermaßen zusammenfasst: »[B]ei Gott gibt es keinen Mangel, deshalb auch kein Begehren oder Streben. Er kann nicht höher kommen, als er ist. Am allerwenigsten kann es sich um eine Liebe Gottes zum Menschen handeln, denn dies würde ein Herabsteigen von der göttlichen Vollkommenheit und Glückseligkeit zu etwas Geringerem in sich schließen.«[a] Diese Argumentation erinnert an eine philosophische Überlieferung, wonach Gott, weil er ja theoretisch kein Bedürfnis hat, auch keinerlei Verlangen haben kann. Das war schon die Fragestellung von Plato im 4. Jahrhundert vor Christus. Plato war überzeugt, dass es Gott in der Vollkommenheit seiner göttlichen Natur an nichts fehlen konnte. Er wandte deshalb folgendes Prinzip ganz konsequent auf seinen Gottesbegriff an: »[Es ist] durchaus notwendig, dass, wer begehrt, nur das begehrt, was ihm fehlt, und umgekehrt.«[b] In seinem Gefolge haben dann selbst die größten Philosophen der Antike nur über das Gottverlangen im Sinn des menschlichen Verlangens nach Gott nachgedacht und nicht über das Verlangen Gottes nach dem Menschen[31]. Dies führte schließlich zur Vorstellung eines introvertierten, teilnahmslosen, kalten und abstrakten Gottes, die dann oft als »Gott der Philosophen« karikiert wurde.

Muss noch daran erinnert werden, dass die griechische Philosophie großen Einfluss auch auf jene ausgeübt hat, die sich, wie die ersten christlichen Denker, die »Kirchenväter«, auf mancherlei Weise von ihr abzuheben suchten? Die christliche Theologie musste gegen diesen »Gott der Philosophen« reagieren, denn in ihrem Glauben geht es nicht um einen introvertierten Gott, sondern um einen, der sich seinen Geschöpfen zuwendet, um sie zu erreichen und ihnen seine Liebe

---

a Anders Nygren, *Eros und Agape*, Gütersloh, Bertelsmann, 1954, S. 143.
b *Platons Gastmahl*, verdeutscht von Rudolf Kassner, verlegt bei Eugen Diederichs, Jena, 1922 [The Project Gutenberg EBook of Platons Gastmahl, by Plato], S. 45.

anzubieten. Doch die Geistesgeschichte hat es oftmals bestätigt: Auch die Reaktion gegen eine bestimmte Denkart denkt oft in denselben Kategorien weiter und bleibt davon abhängig. Sie hat noch nicht die innere Freiheit gewonnen, eine Frage von anderen Seiten her anzugehen und sich so neuen, erhellenderen Horizonten zu öffnen. Der Zusammenhang zwischen der Frage nach Gott und jener nach Bedürftigkeit, Mangel und Verlangen hat wohl den Hang einer gewissen christlichen Theologie verstärkt, sich den Gedanken an einen Gott zu verbieten, der zu wenig Liebe erfährt und den Menschen durchaus eigennützig dazu erschaffen hätte, diesem Mangel abzuhelfen. Dies aber führt zu einer dreifachen Gefahr: zur Gefahr, nur die hingebungsvolle und selbstlose Seite von Gottes Liebe zu unterstreichen, einer Liebe, die nur das Glück des anderen im Auge hat, sich nur um ihn kümmert und nur ihn beachtet; weiter zur Gefahr, im Geheimnis der Liebe einen Gegensatz zwischen Facetten zu konstruieren, die einander gar nicht ausschließen, nämlich zwischen dem Wunsch, zu geben und zu lieben, auf der einen Seite und jenem, zu empfangen und geliebt zu werden, auf der anderen; und zur Gefahr schließlich, den Wunsch, geliebt zu werden, bewusst oder unbewusst mit einer Art von Egoismus zu verwechseln, die dann von vornherein mit keiner Gottesvorstellung mehr vereinbar ist. Dieser dreifachen Gefahr gegenüber ist es nun wichtig, die zwei wesentlichen Mängel dieser philosophischen Argumentation herauszuschälen. Bis heute haben diese in der Theologie nämlich ihre Spuren hinterlassen: eine Auffassung von Gottes Vollkommenheit zum einen, die allzu eng mit der Frage von Bedürfnis und Mangel verbunden ist; eine allzu einseitige Sicht der Beziehung zwischen Bedürfnis, Mangel und Verlangen zum anderen, die der komplexen Entstehung des Verlangens in der Psyche nur ungenügend Beachtung schenkt.

Die Verbindung zwischen göttlicher Vollkommenheit und den Begriffen von Bedürftigkeit und Mangel erweist sich als symptomatisch für den Einfluss der eben beschriebenen Projektion des Wunsches nach einer distanzierten Größe auf die betreffenden Denker. Ihr ganzes Denken ist auf eine Selbstständigkeit ausgerichtet, deren vollkommenster Ausdruck es ist, nichts und niemanden zu benötigen, und sich an dieser Selbstgenügsamkeit zu erfreuen. Aus psychologischer Sicht besteht aber die wirklich vollkommene Selbstständigkeit im Willen und in der Fähigkeit, möglichst harmonische Beziehungen aufzubauen. Diese neue Perspektive lädt ein, den Fokus nicht mehr auf die Frage nach Bedürftigkeit und Mangel zu legen und eher von der Dynamik auszugehen, die jeder Beziehung eigen ist, wenn sie nach Liebe strebt. Beachten wir, dass der Liebe die Tendenz innewohnt, ständig zu lieben und sich immer nach etwas zu sehnen, so stoßen wir auf eine weitere Dimension, die für die Entstehung des Verlangens in der Beziehung unter Personen charakteristisch ist: Hier entsteht das Verlangen nämlich an sich nicht aus einem Mangel heraus, sondern es hängt viel subtiler mit der Dynamik und der Entwicklung der betreffenden Beziehung zusammen, die, wenn sie sich auf etwas von der Art der Liebe hin bewegt, gar nicht anders kann, als früher oder später ein immer stärkeres Verlangen nach dem Gegenüber zu fördern[32]. Die Entstehung dieses gegenseitigen Verlangens hängt mit anderen Worten viel mehr mit der Echtheit der Liebe zusammen, die sich in dieser Beziehung entwickelt, als dass sie einfach aus der Not eines Mangels heraus entstünde.

Mehr noch, in einer reifen Liebe wachsen das Verlangen zu lieben und jenes geliebt zu werden gemeinsam. Am Ende sind sie nicht mehr auseinanderzuhalten, denn sie wachsen ständig aneinander, und das Verlangen, geliebt zu werden, gehört am Ende ebenso zu einer großen gegenseitigen Liebe wie das Verlangen zu lieben[33]. Lernt man, darin eine der edelsten und schönsten Regungen überhaupt zu erkennen, so wird man es weder weiterhin vernachlässigen – bei sich selbst[34], beim anderen noch bei Gott! – noch wird man das Verlangen, geliebt zu werden, weiterhin mit einer Form von Egoismus verwechseln. Tatsächlich verkommt das Verlangen, geliebt zu werden, erst dann zu einer Form von Egoismus, wenn es nicht mehr – oder nicht mehr genügend – vom Verlangen begleitet wird, den andern zu lieben und zu seinem Glück beizutragen. Wird jedoch das Verlangen zu lieben nicht mehr vom Verlangen begleitet, geliebt zu werden, so besteht die große Gefahr, dass es zu einer Form von Herablassung verkommt, die das Geheimnis der Liebe dann genauso entstellt. Die Liebe erreicht nämlich dann ihren vollkommensten Ausdruck, wenn das Verlangen zu lieben und jenes, geliebt zu werden, in einem harmonischen Gleichgewicht stehen und keines von beiden zu kurz kommt. Hier liegt womöglich ihr tiefstes Geheimnis: Liebe liebt und möchte geliebt werden; Liebe kann nur lieben und geliebt werden wollen; Liebe kann niemals aufhören, zu lieben und sich danach zu sehnen, geliebt zu werden! Um daraus die gebotenen Schlüsse für unsere Vorstellung von Gottes transzendenter Liebe zu ziehen, werden wir demnach sorgfältig auf beide Seiten der Liebe und ihres Geheimnisses achten und sie beide in höchster Intensität im Herzen eines Gottes verorten, der als Urquelle der Liebe seine Geschöpfe nur ebenso leidenschaftlich lieben kann, wie er im Gegenzug von ihnen geliebt werden möchte.

Nun wendet Anders Nygren ja ein, das Verlangen, vom Menschen geliebt zu werden, sei für Gott eine Erniedrigung und seiner nicht würdig, weil er sich dann »aus seiner göttlichen Vollkommenheit und Glückseligkeit zu einer untergeordneten Stufe der Wirklichkeit herablässt«. Dieser Einwand ist aber derart von der unbewussten Projektion des Verlangens nach einer dominierenden oder distanzierten Größe durchdrungen, dass er dabei gleich zwei grundlegende Wahrheiten vergisst. Erstens: Die einzige Erniedrigung, die der Liebe – und dies erst recht bei Gott – nicht würdig wäre, bestünde darin, zu wenig zu lieben und sich zu wenig danach zu sehnen, geliebt zu werden. Wer zu lieben vorgibt – es sei denn, seine Liebe wäre noch sehr unreif – wird zweitens das geliebte Wesen niemals als eine »untergeordnete Stufe der Wirklichkeit« wahrnehmen, derart fremd sind der Liebe Begriffe wie die Unter- oder Überordnung. In den Augen einer reifen und realistischen Liebe gibt es weder unter- noch übergeordnete, sondern nur geliebte Wesen. Im Gegensatz zu all den theologischen Richtungen, die menschliche Attribute, die man gemeinhin Hochgestellten in der Hierarchie zuschreibt, häufig unbewusst auf Gott übertragen, hat sich der heilige Bernhard von Clairvaux im 12. Jahrhundert davon nicht täuschen lassen. In seinem erschütternden Kommentar zum Hohelied vergleicht er Gott mit einem »Gatten« und die Seele mit einer »Gattin«: »Liebe kennt keinen Respekt vor der Rangordnung. ›Liebe‹ kommt vom Wort ›lieben‹ und nicht von ›ehren‹. [...] Doch er, der Gatte, wenn er auch alles hat, was Ehre, ja gar Furcht und Bewunderung hervorruft, möchte vielmehr geliebt werden. Sie sind füreinander ›Gatte‹ und ›Gattin‹. Welch anderen Grund, welch anderes Band denn noch suchen zwischen den Gatten als die gegenseitige Liebe?«[a]

a *Invités aux noces, extraits des Sermons sur le Cantique des cantiques*, französische Übersetzung und Präsentation von Pierre-Yves Emery, Paris, Desclée de Brouwer, 1979, S. 158.

Im Herzen einer bedingungslosen Liebe

Unter den Blockaden, die eine derart einseitige Betonung der hingebenden und uneigennützigen Seite von Gottes Liebe gefördert haben, gibt es eine, die besondere Beachtung verdient. Sie steht nämlich mit einer der innovativsten Botschaften Jesu im Zusammenhang. Um den Grund dieser Blockade wirklich zu verstehen, gilt es vorerst, diese Botschaft sowie den Perspektivenwechsel genauer zu umschreiben, den sie in der geistlichen Geschichte der Menschheit bewirkt hat. Die Botschaft ist die Ankündigung, dass Gott seine Liebe allen anbietet, ohne dass bestimmte Vorbedingungen erfüllt sein müssten, dass Gottes Liebe also bedingungslos, kostenlos ist und nicht auf irgendwelchen menschlichen Verdiensten beruht, sondern ganz allein auf Gottes Barmherzigkeit: »Als aber die Güte und Menschenliebe Gottes, unseres Retters, erschien, hat er uns gerettet – nicht weil wir Werke vollbracht hätten, die uns gerecht machen können, sondern aufgrund seines Erbarmens«[a], schreibt Paulus, und er zögert nicht, diesen Glauben in der folgenden lapidaren Formel zusammenzufassen: »Also kommt es nicht auf das Wollen und Streben des Menschen an, sondern auf das Erbarmen Gottes.«[b]

Seit Urzeiten haben zahlreiche Formen der Weisheit, der Spiritualität sowie die unterschiedlichsten religiösen Strömungen die Möglichkeit einer Beziehung zum höchsten Wesen, einer Einheit mit dem Absoluten oder einer Liebesgemeinschaft mit Gott wie selbstverständlich nicht als Geschenk vorgestellt, das schon immer allen angeboten ist und offen steht, sondern als Belohnung für einen langen Weg, der mehr einer spirituellen Elite zukommt – als Belohnung für Verdienste, Anstrengungen, Askese, für eine Vervollkommnung durch endlose Anforderungen. Die Haltung Jesu den Menschen gegenüber, die zu seiner Zeit wegen ihres Lebenswandels, wegen ihres Verhaltens oder ihrer Überzeugungen als am weitesten von Gott entfernt galten, steht dazu im völligen Gegensatz. Man könnte sie etwa so wiedergeben: »Wer du auch bist und wie auch immer deine Vergangenheit aussehen mag, du bist von Gott schon geliebt. Lass dich von Gott also lieben; wage es heute schon, dich seiner Liebe zu öffnen; lass sie die verborgenen Wunden deines Herzens nach und nach heilen und

---

a Titusbrief, Kapitel 3, Verse 4 und 5. Siehe auch Epheserbrief, Kapitel 2, Verse 4–5 und 9.
b Römerbrief, Kapitel 9, Vers 16.

finde deine Freude darin, dass du nun deinerseits das Leben der Menschen schöner machst, die dir heute oder in Zukunft anvertraut sein werden.« Nächstenliebe, der Entscheid, zu lieben und in der Liebe zu wachsen, ist für Jesus keine Vorbedingung, um von Gott geliebt zu werden, sondern die Folge der fröhlichen und staunenswerten Entdeckung, dass Gott uns schon liebt.

Dieser Perspektivenwechsel entspricht denn auch dem Bild eines Gottes, von dem Johannes sagt: »Nicht darin besteht die Liebe, dass wir Gott geliebt haben [...]. Wir wollen lieben, weil er uns zuerst geliebt hat«[a]. Er entspricht auch dem Bild eines Gottes, dessen innerstes Wesen Liebe ist, eines Gottes also, der nur lieben kann und »seine Sonne aufgehen [lässt] über Bösen und Guten«[b], wie dies Jesus in voller Übereinstimmung mit seiner Botschaft formuliert, einer Botschaft, die Johannes – wohl der Jünger, der ihm am nächsten stand – so zusammenfasst: »Dies ist die Botschaft, die wir von ihm gehört haben und euch verkünden: Gott ist Licht, und keine Finsternis ist in ihm.«[c] Erstaunlich ist es allerdings nicht, dass eine so radikale und jeder menschlichen Logik so fremde Umkehrung auf derart viel Widerstand gestoßen ist, und zwar nicht nur in den religiösen Bewegungen von damals, sondern auch heute und selbst in den christlichen Gemeinschaften. Ständig tauchen Strömungen auf, die wieder diese oder jene Vorbedingung einführen möchten, um Gottes Liebe empfangen zu können. Sie vergessen dabei, dass Gottes Liebe vorrangig denen gilt, die den Ruf haben, ihr fernzustehen: »Nicht die Gesunden brauchen den Arzt, sondern die Kranken. Darum lernt, was es heißt: Barmherzigkeit will ich, nicht Opfer.«[d] Dieser Widerstand ist deshalb so gefährlich, weil seine Wurzeln tief in jenes diffuse Schuldgefühl und in jene echte Schwierigkeit hinabreichen, sich selbst als liebenswürdig zu erachten. Diesen war ja der zweite Teil dieses Buches gewidmet. Viele Hindernisse haben wir dort aufgezählt, die es zu überwinden gilt, um sich mit sich selbst zu versöhnen, um auch seine Wunden kennenzulernen und dann zur Vorstellung eines Gottes zu gelangen, der dies alles wohl weiß, aber nur danach trachtet, diese Wunden zu heilen, statt sie durch ein unüberlegtes Urteil noch zu vergrößern.

All dessen sollten wir uns bewusst bleiben, wenn wir verstehen

a 1. Johannesbrief, Kapitel 4, Verse 10 und 19.
b Matthäusevangelium, Kapitel 5, Vers 45.
c 1. Johannesbrief, Kapitel 1, Vers 5.
d Matthäusevangelium, Kapitel 9, Verse 12 und 13.

wollen, weshalb auch eine christliche Theologie, die das Evangelium ernst nimmt, nur zögerlich bereit ist anzunehmen, dass auch Gott geliebt werden möchte. Ihre Befürchtungen sind insofern verständlich, als sie ja ständig jener natürlichen Neigung des Menschen begegnet, Gottes Liebe an immer neue Bedingungen zu knüpfen: Betont sie nämlich allzu sehr, dass auch Gott geliebt werden möchte, so könnte dies leicht wieder so missverstanden werden, dass die Erfüllung dieses Wunsches eine Bedingung wäre, um von Gott geliebt werden zu können. Aus dieser durchaus löblichen Sorge heraus gehen gewisse große spirituelle Meister sogar so weit zu sagen, Gott erwarte gar nichts zurück. Dabei merken sie nicht, dass sie damit aber, wohl unbewusst, der eben kritisierten Vorstellung einer herablassenden Liebe Gottes Vorschub leisten. Nun gilt es aber, Dinge, die sich gar nicht widersprechen, nicht als Gegensätze darzustellen, sondern vielmehr zu erkennen, dass ihr subtiles Verhältnis zueinander sowohl die Schönheit der bedingungslosen Liebe Gottes als auch die Schönheit seines Wunsches, geliebt zu werden, viel klarer zutage treten lässt. Dass der Wunsch, geliebt zu werden, genauso zu einer großen Liebe gehört wie der Wunsch zu lieben, haben wir ja schon dargelegt.

Selbst wenn Gott seine Liebe bedingungslos anbietet, bedeutet dies nicht, dass er darauf auch keine Antwort erwartet. Die beiden Gründe ihrer Bedingungslosigkeit sind auch dann nicht infrage gestellt, wenn in Gott ein Wunsch besteht, seinerseits geliebt zu werden. Der erste Grund ist nämlich die Tatsache, dass Gottes Liebe der menschlichen Antwort vorausgeht, und daran ändert sich auch nichts, wenn sich Gott darauf brennend eine positive Antwort wünscht. Der zweite Grund ist die Tatsache, dass der Gott der Liebe den Menschen weiterhin lieben und an die Tür seines Herzens klopfen wird, wie auch immer dessen Antwort ausfällt, und daran ändert sich ebenso wenig, wenn Gott sich brennend eine positive Antwort wünscht. Ist dies einmal geklärt, können wir nun genauer bestimmen, wie Gottes Wunsch, geliebt zu werden, sich zu seiner bedingungslosen Liebe verhält: Wenn sich Gott so brennend eine positive Antwort des Menschen wünscht, so nicht etwa, weil sie eine Bedingung wäre, um von Gott geliebt zu werden, sondern vielmehr, weil sie die einzige Möglichkeit darstellt, eines Tages eine gemeinsame Liebesbeziehung leben zu können. Liebe setzt nämlich gegenseitig eine freie Wahl voraus, denn ohne sie kann sich keine Beziehung wirklich entfalten. In den Augen eines Gottes, der seine Geschöpfe intensiv lieben und im Gegenzug von ihnen intensiv geliebt werden möchte, ist deshalb das wichtigste, in der Liebe eine echte Gegenseitigkeit anzustreben, die auf den richtigen Zeitpunkt warten kann und die Freiheit und Andersartigkeit des anderen respektiert. Im Herzen dieser bedingungslosen Liebe und von Gottes Wunsch, geliebt zu werden, ertönt also tatsächlich die Einladung und der dringende Appell an uns alle und an jeden Einzelnen, sich auf eine gegenseitige Liebe um ihrer selbst willen einzulassen.

Wenn wir nach und nach die Schwierigkeiten überwinden und anerkennen, dass möglicherweise auch Gott selbst geliebt werden möchte, so werden wir wohl staunend entdecken oder wiederentdecken, wie sehr auch die Bibel in bewegender Weise von einem solchen Wunsch zeugt. Das wohl markanteste Beispiel dafür ist die Forderung Jesu, die er als »das wichtigste und erste Gebot«[a] bezeichnet: »Du sollst den Herrn, deinen Gott, lieben mit ganzem Herzen, mit ganzer Seele und mit all deinen Gedanken.«[b] Es sind dies vielleicht sowohl die bekanntesten wie auch die verkanntesten Worte der Bibel, so sehr erschweren es uns die drei besprochenen Hindernisse und die unbewussten Projektionen unseres Wunsches nach einer dominierenden und distanzierten Größe, den darin enthaltenen, so erschütternden Liebesruf zu hören. Fast immer sind diese Worte als Offenbarung des letzten Sinns menschlichen Lebens verstanden und kommentiert worden, als das Ziel, zu dem wir hinstreben sollen. Darüber hat man fast vergessen, dass uns die Bibel auch und vor allem Gott selbst und sein Geheimnis offenbaren will. Doch das »wichtigste und erste Gebot« enthält ja tatsächlich eine äußerst ergreifende Offenbarung über Gott: Das Allererste, worum Gott sein Geschöpf bittet, ist nämlich nicht, dass es dies oder jenes tun, dieser oder jener engen Moralvorstellung folgen oder diese oder jene fromme Haltung annehmen soll, sondern dass es ihn, Gott, liebe und dies mit seinem ganzen Wesen! Darin zeigt sich das Herz eines Gottes, der brennend geliebt werden möchte, nicht nur teilweise und banal, sondern aus ganzheitlicher und leidenschaftlicher Liebe! Wie auch immer unsere religiösen Überzeugungen aussehen mögen, festzuhalten ist, dass diese Bibelworte ein mehr als nur erstaunlicher, ein bewegender, ja erschütternder Aufruf sind. Wo immer jemand ehrlich um Liebe bittet, hat dies etwas Erschütterndes. Doch am erschütterndsten ist es, wenn jemand darum bittet, dessen Empfindsamkeit und innere Schönheit ganz be-

a Matthäusevangelium, Kapitel 22, Vers 38.
b Matthäusevangelium, Kapitel 22, Vers 37.

sonders entwickelt sind. Nach christlicher Offenbarung kommt nun diese Bitte von der höchsten Quelle der Liebe selbst, vom empfindsamsten und liebevollsten Wesen überhaupt, und sie richtet sich ganz persönlich an einen jeden, eine jede von uns.

Ein Gott, der brennend geliebt werden möchte: Ein solches Gottesbild könnte für jeden – sei er nun gläubig, ungläubig oder auf der Suche – Grund genug sein, seine üblichen Gedankenassoziationen zur Gottesfrage zu hinterfragen. Wer bereits ein inneres Leben pflegt, den lädt Gottes Wunsch ein, seine Gottesvorstellungen auch noch um die letzten Überreste jener distanzierten Herablassung zu erleichtern, die für die meisten spontanen Gottesbilder so typisch ist. Er wird ihm zum Anlass werden, weiter fortzuschreiten auf dem Weg zu einer echten gott-menschlichen Gegenseitigkeit, in der beide wesentlichen Aspekte der Liebe – lieben und geliebt werden – nun ungehindert ihrer vollkommensten Entfaltung entgegenstreben können. Wenn Gott so brennend geliebt werden möchte, so ruft uns dies jeden Tag zur Frage auf, wie wir ihm heute schon die intimsten Kräfte unserer Liebe darbringen können. Die Möglichkeit, dass eine gegenseitige Liebe tatsächlich entsteht, verbessert sich dadurch ganz erheblich, hängt doch das Glück des Geliebten ganz eng mit der Antwort zusammen, die er auf seine allerpersönlichsten Sehnsüchte erhält. Je besser und klarer aber wir die Erwartungen unseres Gegenübers verstanden und verinnerlicht haben, desto angemessener wird darauf auch unsere Antwort sein können. Je aufmerksamer wir den Empfindungen und Erwartungen jener geheimnisvollen göttlichen Gegenwart[35] gegenüber werden, desto eher ruft dies schließlich zu einem Verhalten auf, das dem eines Mannes gleicht, der staunend die Empfindungen und Erwartungen der Frau entdeckt, die er liebt: Sein Wunsch, ihr eine echte Liebe entgegenzubringen, wird bewusster, motivierter und angeregter denn je. Dieses Bewusstsein, diese Motivation und Anregung aber erweisen sich als umso wesentlicher, als sie dem Menschen helfen, seine Empfindungen, seine Gefühle und die Art seiner Liebe auch in seine eventuelle Beziehung zu Gott einzubringen – was wiederum jene gegenseitige Liebe nach und nach so wachsen lassen kann, wie dies sonst niemals möglich geworden wäre[36].

Eine ungeahnte Fähigkeit zu lieben

Die vierte Blockade, die es uns schwer macht anzunehmen, dass auch Gott geliebt werden möchte, ist die Mühe, die wir alle mehr oder weniger haben, unsere eigene innere Schönheit und insbesondere die verborgene Schönheit unserer Liebe wahrzuhaben. Je mehr ein Mensch an seiner Fähigkeit zu lieben zweifelt, desto schwerer fällt es ihm, anzunehmen, dass ein Gott der Liebe diese seine Liebe so sehr schätzen könnte, dass er von ihm geliebt werden möchte. Selbst wenn wir die inneren Wunden ernsthaft in Rechnung stellen, die uns daran hindern, unsere eigene innere Schönheit und die der anderen wahrzunehmen[a], so bleibt die Frage immer noch offen: Wie könnte der Mensch die höchste Quelle der Liebe lieben, in deren Wesen die Liebe zu ihrem vollkommensten und transzendenten Ausdruck findet? Wie könnte er dieses empfindsamste und liebevollste Wesen lieben, wo es ihm doch schon so schwer scheint, diejenigen glücklich zu machen, die ihm auf Erden am liebsten sind?

Die Möglichkeit einer gegenseitigen Liebe zwischen Gott und Mensch scheint derart unwahrscheinlich, dass zahlreiche geistliche Strömungen sich schlicht geweigert haben, solches in Betracht zu ziehen oder zumindest die Möglichkeit einer solchen Liebe auf Erden anzuerkennen. Diese Weigerung ist ein weiterer Grund, sich zu fragen, weshalb die christliche Theologie an die Möglichkeit zu glauben wagt, dass der Mensch heute schon mit Gott in eine Beziehung gegenseitiger Liebe treten kann, selbst wenn diese Gegenseitigkeit erst im Leben der Ewigkeit zu ihrer vollen Entfaltung gelangen wird. Es wird niemanden erstaunen, dass der Grund dafür nicht im Auf und Ab unserer menschlichen Subjektivität liegen kann, die wegen ihrer oft schmerzlichen Erfahrungen immer wieder gegen Zweifel anzukämpfen hat. Ist das subjektive Erleben unser alleiniger Wegweiser, so bleibt es leicht am äußeren Schein hängen und spielt uns manchen bösen Streich. Viele werden hingegen überrascht sein, wenn sie entdecken, dass dieser Grund hinter seiner scheinbar allzu einfachen, wenn nicht gar naiven Formulierung eine Tiefe und eine innere Logik verbirgt, die man beim ersten Hinsehen kaum vermuten würde. Tatsächlich handelt es sich um eine der ältesten biblischen Überzeugungen, eine Überzeugung mit tief reichenden Folgen für den Glauben an

---

a Siehe das Kapitel »Ein Gott, der all unsere Verletzungen kennt«, im zweiten Teil dieses Buches.

eine geheimnisvolle Übereinstimmung zwischen Gott und Mensch, dank der eine Beziehung der Gegenseitigkeit zwischen dem Schöpfer und seinem Geschöpf denkbar wird: »Gott schuf also den Menschen als sein Abbild, als Abbild Gottes schuf er ihn. Als Mann und Frau schuf er sie.«[a] An dieser Überzeugung hängt nicht nur die Vereinbarkeit zwischen dem Schöpfergott und seinem Geschöpf, sondern auch die Möglichkeit für die im Menschen angelegte Liebe, sich einst bis auf die Ebene von Gottes Liebe zu erheben. Spuren dieser Liebesfähigkeit lassen sich in jedem von uns an der unstillbaren Sehnsucht nach Liebe erkennen, die in ihm wohnt. Diese wartet nur darauf, sich unter günstigen Umständen voll entfalten zu können. Doch nur wenn Gott diese Liebesfähigkeit nach seinem Bild geschaffen hat, können wir hoffen, dass eine gegenseitige Liebe zwischen Gott und Mensch überhaupt möglich ist. Versuchen wir, uns mit dieser Überzeugung vertieft auseinanderzusetzen, so stoßen wir schließlich bis zum Herzen unseres Vertrauens auf jene außerordentliche Liebesfähigkeit vor, die in jedem Menschen schlummert. Selbst wenn die Härte des Lebens sie im Moment beschädigt oder gelähmt hätte, bleibt sie dennoch in jedem Menschen gegenwärtig und gehört zutiefst zu seinem wahren Wesen. Wer sich vertieft mit dieser Überzeugung auseinandersetzt, sieht sich eingeladen, auch die Liebesfähigkeit des Menschen aus dem Blickwinkel dieser Überzeugung zu betrachten, und dieser Blick kann dann auch den Blick auf unsere eigene Liebesfähigkeit erneuern.

Heute können wir uns nicht mehr näher mit der beträchtlichen Tragweite dieser Glaubensüberzeugung beschäftigen, ohne uns vorerst mit deren scharfsinnigsten Widersachern auseinanderzusetzen. Gewisse atheistische Denkrichtungen haben sie nämlich heftig kritisiert, wenn nicht gar lächerlich gemacht. Diese Kritik führte im 19. Jahrhundert unter dem Einfluss des Philosophen Ludwig Feuerbach zu einer entscheidenden Wende in der Geschichte des modernen Atheismus. In mancherlei Hinsicht könnte Feuerbach als der wahre Urheber der Theorie von der unbewussten Projektion und ihrer Anwendung auf den Gottesglauben angesehen werden. Der häufigste Verdacht des Atheismus gegenüber jeder theologischen Reflexion geht nämlich weitgehend auf ihn zurück. Er stellt eine geschickte Umkehrung der hier besprochenen Glaubensüberzeugung dar: dass nämlich der Mensch auf seiner spirituellen Suche einen Gott nach

---

a Genesis, Kapitel 1, Vers 27.

seinem Bild erschafft. In vielen Gottesbildern stellt Feuerbach immer neue Projektionen der eigenen Person fest und ist am Ende überzeugt, dass Gott gar nicht existiert: »Gott ist der Spiegel des Menschen[a]«, »das göttliche Wesen ist nichts anders als das menschliche Wesen[b]«. Daraus schließt er dann: »Die Religion, wenigstens die christliche, ist das Verhalten des Menschen zu sich selbst, oder richtiger: zu seinem (und zwar subjectiven) Wesen, aber das Verhalten zu seinem Wesen als zu einem anderen Wesen.[c]« Friedrich Engels bekennt, dass viele berühmte Denker danach in Feuerbachs Kielwasser schwammen: »Wir waren alle momentan Feuerbachianer«[d] – angefangen mit Karl Marx und Sigmund Freud. In diesem Punkt folgten sie alle den Gedanken jenes großen Philosophen, auch wenn sie ihn auf ihrem Lieblingsgebiet dann je nach ihrer eigenen Denkweise abwandelten.

Indem sie ihren Atheismus auf der Projektionstheorie aufbauten, taten Feuerbach und seine Jünger jedoch einen Schritt, der mit der bloßen Vernunft allein nicht mehr zu rechtfertigen ist. Zwischen der Frage nach den Gottesbildern und jener nach Gottes Existenz besteht nämlich ein grundlegender Unterschied. Selbst wenn der Einfluss aller möglichen Projektionen weitaus größer wäre als alles, was wir bisher darüber wissen, so würde dies nur unsere Gottesbilder und nicht Gottes Existenz selbst infrage stellen. Schließt man von der Projektionstheorie voreilig auf Gottes Nicht-Existenz, so geht dies über die Grenze dessen hinaus, was diese Theorie erlaubt. So stellt der Theologe Walter Kasper fest: »Doch aus der Tatsache der Projektion folgt nur ein unverzichtbares subjektives Element in unserer Erkenntnis, es folgt jedoch nichts über die Realität des erfahrenen und erkannten Objekts selbst. Mit Hilfe der Projektionstheorie kann man zwar die subjektiven Gottesvorstellungen bis zu einem gewissen Grad erklären, man kann damit jedoch nichts über die Wirklichkeit Gottes selbst aussagen.«[e] Die Leichtfertigkeit, mit der anhand der Projekti-

a Ludwig Feuerbach, *Das Wesen des Christenthums*. Leipzig, Otto Wigand, 1841, S. 69.
b *Ibd.*, S. 20.
c *Ibd.*, S. 20.
d Friedrich Engels, *Ludwig Feuerbach und der Ausgang der klassischen deutschen Philosophie*, in: *Karl Marx-Friedrich Engels-Werke*, Berlin, Karl Dietz Verlag, Bd. 21, 5. Aufl. 1975, unveränderter Nachdruck der 1. Aufl. 1962, Berlin/DDR, S. 272.
e *Der Gott Jesu Christi*, in: Walter Kasper, *Gesammelte Schriften*, hrsg. von George Augustin und Klaus Krämer, Bd. 4, Freiburg, Basel, Wien, Verlag Herder, 2008, S. 83.

onstheorie Gottes Existenz geleugnet wird, gleicht der Leichtfertigkeit, mit der man dies auch schon anhand der Evolutionstheorie
getan hat[37]. Die Sozial-, respektive die Naturwissenschaft dient dabei
jeweils – zu Unrecht – als Vorwand, um in einer Art Abrechnung die
Idee selbst von Gott loszuwerden. Anscheinend ist diese für die Betreffenden allzu empörend, beängstigend oder störend[38].

Der Verdacht, nach dem der Mensch bei seiner spirituellen Suche
einen Gott nach seinem eigenen Bild erschafft, sollte nun seinerseits
von jedem hinterfragt werden, der die Projektionstheorie auf die Zu-
verlässigkeit ihres Beitrags hin untersuchen will. Selbstverständlich
kann der Mensch eine bestimmte Wirklichkeit – welcher Art auch
immer – nur aufgrund von Kategorien und Elementen erfassen, die er
aus der Praxis oder aus der Theorie bereits kennt: Was immer er von
der Wirklichkeit wahrnimmt, besteht notwendigerweise aus Projektionen und Transfers, sodass niemals die objektive Wirklichkeit als
solche wahrgenommen wird, sondern immer nur eine mehr oder
weniger geglückte Annäherung an das, was sie wirklich ist. Handelt
es sich dabei um ein Gottesbild, so ist diese Feststellung umso mehr
begründet, als wir ja alle nur über menschliche Begriffe und Bilder
verfügen, um uns eine Wirklichkeit vorzustellen, die per Definition
nicht zu dieser Welt gehört. Entsprechend haben wir uns in dieser
Sache nicht zu fragen, ob bei einem Gottesbild Projektionen mit im
Spiel sind oder nicht – sie sind es! –, sondern inwiefern diese eine legitime Annäherung an jenes Geheimnis sind oder aber eine Verzer-
rung darstellen, die jedem Fragen über Gott nur abträglich ist. Ferner
sind vorerst die unbewussten Projektionen von denen zu unterscheiden, die bewusst gewählt wurden, um dieses Geheimnis zu umschreiben. Bevor man festzustellen sucht, ob diese mit dem betreffenden
Glauben vereinbar sind, gilt es, die unbewussten Projektionen wahrzunehmen und zu beseitigen, welche unsere Suche von vornherein in
die Irre führen könnten. Dies ist denn auch der Grund, weshalb wir
uns in diesem Buch bemüht haben, jede Frage systematisch einer
doppelten Überprüfung zu unterwerfen, um einerseits wahrzunehmen, wo uns unbewusste Mechanismen einen Streich spielen könnten, und um andrerseits auf die Kohärenz der Vorstellungen zu achten, die wir bewusst auswählen, um über den Glauben an einen Gott
der Liebe Rechenschaft abzulegen. Die Analyse der unbewussten
Projektion kindlicher Allmachtswünsche, der allzu strengen Beurteilung seiner selbst und des Wunsches nach einer dominierenden und
distanzierten Größe hat gewiss in spektakulärer Weise aufzeigen kön-

nen, wie sehr der Mensch in Gefahr steht, sich einen Gott nach seinem eigenen Bild zu erschaffen. Sie hat vor allem auch gezeigt, welch radikale Umkehr notwendig ist, um von den Vorstellungen spontaner Religiosität zu einer kohärenten Vorstellung eines Gottes der Liebe vorzudringen, wie ihn die christliche Offenbarung verkündet[39]. Es sind anspruchsvolle und oft umwerfende Einsichten, die eine kohärente Vorstellung eines Gottes der Liebe möglich machen. Dies verbietet es uns, jegliche Gottesvorstellung allzu einfach mit einer Illusion gleichzusetzen, die aus unbewussten Projektionen hervorgeht, dank denen der Mensch sich einen Gott nach seinem Bilde erschafft[40].

Es ist aber nicht vor allem deshalb, weil sie diese Unterscheidung nicht gemacht hätten, dass viele Denker hinter der Überzeugung, dass »Gott den Menschen nach seinem Bild geschaffen hat«, nichts als einen etwas naiven Gedanken sehen konnten, der es gerade noch wert ist, brillant in sein Gegenteil verkehrt zu werden. Was ihnen wirklich fehlte, um deren seltene Tiefe und Kohärenz wahrzunehmen, war wohl vor allem ein sorgfältiges Nachdenken über den Zusammenhang zwischen dem letzten Ziel eines Gottes, der Liebe ist, und der Annahme, dass er den Menschen nach seinem Bild erschaffen hat. Gibt es nämlich tatsächlich – wie dies die christliche Offenbarung behauptet – einen Gott, dessen Ziel es ist, ein bewusstes Wesen zu erschaffen, das eines Tages ewig mit ihm in gegenseitiger Liebe leben könnte, dann ist die Erschaffung des Menschen nach seinem Bild dafür ganz einfach unerlässlich: Der Gott der Liebe könnte mit den Menschen niemals eine derartige Beziehung eingehen, hätte er nicht darauf geachtet, dass sie Liebe in einer Art und Weise erwarten und schenken können, die der seinen ähnlich genug ist[41]! Angesichts der eindrucksvollen Präzision vieler Elemente, Eigenschaften und Konstanten im Universum, angesichts auch des subtilen Zusammenspiels und des gewaltigen schöpferischen Einfallsreichtums, welche die ganze Geschichte der Evolution durchziehen, scheint es höchst unwahrscheinlich, dass ausgerechnet die wesentlichste Dimension, auf die hin alle anderen existieren, hätte vernachlässigt werden können. Für die christliche Spiritualität gründet das Vertrauen in die verborgene Schönheit eines jeden Menschen und in die außergewöhnliche Liebesfähigkeit, die ihm innewohnt, im Vertrauen auf die Kohärenz des göttlichen Vorhabens: Der Mensch ist dazu geschaffen, dass er mit Gott in gegenseitiger Liebe leben kann. Nun aber ist eine gegenseitige Liebe zwischen Gott und Mensch nur dann möglich, wenn sie in ihrer Art, Liebe zu erwarten und zu schenken, geheimnisvoll übereinstimmen. Wie hätte der Gott der Liebe den Menschen dazu aufrufen können, ihn aus ganzem Herzen zu lieben, hätte er nicht dafür gesorgt, dass dieser über eine ungeahnte Fähigkeit zu lieben verfügt?

»Wunderbar hast du mich gestaltet, wunderbar sind deine Werke«

»Wunderbar hast du mich gestaltet, wunderbar sind deine Werke«, wagt der Psalmist auszurufen.[a] In diesem staunenden Vertrauen schwingt jedoch nicht die geringste Spur von Hochmut mit. Vielmehr ist es echte Demut, die den Psalmisten dazu drängt, nicht seinen subjektiven Eindrücken zu vertrauen, sondern dem Vorhaben jenes Schöpfergottes, von dem die Bibel sagt: »Gott sah alles an, was er gemacht hatte. Es war sehr gut.«[b] Man lasse sich weiter nicht täuschen: In diesem staunenden Vertrauen ist auch keine Spur von Verblendung, die leugnen möchte, dass im Menschen auch Begrenzungen, Verletzlichkeiten, Kämpfe und vielerlei Wunden sind. Vielmehr spricht hier eine Klarsicht, die gelernt hat, in einem jeden eine Liebesfähigkeit zu erkennen, die noch tiefer reicht als all seine Begrenzungen, Verletzlichkeiten, Kämpfe und Wunden[42] – eine Liebesfähigkeit, die in Wirklichkeit nur darauf wartet, sich entfalten zu können. Und man lasse sich auch nicht täuschen: Dieses staunende Vertrauen verkennt oder relativiert auch das Böse nicht, das man selbst oder das andere getan haben. Es hat vielmehr die Fähigkeit, selbst hinter diesem Bösen noch eine verletzte Sehnsucht zu erkennen, die lieben und geliebt werden möchte. Es weiß, dass selbst das sträflichste Verhalten nicht etwa anzeigt, wie böse ein Täter ist, sondern wie sehr er darunter leidet, dass er nicht so verstanden, anerkannt und geliebt wird, wie er dies möchte. Es erinnert sich, dass jedes für sträflich gehaltene Verhalten – aus dem dann der Zweifel an der eigenen inneren Schönheit und jener der anderen erwächst – paradoxerweise auf eine nicht vernarbte Verletzung hinweist. Diese wiederum weist auf verwundete Gefühle hin, diese auf enttäuschte Erwartungen, und diese zeigen schließlich, wie sehr wir danach dürsten, Liebe zu empfangen und zu schenken, genau das also, was die innere Schönheit eines jeden ausmacht[43]! Es weiß noch, dass der Scharfblick, mit dem es die Prob-

a Psalm 139, Vers 14.
b Genesis, Kapitel 1, Vers 36.

leme, die Langsamkeit, die Irrungen und Abstürze eines Menschen benennt, der sich auf dem langen Weg befindet, lieben zu lernen, nicht daran hindert, auch an seine Liebesfähigkeit zu glauben. So wie unter schlechten Bedingungen jede Fähigkeit nicht recht zum Zuge kommen kann, so heißt es auch bei der Liebesfähigkeit noch lange nicht, dass es sie nicht gibt, nur weil sie sich nicht in ihrem besten Licht gezeigt hat.

Diesen Scharfblick hatte vor allem auch Jesus selbst. Selbst unter dem Anschein des Bösen wusste er die verborgenen Wunden seines Gegenübers zu erkennen. Er schenkte ihm seine Liebe und trug so zu deren Heilung bei. Zugleich aber lud er die Menschen ein, denen er begegnete, weiterhin lieben zu lernen. Das Mitgefühl und die Liebe, die für ihn so bezeichnend sind, zeigen, dass seine Aufrufe zur Liebe – und seien sie noch so anspruchsvoll – nicht als Unverständnis für die Wunden der Menschen zu werten sind. Sie bedeuten nicht, dass er nicht bereit wäre, jemandem die Zeit einzuräumen, die dieser vielleicht braucht, um nach und nach gesunden zu können. Sie sind keine Bedingungen, die erfüllt werden müssten, um von ihm geliebt zu werden, und auch keine Lasten, die er jemandem aufbürdet[44]. Seine Aufrufe zur Liebe sind im Gegenteil als Zeichen des Vertrauens und der Ermutigung zu sehen, als ein indirektes Aufzeigen der Liebesfähigkeit, die er hinter den Widersprüchen des menschlichen Herzens wahrzunehmen wusste, als eine Weise, einen jeden seiner inneren Schönheit zu versichern: »Selbst wenn du manchmal an deiner Liebesfähigkeit zu zweifeln beginnst, sollst du wissen, dass ich, Jesus, weiter an dich glaube. Deine innere Schönheit, auch wenn andere gar nichts davon sehen, ja sogar, wenn du selbst sie zuzeiten nicht mehr erahnst, ich kenne sie. Sie reicht weit über alles hinaus, was du dir vorstellen kannst, denn du bist ein Wunder an Bewusstsein und Liebe, nach Gottes Bild erschaffen, um mit ihm in gegenseitiger Liebe zu leben. Du verfügst also über alles, was dazu nötig ist. Wag es nicht nur, an die Liebe zu glauben, die Gott für dich heute schon hat, glaube auch an den Reichtum an Liebe und Zärtlichkeit, die in der Tiefe deines Herzens schlummern. Mit ihnen bist du fähig, Gott deine Antwort zu geben, der so brennend von dir geliebt werden möchte. Mit ihnen hast du die Möglichkeit, zum Glück selbst der allerhöchsten Quelle der Liebe beizutragen[45].« Für die christliche Theologie hat das Leben Christi – durch die Liebe, die von ihm ausstrahlt – nicht nur das oft so entstellte wahre Gesicht Gottes offenbart, sondern auch das oft so entstellte wahre Gesicht des Menschen. Für sie hat die Liebe Gottes in Jesu Menschlichkeit zu ihrem vollkommensten Ausdruck gefunden. Deshalb sieht sie darin auch die konkrete Bestätigung dafür, dass der Mensch wirklich nach dem Bilde Gottes erschaffen ist und tatsächlich in der Lage ist, mit Gott in einer intensiven Gemeinschaft zu leben.

»Wunderbar hast du mich gestaltet, wunderbar sind deine Werke.« Welch großartige Vision des Menschen, seines eigentlichsten Wesens und seiner inneren Schönheit tritt doch zutage, wenn eine Theologie sich ernsthaft bemüht, das endgültige Ziel nicht aus den Augen zu verlieren, das der Gott der Liebe verwirklichen möchte, und welche konkreten Folgen dies für die Erschaffung des Menschen nach seinem Bild hat. Diese Vision lässt auch erahnen, welch tiefem Sinneswandel sich ein reifer christlicher Glaube unterziehen muss, wenn er sich von einem gewissen historischen Christentum abheben will, das glaubte, Gottes Größe dadurch zu verherrlichen, dass es den Menschen systematisch klein machte[46]. Es merkte nicht, wie sehr es damit das Antlitz des eigenen Glaubens entstellte. Eine gewisse Katechese machte in übertriebener Weise von Schuldgefühlen Gebrauch und kam in mancherlei Hinsicht einer Gehirnwäsche[47] gleich. Damit machte sie es vielen Gläubigen schwer, sich als würdig zu erachten, liebenswert, glücklich und fröhlich zu sein. Diese innere Schwierigkeit hat immer jene Formen der Spiritualität begünstigt, die auf Entbehrungen, Verzichte, Demütigungen und andere vermeintlich »fromme« Verhaltensweisen aus sind. Deren Zwiespältigkeit hat Friedrich Nietzsche zur vernichtenden Feststellung geführt: »Nicht anders wussten sie ihren Gott zu lieben, als indem sie den Menschen ans Kreuz schlugen.«[a] Solche Erniedrigung des Menschen hat dazu beigetragen, in vielen Köpfen die Vorstellung eines sadistischen Gottes zu verstärken, der dem Menschen weder Freude noch Glück gönnen mag und auch auf dessen Wissen und Vernunft neidisch ist. Diese Tendenz, den Menschen zu erniedrigen, führte seit der Renaissance zu einem immer schärferen Gegensatz zwischen theologischem Denken auf der einen und Humanismus und Wissenschaft auf der anderen Seite. Manch berühmter Denker sah deshalb nur noch einen Ausweg aus diesem ständigen Widerspruch: »Gottes Tod« ausrufen, damit der Mensch leben und sich voll entfalten kann, wie dies Friedrich Nietzsche in beschwörenden Worten formulierte: »Nun aber starb dieser Gott! Ihr

---

a *Also sprach Zarathustra*, in: Friedrich Nietzsche, *Werke in drei Bänden*, hrsg. von Karl Schlechta, zweiter Band, München, Carl Hanser Verlag, 1966, S. 350.

höheren Menschen, dieser Gott war eure größte Gefahr. [...] Gott starb: nun wollen wir – dass der Übermensch lebe«.[a] Behalten wir diesen geschichtlichen Zusammenhang im Auge, so werden wir den Wert einer Theologie umso mehr zu schätzen wissen, die den eigentlichen Grund der Größe und Schönheit des Menschen genügend beachtet: dass er nämlich nach Gottes Bild erschaffen wurde, um mit ihm für immer in gegenseitiger Liebe zu leben[48]. Und wir werden auch den Wert einer Theologie besser zu schätzen wissen, die mit dem Glauben an einen Gott der Liebe tatsächlich vereinbar ist, einer Theologie, die sich genügend bewusst bleibt, dass ein solcher Gott – wie jeder, der wirklich liebt – sich nur freuen kann an allem, was zur Freude, zum Vergnügen und zum Glück des Geliebten beiträgt.

Im Aufruhr gegen eine Gottesvorstellung, die ihm gleichbedeutend schien mit Leiden und Tod, mit dem Verzicht auf Freude und Leben, mit dem Verneinen der Schönheit des Lebens und menschlicher Größe, ließ Friedrich Nietzsche seinen Zarathustra verkünden: »Ich würde nur an einen Gott glauben, der zu tanzen verstünde.«[b] Bestimmt hätte er den so klar von Freude und Tanz geprägten Text des Propheten Zefanja geschätzt: »[Dein Gott] freut sich und jubelt über dich, er erneuert dich durch seine Liebe, er tanzt für dich und frohlockt«[c]; oder auch das Fresko in der Erlöserkirche des Chora-Klosters in Konstantinopel, wo Jesus, um die Menschheit zu erlösen, einen Tanzschritt andeutet. Der Theologe Olivier Clément kommentiert dies mit folgenden Worten: »Christus steigt in die Hölle hinab, mit dem einen Fuß tritt er die Höllentore ein und mit dem anderen beginnt er in einem großen Schritt den Aufstieg in überstrahlendem Weiß, und er entreißt Adam und Eva ihren Gräbern! Da ist er, der ›Gott, der [zu tanzen versteht]‹! Ein Christ ist ein Mensch, der vor Freude darüber tanzt, dass die Liebe stärker ist als der Tod.«[d] Es ist dies für einen wahrhaft reifen christlichen Glauben der schönste Tanz, zu dem das Herz des Menschen eingeladen werden könnte: der Tanz in der Freude darüber, dass er auf eine ewige gegenseitige Liebe hin erschaffen wurde, dass er über alle innere Schönheit und Liebesfähigkeit verfügt, die es braucht, um heute schon in diesen Tanz einzutreten; darin findet der Mensch sein höchstes Glück und bereitet

a ibd., S. 522–523.
b Ibd., S. 307.
c Zefanja, Kapitel 3, Vers 17.
d Taizé, einen Sinn fürs Leben finden, op. cit., S. 44.

zugleich das Glück jenes Gottes der Liebe. Dieser freut sich nämlich als Erster darüber, wenn das innere wie auch das irdische Leben des Menschen – mit aller Liebe, die sie je zu fassen vermögen – niemals aufhören, einem Höhepunkt an Intensität entgegenzustreben[49].

»Wunderbar hast du mich gestaltet, wunderbar sind deine Werke«: Dieses staunende Vertrauen macht den Menschen – ob er sich nun für »gläubig« hält oder nicht – auch frei von der teils unbewussten Konditionierung, die ihn dazu bringt, sich eine eventuelle Transzendenz Gottes als distanzierte Herablassung vorzustellen. Es setzt einem Weg die Krone auf, auf dem nach und nach eine ganz andere Vorstellung von Gottes Transzendenz sichtbar wurde als die, welche uns die unbewussten Projektionen des Durstes nach einer dominierenden oder herablassenden Größe nahelegten. Immer wieder wurde auf diesem Weg der Ruf laut, insbesondere jene Vorstellungen zu verändern, die am wenigsten mit dem Geheimnis eines Gottes vereinbar sind, dessen Wesen Liebe ist. Daraus haben sich vier Grundbedingungen herausgeschält, die eine Gegenseitigkeit in der Liebe zwischen Gott und Mensch möglich machen. Und die christliche Mystik lädt uns ein, unser ganzes inneres Leben auf diesen vier Pfeilern ruhen zu lassen: auf dem lebhaften Bewusstsein, dass die Größe eines Gottes, der Liebe ist, auf der Qualität der Liebe beruht, die er uns jederzeit anbietet, und nicht auf einer dominierenden oder gar erdrückenden Haltung; weiter auf dem lebhaften Bewusstsein, dass Gottes Transzendenz sich nicht in kalter Selbstgenügsamkeit auf Distanz halten will, sondern im Gegenteil jedem – ob er seine Gegenwart nun spürt oder nicht[50] – immer ganz nahe sein möchte, um ihn zu einer gegenseitigen Liebe einzuladen, die um ihrer selbst willen gelebt wird; dann auf dem lebhaften Bewusstsein, dass ein Gott der Liebe auch selbst brennend geliebt werden möchte, und dass dieser erschütternde Ruf, der an jeden von uns gerichtet ist, uns einladen möchte, Gott unsererseits aus ganzem Wesen zu lieben und unsere ganze Menschlichkeit immer mehr in diese Liebe einzubringen, unsere Empfindungen, unsere Emotionen, unseren eigenen Durst, im Rahmen unseres inneren Lebens geliebt zu werden und zu lieben; auf dem lebhaften Bewusstsein schließlich, dass ein Schöpfergott, der ein Wesen schaffen wollte, das in Liebe mit ihm zusammenleben kann, bestimmt darauf bedacht war, einen jeden mit einer Liebesfähigkeit auszustatten, die der seinen ähnlich genug ist, dass sein Vorhaben auch voll verwirklicht werden kann. Auf dieser geheimnisvollen Entsprechung zwischen Gott und Mensch beruht letztlich das Vertrauen, dass es ausnahmslos jedem möglich ist, mit Gott heute schon solch eine gegenseitige Liebe zu beginnen, mit dem Herzen, das er hat, mit seinen eigenen Erwartungen und Wünschen, mit jener tiefen und mächtigen Sehnsucht danach, geliebt zu werden und zu lieben, die nur danach verlangt, sich entfalten zu können und jene Gemeinschaft zwischen Gott und Mensch so intensiv wie möglich werden zu lassen.

IV. Verkannte Aspekte einer noch größeren Liebe

Unbewusste Projektionen und Vorstellungen von Gottes Zärtlichkeit

Gewisse Projektionen prägen die inneren Bilder, die in uns aufsteigen, wenn die Sprache der Theologie – sie kann gar nicht anders – auf menschliche Analogien zurückgreift, um von einem Geheimnis zu sprechen, das eigentlich auf einer viel höheren Ebene liegt. Die Gottesbilder, die bei der einen oder anderen Analogie aufkommen – die Gestalt des Vaters zum Beispiel –, lösen in jedem von uns Projektionen aus, die mit seiner persönlichen Geschichte, seinem psychischen Profil und seinem Geschlecht zusammenhängen. Unter dem Einfluss solcher Projektionen werden Menschen zu einem Gott auf Distanz gehen, der sie nur allzu sehr an die noch nicht vernarbten Wunden ihrer Kindheit oder ihrer Jugend erinnert; andere werden gar grundsätzlich jegliche spirituelle Sichtweise verwerfen, weil diese als Sündenbock für ihre persönlichen Abrechnungen herhalten muss; wieder andere werden ein inneres Leben führen, das sich auf das beschränkt, was sie aus ihrer religiösen Erziehung und der Kultur ihrer Umwelt bewahrt haben. Dies birgt aber eine doppelte Gefahr: entweder hängt die betreffende Analogie bewusst oder unbewusst mit einer eher negativen Erfahrung aus ihrem Leben zusammen, was dann leicht zur Folge hat, dass die Gottesbeziehung dieser Personen kaum über einen gewissen Grad an Vertrauen und Intimität hinauskommen kann. Oder aber die betreffende Analogie hängt bewusst oder unbewusst mit einer eher positiven Erfahrung aus ihrem Leben zusammen: Diese wiederum kann leicht dazu führen, dass sich ihr Gottesbild auf dieses eine Element reduziert – auf Kosten anderer Aspekte, die das Geheimnis Gottes ebenfalls beschreiben könnten.

Nun aber kann ein Gott der Liebe nur den Willen haben, sein Geschöpf zu einem immer tieferen Vertrauen, zu einer immer größeren Intimität mit ihm zu führen. Er kann es nur einladen, immer neu zu entdecken, dass seine göttliche Liebe und Zärtlichkeit weit über alles hinausgehen, was Menschen sich vorstellen können. Wer sich dessen bewusst wird, wird in Zukunft vorsichtiger mit menschlichen Analogien umgehen, er wird das kulturelle, psychologische und theologische Umfeld beachten, von dem sie notwendigerweise geprägt sind.

Er wird sich über deren Vor- und Nachteile klar werden wollen und versuchen, von spontanen Gottesvorstellungen frei zu werden, die ausschließlich mit der einen oder anderen Analogie verbunden sind und damit den Zugang zu weiteren Aspekten erschweren, die ebenfalls zum Geheimnis eines Gottes gehören, der Liebe ist. Je weiter wir in diesem vierten Teil solch unbewusste Projektionen wahrnehmen und entlarven werden, desto mehr werden auch verkannte Aspekte von Gottes Liebe zutage treten und zeigen, wie sie zur vollen Entfaltung einer gegenseitigen Liebe zwischen Gott und Mensch beitragen können.

Entscheidungen von beträchtlicher Tragweite

Will man das Geheimnis eines Gottes, der Urquell aller Liebe ist, mit Analogien andeuten, die unserer menschlichen Art zu sein und zu lieben entspringen, so gilt es vorerst, zwei weit verbreitete Übertreibungen zu vermeiden. Die erste projiziert ohne jede Einschränkung menschliche Attribute auf Gott, so als ob beide selbstverständlich in allem identisch wären. Hier wird zu wenig beachtet, dass das Geheimnis eines Schöpfergottes, weil es ja göttlicher Natur ist, nicht von gleicher Art sein kann wie das seiner Geschöpfe: Ihre wesentlichen Elemente können nicht auf ein und derselben Ebene liegen. Im Gegensatz dazu geht die zweite Übertreibung von dem eben beschriebenen Wesensunterschied aus und bestreitet von vornherein jede mögliche Entsprechung zwischen dem Geheimnis Gottes und jenem des Menschen. Hier wiederum wird zu wenig beachtet, dass ein Schöpfergott, wenn er eine gegenseitige Liebe zwischen Gott und Mensch möglich machen will, ein bewusstes Wesen schaffen muss, dessen Art zu lieben mit der seinen eine genügende Ähnlichkeit hat. Im Licht dieses göttlichen Willens können sich die paulinische Feststellung: »[Gott hat] uns erwählt vor der Erschaffung der Welt, damit wir heilig und untadelig leben vor Gott«[a], und der biblische Schöpfungsbericht: »Gott schuf also den Menschen als sein Abbild; als Abbild Gottes schuf er ihn. Als Mann und Frau schuf er sie«[b], gegenseitig erhellen[51].

Natürlich lässt sich nicht wirklich ermitteln, inwieweit Gott und

a Epheserbrief, Kapitel 1, Vers 4.
b Genesis, Kapitel 1, Vers 27.

Mensch sich entsprechen. Trotzdem begründen und rechtfertigen solche Entsprechungen in der Theologie den Gebrauch von Analogien, die aus der menschlichen Art zu sein und zu lieben stammen. Wenn sie so verwendet werden, dass sie mit der vom Schöpfergott gewollten gegenseitigen Liebe vereinbar bleiben und die Liebe, die diesem Gott eigen ist, nicht entstellen, so sind solche Analogien mehr als bloß sprachliche Kunstgriffe, die man nur braucht, weil wir Menschen ohne sie nicht auskommen. Sie sind als legitime Annäherungen an das Geheimnis Gottes zu betrachten, das sie zwar übersteigt, dem sie aber trotzdem nicht völlig fremd sind.

Aus dem Begriff des Geheimnisses ergibt sich ein weiteres wichtiges Kriterium für einen fruchtbaren Umgang mit menschlichen Analogien in theologischen Aussagen. Im Gegensatz zur Bedeutung, die man ihm im Alltag oft zuschreibt, ist das Besondere am Geheimnis nämlich nicht, dass man es nicht verstehen könnte, sondern dass man es niemals zu Ende denken kann. Auf das Geheimnis eines Gottes angewandt, der Liebe ist, ist diese Klärung umso bedeutungsvoller, als ein solcher Gott sich nur freuen kann, dem Menschen immer weitere Seiten seiner göttlichen Liebe zu offenbaren.

Solche Kriterien lassen uns die Tragweite der Entscheidungen erahnen, um die es hier geht. Diese haben bei jeder Suche nach Sinn oder bei jeder spirituellen Erfahrung konkrete Folgen, die längst nicht immer in ihrer wahren Bedeutung wahrgenommen worden sind. Solche Entscheidungen eine nach der anderen zu entdecken oder wiederzuentdecken und sich von ihnen hinterfragen zu lassen, kann für die Überzeugungen der einen wie der anderen eine echte Herausforderung sein: Wer sich für ungläubig hält, wird sich fragen müssen, ob er der Gottesfrage gegenüber nicht nur deshalb gleichgültig oder ablehnend ist, weil eine Analogie aus seiner Kindheit nun eine Blockade bewirkt, wo diese – oft karikaturartige – Vorstellung doch bestenfalls einer sehr eingeschränkten Seite des göttlichen Geheimnisses entspricht; wer sich für gläubig hält, wird sich hingegen der herausfordernden Frage stellen müssen, ob er sich nicht derart von dieser oder jener theologischen Vorstellung hat bestimmen lassen, dass er sich innerlich nicht mehr auf weitere Seiten des Geheimnisses einlassen kann, das einen Gott der Liebe ausmacht, und nicht mehr für weitere Arten offen bleibt, wie man Gott auch noch lieben und von ihm geliebt werden kann[52].

Einengende kulturelle Abhängigkeiten hinter sich lassen

Unter den möglichen Analogien, die uns hier auf Erden zur Verfügung stehen, um verschiedene Aspekte der göttlichen Liebe zu reflektieren, stammen die geeignetsten aus dem Bereich der intensivsten und schönsten Beziehungen, die Menschen erleben können: die eheliche Liebe, die elterliche Liebe und die geschwisterliche Liebe, die übrigens in der Gestalt von Freundschaft auch über den Kreis der leiblichen Brüder und Schwestern hinausreicht. Jedoch war die Theologie zu jeder Epoche und in jeder Gesellschaft auch von einem kulturellen und soziologischen Erbe geprägt, das ihre Vorstellungen von Gott zuweilen stark mitbedingte. Die Globalisierung, die Vermischung der Kulturen und der interdisziplinäre Austausch unter Forschern aus aller Welt haben sowohl in den Natur- als auch in den Geisteswissenschaften zu einer beachtlichen intellektuellen und spirituellen Offenheit geführt und bieten infolgedessen Frauen und Männern des 21. Jahrhunderts die einzigartige Möglichkeit, zu den kulturellen und theologischen Prägungen, von denen die Menschen früherer Zeiten derart abhängig waren, eine gewisse Distanz zu gewinnen.

In der Theologiegeschichte bleibt die bei Weitem spektakulärste und – wegen ihrer zahlreichen Folgen für die Spiritualität – auch gravierendste kulturelle Prägung jene der patriarchalen Kultur. Sie neigt dazu, Vaterschaft und Männlichkeit als etwas Höheres zu betrachten als Mutterschaft und Weiblichkeit. Diese Kultur hat Frauen nicht nur in der Gesellschaft niedriger eingestuft – mit allen Ungleichheiten, die sich daraus ergeben haben –, sie hat auch eine weibliche Bilderwelt als ungeeignet erscheinen lassen, um von einem Gott zu sprechen, dessen Überlegenheit gegenüber den Menschen öfter gar mit der vermeintlichen Überlegenheit der Männer gegenüber Frauen verglichen wurde[53]. Unter diesem Einfluss hat der ausschließliche Gebrauch männlicher Analogien die theologische Sprache über Jahrhunderte hinweg derart geprägt und verformt, dass viele Gläubige heute noch nicht realisieren, wie einengend und ungerechtfertigt solch ein Gebrauch ist. Mag diese Blindheit auch typisch dafür sein, wie befangen eine ganze Kultur und Denkweise sein können – überraschend bleibt sie trotzdem, denn ihre Defizite treten schon bei der geringsten logischen Anstrengung zutage. Entweder nimmt man nämlich an, das Geheimnis eines Gottes der Liebe habe mit der psychischen Seite unserer sexuellen Identität – nicht zu verwechseln mit der körperlichen Sexualität – überhaupt nichts zu tun. Dann besteht auch kein

Grund, männliche Analogien eher zu gebrauchen als weibliche. Oder aber man glaubt, das Geheimnis eines Gottes der Liebe habe etwas mit der psychischen Seite unserer sexuellen Identität zu tun. Doch auch dann besteht kein Grund, sie nur mit deren männlicher Seite in Beziehung zu bringen! Im einen wie im anderen Fall scheint es unangebracht, das Geheimnis Gottes ausschließlich anhand männlicher Analogien zur Sprache zu bringen.

In Bezug auf eine solch missbräuchliche und einengende Anwendung sind Klarheit und Wachsamkeit umso angebrachter, als ihre Konsequenzen für den inneren Weg von »gläubigen« wie auch von »ungläubigen« Personen beträchtlich sein können, und zwar wegen der psychischen Assoziationen, welche die eine oder andere Analogie wachruft. Um sich davon zu überzeugen, genügt es, zwei solche Analogien nebeneinanderzustellen. Zwar mögen sie etwas karikierend und provozierend sein, sie haben aber den Vorteil, zu zeigen, wie mächtig sich innere Bilder auf das Interesse, das Vertrauen, die Zärtlichkeit und die Bereitschaft auswirken, sich persönlich auf etwas einzulassen. Die ganze Haltung wird sehr unterschiedlich ausfallen, je nachdem ob man sich einem bärtigen Greis mit strengem Blick und autoritärer Körpersprache gegenüber wähnt oder einer charmanten, ansprechenden und lächelnden jungen Frau[54].

Unser Menschsein in die gegenseitige Liebe einbringen

Wenn in der Theologie einem bewussten Umgang mit männlichen und weiblichen Analogien noch nie das nötige Gewicht beigemessen wurde, so liegt dies nicht nur am Einfluss der patriarchalen Kultur, sondern auch an der fehlenden Kenntnis über den Menschen und insbesondere über seine Psyche. Deren Erforschung hat aber seit dem 19. Jahrhundert enorme Fortschritte gemacht[55]. Bis dahin herrschte die allzu vereinfachende Überzeugung, Körper und Geist seien völlig gegensätzliche Wirklichkeiten ohne innere Einheit und ohne Zusammenhang. Dies geschah wohl unter dem Einfluss eines platonischen Denkens, das schließlich auch von christlichen Kreisen übernommen wurde, obwohl das Christentum ja in einem hebräischen Denken verwurzelt war, das sehr wohl auf die Einheit von Körper und Geist achtet. Der Gegensatz zwischen Körper und Psyche hat dazu geführt, dass man das Thema der Geschlechtsidentität lange Zeit vernachlässigt hat, denn man sah darin etwas rein Körperliches und entsprechend Oberflächliches. Zu den großen psychologischen Entdeckungen, deren privilegierter Zeuge das 20. Jahrhundert werden durfte, gehört auch die wichtige Rolle, die der psychischen Geschlechtsidentität bei der Persönlichkeitsentwicklung und im Umgang mit zwischenpersönlichen Beziehungen zukommt, insbesondere mit der Art, zu sein und zu lieben. In den 1950er-Jahren schrieb Dr. Angelo Hesnard, der in Frankreich die Psychoanalyse eingeführt hatte: »Wenn der Psychologe die Beobachtung der erotischen Funktion für einen Moment beiseitelässt und sich fragt, was denn für beide Geschlechter auf psychischer Ebene je charakteristisch ist, so wird er nur bestätigen können, was Physiologen für die körperliche Geschlechtlichkeit formuliert haben: dass nämlich kein einziger biologischer Prozess sich dem Einfluss der Sexualität entziehen kann. Auch auf psychischer Ebene ist jeder Aspekt der Persönlichkeit in dem Sinne geschlechtsbestimmt, als er von der Tatsache beeinflusst ist, zu einem Mann oder einer Frau zu gehören. Es gibt eine männliche und eine weibliche Art, das Leben wahrzunehmen und zu beurteilen, Gefühle zu empfinden (niedrige, wie etwa die Identifikation mit einem anderen – sei es nun ein Kind, ein Kranker oder ein Leidender – oder höhere, wie die religiöse Begeisterung oder der ästhetische Schauer), eine männliche und eine weibliche Art, unter diesen oder jenen Umständen zu handeln oder gar philosophisch kreativ zu sein ...«[a]

Die Art, wie ein Mensch mit seiner männlichen oder weiblichen Identität umgeht, aber auch die Art, wie ein Mann mit seinem weiblichen Anteil – der *anima* – und die Frau mit ihrem männlichen Anteil – dem *animus*[56] – umgeht, gehört mit zum Kern seines Umgangs mit interpersonalen Beziehungen und also, auf der spirituellen Ebene, auch seines Umgangs mit Gott[57]. Die Geschlechtsidentität ist also keineswegs nur eine Frage der Biologie und hängt nicht nur mit der Fortpflanzung zusammen. Sie betrifft den ganzen Menschen und bestimmt ihn bis in die letzten Winkel seines Empfindens, ganz besonders auch seinen Wunsch, geliebt zu werden und zu lieben: Sie ist wesentlicher Bestandteil des Geheimnisses einer jeden Person[58], jenes Geheimnisses von Bewusstsein und Liebe, das Gott nach christlicher Offenbarung liebt und von dem er intensiv geliebt werden möchte. Wer Gott aus ganzem Wesen lieben und als Antwort auf den Anruf jenes Gottes der Liebe jede Faser seines Wesens erklingen lassen will,

---

a *La sexologie normale et pathologique*, Paris, Payot, 1959, S. 221–222.

kann gar nicht anders, als seine ganze Menschlichkeit, seine Empfindungen, seine Sehnsucht nach Liebe – sie alle hängen untrennbar mit seiner Geschlechtsidentität zusammen – in die gegenseitige Liebe zwischen Gott und Mensch einzubringen und diese damit so voll wie möglich auszuleben[59]. Letztlich wird darin etwas vom Wichtigsten sichtbar, worum es bei der Verwendung männlicher und weiblicher Analogien in der Theologie geht: dass nämlich der Mensch seine ganze Menschlichkeit in die gegenseitige Liebe mit Gott einbringen und diese damit auch zu ihrer höchsten Intensität finden kann[60].

Aktiv die Zuversicht pflegen, dass ich geliebt werde

Der Wunsch, einen solchen Gott aus ganzem Wesen zu lieben, kann im Herzen des Menschen nur aufkommen, wenn er zuvor von Gottes Liebe tief berührt wurde. Da stellt sich aber die Frage, wie sich eine solche Liebe weitergeben lässt. Jeder Glaube, der eine Verbindung zwischen dem Geheimnis Gottes und dem Geheimnis der Liebe erkennt, wird sich fragen müssen, wie gut die Sprache seiner Theologie das Vertrauen in Gottes Liebe fördern kann. In der christlichen Theologie steht die Offenbarung von Gottes Liebe gar im Zentrum des Glaubens. Welch riesiger Herausforderung sie sich damit zu stellen hat, ist kaum zu überschätzen, besonders dann, wenn sie sich bewusst wird, wie schwer sich Menschen damit tun, sich als liebenswürdig zu erachten, von welch Bergen von Schuldgefühlen und allerhand verborgenen Ängsten sie geplagt werden und wie diese sich bei jeder Gelegenheit wieder melden.

Um männliche und weibliche Analogien so sachgemäß wie möglich anzuwenden und Gott, dessen Wesen Liebe ist, damit nicht allzu sehr zu entstellen, muss Folgendes klar werden: Das systematische Verdrängen weiblicher Analogien in der Theologie bedeutet für alle einen enormen Schaden – dies ist kaum zu leugnen. Dadurch fehlen unseren Gottesvorstellungen nämlich Bilder, die von der Schönheit von Gottes Liebe zeugen und dem Vertrauen zu dieser Liebe ein guter Nährboden sein könnten. Es geht hier nicht darum, einer naiven und übertriebenen Idealisierung von Bildern das Wort zu reden, die sich auf eine weibliche Art, zu sein und zu lieben, beziehen. Solches wäre nämlich nicht weniger schädlich als deren übermäßiges Verdrängen. Ebenso wenig geht es darum, die Nachteile leugnen zu wollen, die mit der Verwendung weiblicher Analogien einhergehen; diese dürften tatsächlich nicht weniger zahlreich sein als bei der Verwendung männlicher Analogien. Es gilt aber zu erkennen, dass weibliche Analogien anders und besonders schön von bestimmten Seiten des Geheimnisses der Liebe zeugen können, vor allem von denen, die mit Zärtlichkeit, Mitgefühl, Wohlwollen, Zuhören, Trost oder auch bedingungsloser Hingabe zu tun haben und eher mit einer mütterlichen Beziehung im Zusammenhang stehen.

Das Vertrauen und die emotionale Zustimmung, die der Gestalt der Maria über Jahrhunderte besonders in katholischen und orthodoxen Gemeinschaften, oft aber auch weit über christliche Kreise hinaus entgegengebracht wurden, geben davon ein eindrucksvolles Beispiel. Doch Maria ist nicht Gott, und bei vielen Gläubigen könnten mit ihrer Begeisterung für den Marienkult indirekt zwei Verzerrungen eines Gottes, der Liebe ist, einhergehen. Bei den einen könnte es eine – uneingestandene und zum Teil auch unbewusste – Angst vor Gott sein. Die weibliche, lächelnde, einladende und von Zärtlichkeit überfließende Gestalt, die Maria in ihren Augen verkörpert, scheint ihnen offensichtlich vertrauenswürdiger als die Vorstellung, die sie noch von Gott haben: Für sie ist Gott wie bei den meisten mehr ein fordernder oder gar gestrenger Vater. Andere hingegen können sich kaum vorstellen, dass der höchste Ausdruck jener marianischen Wesensart und Liebe sich auch in Gott selbst finden könnte. Sie sind Opfer jener geistlichen Reflexion geworden, die alles, was einen weiblichen Anklang hat, systematisch und ausschließlich auf die Figur von Maria fokussiert. In Tat und Wahrheit hat diese Zuspitzung aber keineswegs die Integration weiblicher Analogien in die Rede über Gott begünstigt, sondern im Gegenteil eine falsche Polarisierung verstärkt und unterhalten, zwischen der weiblichen Gestalt der Maria auf der einen Seite und einem männlichen Gott auf der anderen. Wie tief diese versteckte Angst und falsche Polarität auch immer in unserem Bewusstsein oder Unbewussten verankert sein mögen, sie machen es uns schwer, die Tatsache zu verinnerlichen, die sich doch unmittelbar aus der Existenz eines Gottes ergeben sollte, dessen Wesen der höchste Ausdruck von Liebe ist: Niemand besser als ein solcher Gott kann uns eine wohlwollende und verständnisvolle Liebe von berührender Zärtlichkeit schenken – eine Liebe, wie sie auf Erden am ehesten von der Frau verkörpert wird[61].

Ist uns dies erst einmal bewusst geworden, so gilt es, darauf zu achten, dass die weiblichen Analogien, die wir einbringen, die Schönheit eines Gottes der Liebe mit allen Facetten der Weiblichkeit und ihres Geheimnisses widerspiegeln, und dies nicht etwa nur mit dem Bild der Mutter oder der Jungfrau, auf die man die Gestalt der Maria fast immer reduziert hat. Dies aber ist anscheinend eine große Herausforderung und hat mit der Ambivalenz der Muttergestalt in der menschlichen und besonders in der männlichen Psyche zu tun. Wie die klinische Psychologie immer wieder festgestellt hat, bringt dies eine doppelte Gefahr mit sich. Hat die mütterliche Imago einen positiven Eindruck hinterlassen, so kann die symbiotische Bindung an die Mutter, die man sich unbewusst als Jungfrau wünscht, zu einer echten Gefahr werden und verhindern, dass eine andere Frau im inneren Leben und theologischen Denken den ihr zustehenden Platz einnehmen kann. Hat sie hingegen im Zusammenhang mit der frühkindlichen Wahrnehmung einer furchteinflößenden Allmacht der Mutter die negative Vorstellung einer demütigenden und verhassten Abhängigkeit hinterlassen, so besteht die Gefahr, alle Bilder mit weiblichem Anklang systematisch zu verdrängen. Offenbar tragen unbewusste psychologische Prozesse Mitschuld daran, dass die patriarchale Kultur der Sprache der Theologie während so langer Zeit ihren Stempel hat aufprägen können. Alleine wäre sie dazu wohl kaum fähig gewesen. Doch jahrhundertelang lag die Verantwortung für die theologische Sprache fast ausschließlich bei Männern, die einer solch doppelten Gefahr ausgesetzt waren.

Wenn wir uns der vielfältigen Aspekte bewusst bleiben, die mit der Herausforderung einhergehen, Gottes Schönheit auch von Analogien aus einer weiblichen Art zu lieben widerspiegeln zu lassen, so wird uns dies Kriterien an die Hand geben, um im Sinn einer Ergänzung und Entsprechung endlich solchen Analogien ihren wahren Platz einzuräumen. Tun wir das mit Umsicht, so wird es niemanden unberührt lassen, der dank einer schönen Liebe oder Freundschaft in seinem persönlichen Leben das Glück hatte zu erahnen, wie die Frau und ihr Geheimnis auf Erden die Schönheit eines Gottes widerspiegeln könnten, der Liebe ist. Und es wird auch jene nicht unberührt lassen, die klar und vorsichtig darauf bedacht sind, dem vorrangigen Ziel der Sprache, deren sich die Theologie bedient, um Gottes Liebe weiterzugeben, eine absolute Priorität einzuräumen: nämlich in jedem aktiv die Zuversicht zu pflegen, dass er geliebt wird.

Ein Geheimnis, das immer neu entdeckt
und erforscht werden will

Zwei Fragen standen bisher zur Diskussion: Was kann die Zuversicht
stärken, dass ich von Gott geliebt werde? Und wie kann ich meinen
eigenen Wunsch, geliebt zu werden und zu lieben, in eine gegenseitige
Liebe mit Gott einbringen? Nun kommt noch ein drittes Thema
hinzu, und auch dieses ist von beträchtlicher Tragweite: das immer
neue Suchen und Entdecken dessen, was für das Geheimnis eines
Gottes der Liebe charakteristisch sein könnte. Wenn doch der
Mensch Gottes Geheimnis, eben weil es göttlich ist, niemals ganz
entdecken und verstehen kann, müsste er dann nicht umso mehr auf
die Entdeckungen etwa der Humanwissenschaften achten, die ihm
indirekt auf seiner Suche ebenfalls wertvolle Hinweise geben könnten? Beachten wir die geheimnisvolle Entsprechung von göttlicher
und menschlicher Liebe, so ist das nicht nur – wie wir bereits gesehen
haben – die tiefste Legitimation für den Gebrauch menschlicher Analogien, nein, es lädt uns auch ein, gewisse Entdeckungen der Psychologie über die Art, wie Menschen mit einer gegenseitigen Liebe umgehen, als Quelle indirekter Informationen über das Geheimnis eines
Gottes anzuerkennen, der mit seinen Geschöpfen ebenfalls in gegenseitiger Liebe leben möchte. Wer immer in seinem Leben wenigstens
einmal echte Liebe erlebt hat, der wird wohl damit einverstanden
sein: Wenn seine Sehnsucht nach Liebe beim andern nicht auf eine
ähnliche angebotene Liebe stößt, oder wenn sein eigener Wunsch zu
lieben beim andern nicht auf eine ähnliche Sehnsucht nach Liebe
stößt, so wird daraus niemals eine dauerhafte gegenseitige Liebe entstehen. Es geht hier also nicht um ein unbedeutendes Detail, sondern
um das eigentliche Fundament, auf dem allein wahrhafte Liebe entstehen kann. Steht einmal fest, dass der psychologische Umgang mit
seiner Sehnsucht nach Liebe beim Menschen nicht von seiner geschlechtlichen Identität losgelöst werden kann, so sollte ernsthaft in
Betracht gezogen werden, dass auch zwischen dieser Sehnsucht und
dem Geheimnis eines Gottes der Liebe eine gewisse Ähnlichkeit besteht. Selbstverständlich kann diese minimale Ähnlichkeit weder
gemessen noch auf rein menschliche Kategorien reduziert werden.
Der Dominikaner Yves Congar – ein großer Name in der christlichen
Theologie des 20. Jahrhunderts – erinnert uns jedoch: »Wenn aber
›Gott den Menschen nach seinem Bilde, nach dem Bilde Gottes schuf,
ihn als Mann und Frau schuf‹ (Genesis 1,27), muss andererseits in

transzendenter Weise in Gott etwas vorhanden sein, was dem Mann-sein entspricht, und etwas, was dem Frausein entspricht.«[a] Die Ver-wendung männlicher und weiblicher Analogien dient also keineswegs nur dem – wenn auch wesentlichen – Anliegen, den Menschen in der gegenseitigen Liebe zu Gott zu unterstützen, nein, sie weist uns letzt-lich auf ein Geheimnis in Gott selbst hin. Jedes spirituelle Streben und jede theologische Forschung sollten mithelfen, dieses Geheimnis im inneren Leben immer besser zu entdecken und zu erforschen, und dies im ständigen Austausch mit allen, die zur Kenntnis der funda-mentalen Identität des Menschen beitragen können.

Was auch immer wir zu der einen oder anderen der bisher erörter-ten Fragen meinen mögen, allein schon die unbedeutendste dieser Fragen würde das Interesse dafür rechtfertigen, wie männliche und weibliche Analogien so verwendet werden können, dass sie die Zärt-lichkeit eines Gottes der Liebe nicht entstellen. Insbesondere wäre danach zu fragen, wie weibliche Analogien so verwendet werden könnten, dass sie den Versuch, Gottes Liebe wiederzugeben, mit der ihnen eigenen Strahlkraft und Schönheit bereichern könnten. So wie politische Erörterungen sich nicht darauf beschränken sollten, gesell-schaftliche Probleme richtig zu diagnostizieren, ohne konkret umsetz-bare Lösungen vorzuschlagen, so möchte auch diese theologische Reflexion konkrete – wenn auch keineswegs vollständige oder aus-schließliche – Pfade vorschlagen, die zu einer bewussten und ausge-wogenen Verwendung männlicher und weiblicher Analogien führen könnten. Dieser Versuch einer besseren Ausgewogenheit möchte nicht nur aufzeigen, dass es möglich ist, weibliche Analogien in guter Weise zu verwenden, sondern dass dies auch manche Vorstellungen – gläubige wie ungläubige – von einem Gott der Liebe tatsächlich er-neuern kann.

Man könnte dies an sich für verschiedenste religiöse Traditionen tun[62], doch werden wir hier vom christlichen Geheimnis der Trinität ausgehen, selbst wenn viele dieses sehr befremdlich finden. Aber das Geheimnis der Trinität nimmt Bewegungen der Liebe bis in Gott selbst hinein wahr und spricht von göttlichen Personen, die einander so sehr lieben, dass zwar eine jede eigenständig bleibt, unter ihnen aber eine völlige Einheit entsteht. Damit weist dieses Geheimnis einen jeden, ob Christ oder nicht, an seine eigene Liebeserfahrung zurück und lädt ihn ein, sich zu fragen: Wie könnte zwischen der Liebe und

a *Der Heilige Geist*, Freiburg, Herder, 1991, S. 424.

dem göttlichen Geheimnis eine Beziehung bestehen, wenn Gott nichts als isolierte Einsamkeit im Himmel wäre? Selbst wenn viele es für allzu abstrakt halten, verleiht das Geheimnis der Trinität dank der zwischenpersönlichen Liebe, die es ausmacht, auch der Liebe zwischen Gott und Mensch sowie der Liebe unter Menschen jene mystische Tragweite und letzte Sinnhaftigkeit, die einen motivieren kann, auch auf Dauer immer wieder zu lieben. Dieses Nachdenken wird die unbewussten Projektionen, die der Sinnsuche oder einem bereits bestehenden inneren Leben so sehr schaden können, eine nach der anderen entlarven und uns dazu einladen, Gottes Liebe in neuem Lichte sehen zu lernen und darin einen Sinn fürs Leben wahrzunehmen. Und dies wiederum wird zu einer starken Motivation werden, unsere Liebe zu den Menschen und die Liebe zwischen Gott und Mensch jeden Tag zu erneuern und sich entfalten zu lassen.

Jenseits der Vatergestalt

Die Gestalt des Vaters ist unbestreitbar eines der Bilder, die die Theologie – besonders wo sie von jüdisch-christlicher Kultur geprägt war – über Jahrhunderte hinweg am häufigsten auf Gott angewandt hat. Sie bleibt zweifelsohne die Gestalt, die am besten im kollektiven Gedächtnis verankert ist und die wohl allen zuerst in den Sinn kommt, wenn von Gott die Rede ist. Unter den psychologischen Transfers, die mit der Gestalt des Vaters einhergehen, beruht der häufigste auf der Verwechslung von göttlichem und menschlichem Vatersein. Er verweist nämlich jeden unbewusst an seine eigene Vatererfahrung. Die schlimmsten Folgen dieses Transfers betreffen vor allem jene, die ein eher negatives Vaterbild mit sich herumtragen, besonders dann, wenn sie ernsthafte Beziehungsprobleme mit ihrem leiblichen Vater hatten. Sehr wahrscheinlich werden sie dann bestimmte Verhaltensweisen, unter denen sie in ihrer Kindheit oder Jugend gelitten haben, auf ihr spontanes Bild von Gott-Vater projizieren. Dies kann sich in doppelter Weise schädlich auf ihre Sinnsuche auswirken. Entweder lähmt diese Projektion jedes spirituelle Suchen und bewirkt, dass diese Menschen Gott mehr oder weniger heftig ablehnen: Gott ist dann zum Sündenbock ihrer persönlichen Abrechnung geworden. Oder diese Projektion entstellt ihr inneres Leben und macht sie zu Gefangenen eines ebenso illusorischen wie tyrannischen Gottesbegriffs, dessen Opfer auch ihre Angehörigen leicht werden können. Selbst wo es keine besonderen Beziehungsprobleme gab, assoziieren viele Menschen mit der Gestalt des Vaters symbolisch oder konkret verschiedene Formen von Stärke, Unnachgiebigkeit, Distanz oder Abwesenheit, alles Begriffe, welche die Entwicklung von Vertrauen und Intimität unmöglich machen oder verlangsamen können. Diese aber sind unabdingbar, damit ein inneres Leben sich entfalten kann.

Seltener denkt man daran, dass ein Verwechseln von göttlichem und menschlichem Vatersein auch dem inneren Weg von Personen schaden könnte, die ein eher positives Vaterbild in sich tragen. Doch auch hier ist Vorsicht geboten, und dies aus zwei ganz bestimmten Gründen. Der erste hängt mit Erinnerungen an den Ödipuskomplex zusammen, die nämlich immer noch wirksam sind, wie auch immer die Psyche seit der frühen Kindheit damit umgegangen ist[63]. Mit diesen Erinnerungen geht eine ambivalente Mischung von Liebe und Hass, Komplizenschaft und Auflehnung, Bewunderung und Abneigung gegenüber der Gestalt des Vaters einher. Unbewusst können sich diese störend auf ein inneres Leben auswirken, das ausschließlich auf die Analogie des Vaters ausgerichtet ist. Diese Ambivalenz kann schon eine gewisse Labilität der Beziehung bewirken, dabei zeigt sich aber die verhängnisvollste Störung in Form eines übertriebenen Schuldgefühls, bestand doch damals die Regung, den Vater umzubringen, um den Wunsch nach einer Symbiose mit der Mutter nachzukommen.[a] Der – unbewusste – Versuch, dafür Vergebung zu erlangen, könnte in solcher Weise auf einen als Vater wahrgenommenen Gott projiziert werden, dass ein inneres Leben dann auf eine dauernde fromme Zerknirschung und flehentliche Bitten beschränkt bliebe (»Herr, erbarme dich«). Dies aber wird einer echten gegenseitigen Liebe kaum förderlich sein. Gewiss gehören das Bestreben, den anderen nicht zu verletzen, und die Trauer darüber, ihn verletzt zu haben, mit ins Geheimnis der Liebe, doch wer liebt – und erst recht ein Gott, dessen Wesen Liebe ist – erwartet vom Geliebten nicht, dass er sich in dauerndem Flehen und Bitten um Verzeihung ergeht. Er erwartet viel mehr, dass sich die geliebte Person an der Liebe freut, die sie bekommt, dass sie ihm im Gegenzug ihre eigene Liebe schenkt und dass sie so beide völlig glücklich leben können! Der zweite Grund, weshalb eine gewisse Vorsicht selbst bei einem eher positiven Vaterbild angebracht bleibt, ist die Gefahr, dass ein als gut erlebtes

a Siehe das Kapitel: »Ursprünge des Schuldgefühls« im zweiten Teil dieses Buches.

Gottesbild für solche Menschen zum ausschließlichen Bezugspunkt wird. Es ist nämlich keineswegs selten, dass sich dann ein inneres Leben nicht für andere Seiten öffnen kann, welche der Gegenwart, der Liebe und dem Liebeswunsch eines Gottes, der Liebe ist, ebenfalls eigen sind. Die geistliche Erfahrung bleibt dann auf das eine mentale Bild Gottes beschränkt, das dann die Art, sich von ihm lieben zu lassen und auf seine Liebe zu antworten, stark mit beeinflusst.

Ob nun einer ein eher negatives oder ein eher positives Vaterbild mit sich herumträgt, jeder kann nur gewinnen, wenn ihm bewusst wird, dass es keinen objektiven Grund gibt, den Begriff der göttlichen Vaterschaft auf jenen der menschlichen Vaterschaft zu beschränken. Ist dies einmal gesagt, so scheint der Unterschied beinahe selbstverständlich. Und doch standen, stehen und werden lange noch sehr viele Menschen unter dem Einfluss dieser Verwechslung und des sie begleitenden Transfers stehen. Selbst Sigmund Freud gründete die meisten seiner Gedanken über die Religion auf die menschliche Vaterfigur. Dies zwingt dann, gegenüber vielen seiner Analysen ernsthaft auf Abstand zu gehen. André Manaranche, ein Jesuit, zögert nicht, es zu unterstreichen: »Trotz seiner durchaus zutreffenden Intuitionen ist Freud im jüdisch-christlichen Kontext der westlichen Welt unbewusst zum Opfer einer ›männlichen‹ Vorstellung Gottes geworden; ein ganzer Aspekt ist ihm, wie auch seiner Zeit, verborgen geblieben. [...] Die Humanwissenschaften meinen, ein objektives Urteil über den Glauben abgeben zu können, doch sie realisieren nicht, wie sehr ihre Diagnose von den Vorstellungen der Glaubenden abhängt. Aus diesem Spiegelsaal gilt es nun herauszufinden.«[a]

Göttliche Vaterschaft und menschliche Mutterschaft

Eine ernsthafte Exegese des biblischen Begriffs einer göttlichen Vaterschaft zeigt, dass es nicht angeht, diesen auf die wesentlichen Elemente einer menschlichen Vaterschaft zu reduzieren. Dies hat Folgen sowohl für die mentalen Bilder, die wir mit Gott assoziieren, als auch für unsere Überzeugungen. Deshalb seien hier drei Klärungen zur Bedeutung des Wortes »Vater« erlaubt, wenn es auf Gott angewandt wird. Die erste betrifft die Bedeutung dieses Wortes im historischen, interreligiösen und theologischen Kontext, in dem es in der

a *L'Esprit et la Femme*, Paris, Seuil, 1974, S. 13.

Bibel erstmals so verwendet wurde. Bei der zweiten geht es um die erweiterte Bedeutung, welche der göttliche Vaterbegriff im Alten Testament im Licht der von verschiedenen Autoren verwendeten mütterlichen Analogien, vor allem aber auch im Licht der charakteristischen Verhaltensweisen jenes Gottes erhält, der mit seinem Volk einen Bund eingehen möchte. Die dritte Klärung schließlich betrifft die Bedeutung des Wortes »Vater« im Mund von Jesus selbst sowie die Unterscheidungsmerkmale, die sich daraus für die Verwendung von menschlichen Analogien ergeben, die auf die tatsächlichen Eigenheiten der Botschaft des Evangeliums Rücksicht nehmen möchten.

Bei der ersten Klärung geht es darum, zu verstehen, was das Wort »Vater« bedeutet, wenn es auf Gott bezogen wird. Dazu sehen wir uns den Kontext an, in dem das Wort im theologischen Vokabular der Bibel auftaucht. Da ist zunächst einmal der Einfluss der umgebenden patriarchalen Kultur zu erwähnen, die die Verwendung weiblicher Analogien kaum ermutigen konnte. Zu unterstreichen ist aber auch der Einfluss des interreligiösen Kontexts jener Zeit, denn es ist keine Eigenart Israels, den Vaterbegriff auf Gott anzuwenden. Der Exeget Joachim Jeremias erinnert daran, dass der Begriff in den Religionen der benachbarten Völker schon lange verwendet wurde: »Dass die Gottheit der Vater der Menschen oder bestimmter Menschen ist, ist eine im Alten Orient seit ältesten Zeiten weitverbreitete mythologische Vorstellung. [...] Es ist deutlich, dass das Alte Testament mit diesen Aussagen an die altorientalische Gott-Vater-Vorstellung anknüpft.«[a] Gemäß Witold Marchel, einem weiteren Exegeten, ist das Besondere an der Art, wie Israel diesen Begriff verwendete, paradoxerweise die Zurückhaltung, die es ihm gegenüber zeigt: »Während bei den Völkerschaften, die in der Umgebung Israels lebten, der Vatertitel für Gott gang und gäbe war, bekundet das Alte Testament darin eine merkwürdige Zurückhaltung[b].« Diese hat ihren Grund teilweise darin, dass man den Begriff einer göttlichen Vaterschaft nicht auf das Bild der menschlich-biologischen Vaterschaft reduzieren wollte, wie dies verschiedene Mythen des Alten Orients taten, die auch nicht zögerten, von einer »Zeugung« zu sprechen. Dies vermerkt auch Joachim Jeremias; zugleich aber weist er auf eine

a *Die Botschaft Jesu vom Vater*, Stuttgart, 1968, S. 7–8.
b *Abba, Vater! Die Vaterbotschaft des Neuen Testaments*, Düsseldorf, Patmos-Verlag, 1963, S. 14. Und Joachim Jeremias präzisiert: »Das gilt vollends vom Alten Testament. Hier kommt das Wort Vater für Gott nur ganz selten, nur 14 Mal, vor.« (*Op. cit.*, S. 8.)

weitere Eigenheit hin, die für das Verständnis des Wortes »Vater« im Zusammenhang mit Gott für das Alte Testament wesentlich ist: »Aber es bestehen doch grundlegende Unterschiede zwischen den altorientalischen Gott-Vater-Aussagen und denen des Alten Testaments. Im Alten Testament ist Gott der Vater nicht als Ahnherr und Erzeuger, sondern als der Schöpfer. […] Das entscheidend Neue dabei ist, dass diese Erwählung Israels zum Erstgeborenen in einem geschichtlichen Akt, nämlich beim Auszug aus Ägypten, sichtbar geworden ist. Diese Verbindung der Vaterschaft Gottes mit einer geschichtlichen Tat bedeutete eine grundlegende Umgestaltung des Vaterbegriffs[a].« Dass das Wort »Vater« in der biblischen Theologie im Zusammenhang mit einem bestimmten geschichtlichen Ereignis aufkommt – dem Auszug aus Ägypten – zeigt, dass es zuerst nicht einfach als Analogie zur menschlichen Vaterfigur ausgewählt wurde, und viel weniger noch aus dem Willen, Gott vorzugsweise ein bestimmtes Geschlecht zuzuordnen. »Es sind jedoch nicht Analogieüberlegungen, die Israel bewogen haben, Gott seinen Vater zu nennen, sondern eine gelebte Erfahrung. […] Anfangs wurde das Vatersein Gottes vorwiegend in kollektiver und historischer Perspektive vorgestellt: Gott hat sich zur Zeit des Exodus als Vater Israels erwiesen, indem er sich als Beschützer, Ernährer und zugleich Herr zeigte; die Grundidee ist die einer wohlgesinnten Herrschaft.«[b] Wird einem bewusst, dass der Begriff »Vater« weder im Zusammenhang mit Überlegungen zur Geschlechtsidentität als solcher verwendet wurde, noch das menschliche Vaterbild als solches im Auge hatte, so ermöglicht dies uns, die Bedeutung dieses göttlichen Vaterseins weiter zu vertiefen, ohne dabei einer allzu vereinfachenden und reduzierenden Identifikation mit den bloßen psychologischen Attributen der menschlichen Vaterfigur zu verfallen. Schon dieser kurze Blick auf den alttestamentlichen Rahmen lädt uns zu einer solchen Vertiefung ein. Dies umso mehr, als die Zurückhaltung der biblischen Autoren, Gott als Vater zu bezeichnen, auch deutlich macht, wie viele unterschiedliche Analogien sie verwendet haben, um von Gottes Gegenwart unter den Menschen und von seinem Heilshandeln zu sprechen: In sehr unterschiedlicher Häufigkeit haben sie dazu so verschiedenartige Analogien verwendet wie die des Vaters, der Mutter, des Gatten, der Gattin, des Freundes, der Freundin, des Retters, des Hirten,

a *Op. cit.*, S. 8–9.
b *Vocabulaire de théologie biblique*, Paris, Cerf, 1988, S. 966–967.

des Schöpfers usw.[a] Um den roten Faden zu benennen, der sich tatsächlich durch die alttestamentlichen Schriften hindurchzieht, den Bund nämlich, den der biblische Gott mit seinem Volk eingeht, spielen weiter Analogien wie jene des Ehepaars, der Verlobung oder der Hochzeit eine herausragende Rolle. Dies sowohl in der Weisheitsliteratur – im Hohelied etwa oder in der Bezeichnung der Weisheit als ideale Gattin[b] – als auch in den prophetischen Büchern, wo auch Jeremia, Ezechiel und Jesaja die dem Propheten Hosea so liebe Analogie der Hochzeit[c] verwenden: »Ich traue dich mir an auf ewig; ich traue dich mir an um den Brautpreis von Gerechtigkeit und Recht, von Liebe und Erbarmen, ich traue dich mir an um den Brautpreis meiner Treue: Dann wirst du den Herrn erkennen. [...] An jenem Tag – Spruch des Herrn – wirst du zu mir sagen: Mein Mann!«[d] Die Vielfalt dieser Analogien führen uns mit Witold Marchel zum Schluss: »Schon diese Vielfalt der Bilder verrät, dass Gottes Wesen zu reich, zu geheimnisvoll und tief sein muss, als dass es mit einem Namen – und sei es dem des Vaters – ausgeschöpft werden könnte.«[e]

Zweitens wollen wir nun die Bedeutung des Begriffs »Vater« bezeichnen, dadurch klären, dass wir das Vatersein Gottes einerseits im Licht der mütterlichen Analogien betrachten, für die sich gewisse biblische Autoren entschieden haben, und andrerseits im Licht des Verhaltens, das Gott in der Bibel am besten charakterisiert. Die mütter-

a Für diese jeweiligen Facetten siehe etwa Psalm 103,13; Jesaja 66,13; Hosea 2,21–22; Weisheit 8,2; Psalm 41,12; Weisheit 1,6; Jesaja 63,8; Jesaja 40,11; Jesaja 45,18.
b Weisheit, Kapitel 8, Verse 2 und 16.
c »So spricht der Herr: Ich denke an deine Jugendtreue, an die Liebe deiner Brautzeit« (Jeremia 2,2); »Da kam ich an dir vorüber und sah dich, und siehe, deine Zeit war gekommen, die Zeit der Liebe. [...] Ich leistete dir einen Eid und ging mit dir einen Bund ein – Spruch Gottes, des Herrn –, und du wurdest mein« (Ezechiel 16,8); »Denn dein Schöpfer ist dein Gemahl, ›Herr der Heere‹ ist sein Name. Der Heilige Israels ist dein Erlöser, ›Gott der ganzen Erde‹ wird er genannt. Ja, der Herr hat dich gerufen als verlassene, bekümmerte Frau. Kann man denn die Frau verstoßen, die man in der Jugend geliebt hat?, spricht dein Gott. Nur eine Weile habe ich dich verlassen, doch mit großem Erbarmen hole ich dich heim. [...] Nicht länger nennt man dich ›die Verlassene‹ und dein Land nicht mehr ›Das Ödland‹, sondern man nennt dich ›Meine Wonne‹ und dein Land ›Die Vermählte‹. Denn der Herr hat an dir seine Freude, und dein Land wird mit ihm vermählt. Wie der junge Mann sich mit der Jungfrau vermählt, so vermählt sich mit dir dein Erbauer. Wie der Bräutigam sich freut über die Braut, so freut sich Gott über dich« (Jesaja 54,5–7 und 62,4–5).
d Hosea, Kapitel 2, Verse 21–22 und 18.
e *Abba, Vater! Die Vaterbotschaft des Neuen Testaments*, op. cit., S. 26.

lichen Analogien sind zwar nicht allzu zahlreich[a], doch sie haben den Vorteil, dass es sie gibt, und sie wurden trotz eines dafür wenig förderlichen kulturellen und soziologischen Umfelds ausgewählt, was ihnen umso mehr Gewicht und Interesse verleiht. Schon die einfache Tatsache, dass es sie gibt, lädt uns ein, das Vatersein Gottes nicht allein vom menschlichen Vatersein her verstehen zu wollen. Sie drücken aus, dass Gottes Liebe von Zärtlichkeit überfließt und keinen jemals verlässt, und das ist ihre Stärke: »Wie eine Mutter ihren Sohn tröstet, so tröste ich euch« oder: »Kann denn eine Frau ihr Kindlein vergessen, eine Mutter ihren leiblichen Sohn? Und selbst wenn sie ihn vergessen würde: ich vergesse dich nicht.«[b] Doch greift prophetische Literatur nicht nur hie und da auf mütterliche Analogien zurück, sie verwendet vor allem das hebräische Wort *rahamin*, um Gottes Barmherzigkeit auszudrücken. Die Theologin Christiane Méroz unterstreicht dessen Bedeutung: »Es hat dieselbe Wurzel wie das Wort ›rehem‹, das Mutterschoß, Uterus bedeutet. ›rahamin‹ gibt damit dem Begriff der Barmherzigkeit einen weiblichen, mütterlichen Touch. [...] Das biblische Bild eines ›Schoßes der Barmherzigkeit‹ nimmt hier einen besonderen Platz ein. ›rahamin‹ ist die Tonart, auf sich der tägliche Hymnus der Beziehung zwischen Gott und seinen Geschöpfen abspielt. Wenn eine Annäherung zwischen Mensch und Gott möglich ist, dann nur über die Barmherzigkeit. Sie ist der Schlüssel, der die Türe zum Bund immer wieder neu öffnet«[c 64]. Der Gebrauch des Wortes *rahamin* und mütterlicher Analogien sagt schlussendlich dasselbe aus wie das charakteristische Verhalten des Gottes, der mit seinem Volk einen Bund schließen möchte, und dies fasst allein schon die ganze biblische Geschichte zusammen: Obwohl er unverstanden bleibt, abgelehnt und verlassen wird, liebt dieser Gott seine Geschöpfe weiterhin und eröffnet ihnen unablässig Wege des Heils[65]. Damit zeugt sein Verhalten von einer Haltung, die am ehesten dem mütterlichen Beschützerinstinkt entspricht. Olivier Clément hebt dies in seiner Würdigung einer Intuition des Theologen Paul Evdokimov hervor: »Das Vatersein Gottes spiegelt sich weniger im Vatersein des Menschen wider als in der Mütterlichkeit der Frau. Nichts im Wesen des Mannes entspricht spontan der religiösen Kategorie des Vaterseins. Der Vaterinstinkt prägt das

a Vgl. Deuteronomium 32,6 und 18; Numeri 11,11–12; Jesaja 42,14; Jesaja 49,15; Jesaja 63,15; Jesaja 66,9–13; Jeremia 4,19; Jeremia 31,20; Hosea 11,3–4; Hosea 11,8; Hiob 38,28–29; Psalm 22,11.
b Jesaja, Kapitel 66, Vers 13, und Kapitel 49, Vers 15.
c *Le visage maternel de Dieu*, Lausanne, Ouverture, 1989, S. 32 und 37–38.

Wesen des Mannes nicht ebenso wie der Mutterinstinkt das Wesen der Frau.«[a] Diese Intuition hat den Vorteil, dass sie nicht beim Scheinbaren und bei psychologischen Projektionen haltmacht, die mit der Erwähnung eines göttlichen Vaterseins einhergehen, sondern dass sie darin eine Wirklichkeit wahrnimmt, die auch einen engen Bezug zum Sein und zur Liebe hat, die der menschlichen Mütterlichkeit eigen sind. Dadurch wird auch ein neuer Blick auf die Fähigkeit gewisser weiblicher Analogien möglich, ebenfalls etwas von Gottes Schönheit wiederzugeben.

Als dritte Klärung zum Sinn des Vaterbegriffs, wie er in der Bibel auf Gott angewandt wird, wollen wir zu verstehen suchen, welche Bedeutung er im Munde Jesu hat, und dann die Schlüsse ziehen, die sich daraus für die Verwendung männlicher und weiblicher Analogien ergeben, die für die Vorstellung eines Gottes der Liebe eingesetzt werden. Eine solche Klärung wird jedoch immer nur beschränkt möglich sein, denn es ist jeweils tatsächlich schwer zu entscheiden, was aus der patriarchalen Kultur der Umwelt und aus der religiösen Erziehung einfach übernommen wurde und was andererseits einer intimen Erfahrung und einem wirklich aussagekräftigen persönlichen Weg entspricht. Die Bezeichnung Gottes als Vater kann als solche nicht als Besonderheit der Lehre Jesu betrachtet werden, denn es gab sie schon vor ihm und sogar schon vor deren Verwendung durch das Volk Israel. »Kurz vor der christlichen Zeitrechnung war sich Israel völlig bewusst, dass Gott der Vater seines Volkes und eines jeden Gläubigen ist. [...] Die Bezeichnung Gottes als Vater ist in den rabbinischen Schriften häufig, ja es findet sich hier sogar wörtlich die Formel ›Unser Vater im Himmel‹«[b]: Jesus von Nazareth hat den Glauben seines Volkes übernommen, und alles, was bisher vom Alten Testament aus gesagt wurde, ist demnach auch Grundlage für seinen Gebrauch des Vaterbegriffs. Dies erlaubt es also auch nicht, Gottes Geheimnis auf eine einfache Projektion psychologischer Attribute zu reduzieren, die der menschlichen Vaterfigur zugeschrieben werden. Dies umso weniger, als die Vorbehalte, die wir schon im Alten Testament beobachtet haben, auch in den synoptischen Evangelien nicht fehlen[66]. Überdies besteht die wahre Absicht der Dialektik von »Vater« und »Sohn« – welche im Johannesevangelium derart betont

a Paul Evdokimov, Témoin de la beauté de Dieu, in: *Contacts*, Band XXIII, Nr. 73–74, 1971, S. 76.
b *Vocabulaire de théologie biblique, op. cit.*, S. 968.

wird – nicht darin, über das Wesen Gottes als Vater zu spekulieren. Sie will vielmehr die messianische Identität Jesu von Nazareth bekräftigen, seine einzigartige Beziehung zu Gott sowie die Kenntnis Gottes, die daraus hervorgeht und die es ihm möglich macht, Gottes wahres Gesicht zu offenbaren. Noch genauer gesagt: Nicht das Wort »Vater« als solches, sondern vielmehr die Art und Weise, wie es Jesus verwendet, offenbaren seine Intimität mit Gott und seine messianische Identität[67].

Wer diese Intimität und diese tiefste Identität erkennt, wird die göttliche Wirklichkeit, die sich unter dem Wort »Vater« verbirgt, von Jesu Verhalten her wahrnehmen lernen, wie es Jesus gesagt hat: »Wer mich gesehen hat, hat den Vater gesehen.«[a] Diese äußerst starke Behauptung und die logische Folge, die sich daraus zwingend ergibt: »Ich und der Vater sind eins«[b], könnten ausdrücklicher nicht sein. Sie verweisen auf das Verhalten Jesu selbst als Quelle wahrer Gotteserkenntnis, und nicht auf menschliche Projektionen, die sich üblicherweise aus dem Begriff des Vaters ergeben: »Niemand kennt den Vater, nur der Sohn.«[c] Das heißt nun nicht, dass die Haltung Jesu den alttestamentlichen Ansatz im Umgang mit dem Vatergott aufgehoben hätte.[d] Sie lässt uns aber eine weitere Schwelle überschreiten über das hinaus, was wir dank jenem Ansatz von der Liebe Gottes und von einer möglichen Intimität mit ihm erahnen konnten: Die Evangelien zeugen einmütig von einem Christus, dessen Verhalten und Worte einen Gott der Liebe widerspiegeln, der jedem persönlich nahe sein möchte[e], einen Gott der Liebe, der unablässig auf der Suche auch nach denen ist, die sich am weitesten von ihm entfernt haben, und der keinen verlassen will[f], einen Gott der Liebe, der durch die Vergebung, die er uns jederzeit anbietet, all unsere Wunden heilen will[g], einen Gott der Liebe, der nichts anderes möchte, als uns bei sich aufzunehmen und von uns aufgenommen zu werden[h], einen Gott der Liebe, der

a Johannesevangelium, Kapitel 14, Vers 9.
b Johannesevangelium, Kapitel 10, Vers 30.
c Matthäusevangelium, Kapitel 11, Vers 27.
d »Denkt nicht, ich sei gekommen, um das Gesetz und die Propheten aufzuheben. Ich bin nicht gekommen, um aufzuheben, sondern um zu erfüllen.« (Matthäusevangelium, Kapitel 5, Vers 17.)
e Vgl. Matthäus 10,7; Markus 1,15; Lukas 9,10; Johannes 14,23.
f Vgl. Matthäus 18,12–14; Markus 2,16–17; Lukas 15,4–32; Johannes 3,16–17.
g Vgl. Matthäus 9,10–13; Markus 2,3–12; Lukas 15,11–32; Johannes 8,3–11.
h Vgl. Matthäus 10,40; Markus 9,37; Lukas 18,17; Lukas 19,2–10; Johannes 14,2–3 und 23.

intensiv geliebt werden möchte[a], einen Gott der Liebe, der bis zuletzt immer wieder vergibt und den Menschen auch dann noch liebt, wenn er abgelehnt und verlassen wird[b]. Dies geht so weit, dass der Apostel Johannes, von dem man sagt, er sei Jesus am nächsten gewesen, nicht nur mit dem berühmten »Gott ist Liebe«[c] von Jesu Taten und Worten Rechenschaft ablegt, nicht nur mit der nicht weniger zentralen Umkehrung, nach der die Liebe nicht darin besteht, »dass wir Gott geliebt haben, sondern dass er uns [...] zuerst geliebt hat«[d], nicht nur mit der befreienden Zuversicht, dass »wenn das Herz uns auch verurteilt – Gott ist größer als unser Herz[e]«, sondern auch und vor allem mit einer der erhellendsten Zusammenfassungen überhaupt: »Das ist die Botschaft, die wir von ihm gehört haben und euch verkünden: Gott ist Licht, und keine Finsternis ist in ihm.«[f] Wenn er von Gott als »Vater« spricht, übernimmt Jesus zwar das Vaterbild der Kultur und der religiösen Überlieferung seiner Zeit, doch durch sein Leben lässt er darin die wahre Identität seines »Vaters« durchscheinen. Diese aber lässt sich keineswegs auf ein menschliches Vaterbild reduzieren, sondern erweist sich als die höchste Quelle einer Liebe ohne »Finsternis«, ohne Schatten, ohne heimliches Einverständnis mit dem Bösen, die jede und jeden dazu einlädt, mit ihr gleich heute schon[g] in eine gegenseitige Liebe einzutreten, in jene Dimension, die Jesus das »Reich Gottes«[h] nannte und in der im Tiefsten unseres Wesens jene Intimität zwischen Gott und Mensch entstehen kann, die dazu bestimmt ist, in Ewigkeit weiterzuwachsen. Die Theologin Donna Singles schreibt, dass Jesus jenes geheimnisvolle »Reich Gottes« anhand zahlreicher Analogien vorstellt, zu denen selbstverständlich auch die des Vaters gehört[68], dass er aber nicht zögert, auch auf weibliche Analogien zurückzugreifen, um Gottes Handeln zu beschreiben: »[Sie] nehmen in der Verkündigung Jesu zum Gottesreich eine zentrale Stellung ein und sind daher für die theologische Frage: ›Welchen Gott hat uns Jesus offenbart?‹ von grundlegender Bedeutung. Unter den Zügen einer Frau, die Sauerteig unter einen großen Trog Mehl mischt, damit ihr Brot aufgeht (Lukas 13,21), die auf der Suche nach einer verlore-

a Vgl. Matthäus 22,37–38; Markus 12,30; Lukas 10,27; Johannes 21,15–17.
b Vgl. Lukas 23,33–34; Johannes 13,37–38 und 18,25–27 mit 21,15–17.
c 1. Johannesbrief, Kapitel 4, Verse 8 und 16.
d 1. Johannesbrief, Kapitel 4, Verse 10 und 19.
e 1. Johannesbrief, Kapitel 3, Vers 20.
f 1. Johannesbrief, Kapitel 1, Vers 5.
g Vgl. Lukasevangelium, Kapitel 19, Vers 5.
h Markusevangelium, Kapitel 1, Vers 15.

nen Münze ihr Haus fegt (Lukas 15,8–9), die voll Sorge die Stunde ihrer Niederkunft erwartet (Johannes 16,21), zeigt ein »Mutter-Gott« seine Zärtlichkeit und seine Sorge um die Kinder seines eigenen ›Schoßes‹.«[a] Dieser Tatbestand weist uns einmal mehr auf das einzige Merkmal für eine Verwendung weiblicher und männlicher Analogien hin, das der Botschaft Christi wirklich angemessen ist: Der Gebrauch solcher Analogien darf sich keinerlei kulturellen oder psychologischen Bedingtheiten beugen, sondern muss sich in allererster Linie nach der Sorge richten, jene letzte Quelle einer Liebe ohne »Finsternis« so wenig wie möglich zu entstellen, und mutig jene Analogien zu verwenden, welche die Schönheit Gottes in all ihren Dimensionen am besten beleuchten können. Wer darauf achtet, auch weibliche Analogien in die Sprache der Theologie aufzunehmen, so unterstreicht Donna Singles weiter, könnte also sehr wohl der Sorge Jesu entgegenkommen, Züge der Gewalt und der Rache zu tilgen, welche gewisse biblische Autoren gemeint hatten, dem männlichen Bild Gottes[69] zuschreiben zu müssen. Dabei merkten sie nicht, dass sie damit eine menschliche Logik auf Gottes Handeln projizierten, welche jener ähnlich ist, die wir im zweiten Teil dieses Buchs entlarvt haben: »Es ist tatsächlich so: Männliche Bilder Gottes können sehr unterschiedlich interpretiert werden, auch etwa im Sinn von Gewalt und von Rache. Mütterliche Sprachbilder für Gott hingegen gehen immer in ein und dieselbe Richtung: in die Richtung einer Liebe, die ausnahmslos jedem Menschen geschenkt ist und die niemals müde wird. Darin besteht die Kraft und der Reichtum dieser Bilder zur Erneuerung unseres Sprechens über Gott.«[b]

»Wenn mich auch Vater und Mutter verlassen…«

Mütterliche Analogien geben dem Versuch, das Vatersein Gottes zu beschreiben, die Möglichkeit, die Treue und Zärtlichkeit eines Gottes, der Liebe ist, besser auszudrücken. Doch auch sie können psychologische Transfers oder unbewusste Sehnsüchte auslösen, die der Sinnsuche oder einer spirituellen Erfahrung schädlich werden könnten. Es gilt deshalb, bei einer Verwendung der Mutterfigur ebenso

a »La maternité de Dieu«, Artikel in der Zeitung *La Croix* vom 21. Dezember 1998.
b *Ibd.*

wachsam zu bleiben wie bei der Verwendung der Vaterfigur. Drei unbewusste Mechanismen sind es, die dabei helfen, auch beim Verwenden mütterlicher Analogien nicht einem übermäßigen Idealisieren zu verfallen. Insbesondere gilt es, nicht denselben Fehler zu machen wie beim Verwenden väterlicher Analogien: nämlich ausschließlich zu werden und die Gründe aus den Augen zu verlieren, die dafür sprechen, dass eine Ergänzung mütterlicher und väterlicher Analogien hilfreicher wäre, wenn sich eine theologische Sprache bemüht, die Liebe Gottes nicht zu entstellen, die ja größer ist als alles, was der Mensch zu glauben geneigt ist.

Der erste dieser Mechanismen ist die weibliche Entsprechung zum häufigsten Transfer beim Verwenden der Vaterfigur: unbewusst verweist das Bild der Mutter jeden an seine eigene Erfahrung einer mütterlichen Gegenwart, sei es die seiner biologischen Mutter oder jene anderer Personen, welche diese indirekt symbolisieren. Die schädlichsten Konsequenzen eines solchen Transfers betreffen in erster Linie Menschen, die ein eher negatives Mutterbild in sich tragen, besonders dann, wenn sie ernsthafte Beziehungsprobleme zu ihrer biologischen Mutter hatten. Ähnlich wie bei den negativen Folgen beim Verwenden der Vaterfigur ist die Wahrscheinlichkeit groß, dass diese Menschen bestimmte Verhaltenszüge, unter denen sie in ihrer eigenen Kindheit oder Jugend gelitten haben, auf ihre spontane Vorstellung eines Mutter-Gottes projizieren. Daraus ergeben sich auch dieselben Gefahren einer spirituellen Lähmung, weil sie einen Gott ablehnen, der für sie zum Sündenbock in einer persönlichen Abrechnung wurde, oder weil sie einer ebenso illusorischen wie tyrannischen Gottesvorstellung anhängen. Das Wissen um die Möglichkeit eines solchen Transfers bildet bereits die erste Etappe auf dem Weg zu einer Einsicht, welche die möglichen Nachteile der Verwendung mütterlicher Analogien vermindern möchte, um dann umso besser von deren Vorteilen profitieren zu können.[70] Dies zeigt einmal mehr, wie wichtig es ist, dass die Sprache der Theologie mehr als nur *eine* Analogie verwendet.

Der zweite unbewusste Mechanismus, den es zu beachten gilt, betrifft umgekehrt all jene, die der Meinung sind, sie hätten ein besonders positives Mutterbild. Die wichtigsten Entdeckungen der Psychologie haben zeigen können, dass das Bild der Mutter – auch das der besten aller Mütter – im Unbewussten eines jeden Menschen ambivalent bleibt. Die Gegenwart der Mutter wird nämlich von frühester Kindheit an mit einer dominierenden Macht in Zusammenhang gebracht, die sowohl mit der Fähigkeit gleichgesetzt wird, Wünsche zu erfüllen, wie auch mit einer demütigenden, gefürchteten, wenn nicht gar verhassten Abhängigkeit[71]. Nach ihren Forschungsarbeiten über diese Ambivalenz kommt die Psychoanalytikerin Janine Chasseguet-Smirgel zum Schluss, dass »Kinder beiderlei Geschlechts in ihrem Unbewussten auch von der besten und zärtlichsten Mutter ein erschreckendes Bild in sich tragen. Dieses rührt von der Feindschaft her, die sie wegen ihrer eigenen Machtlosigkeit auf die Mutter projizieren«.[a] Selbst die harmonischste Mutter-Kind-Beziehung ist ihrer Meinung nach nicht in der Lage, diese Ambivalenz aufzulösen: »Die primäre Machtlosigkeit des Kindes und die Bedingungen, die an seine psycho-physiologische Situation geknüpft sind, haben zur Folge, dass die Imago der alles könnenden guten Mutter das Bild der erschreckend allmächtigen bösen Mutter niemals ganz überdecken kann.«[b] Das Wissen um diese Ambivalenz[72] und die Möglichkeit ihrer Übertragung auf Gott ist die zweite Etappe auf dem Weg zu einer Einsicht, die uns hilft, den psychologischen Hintergrund der Verdrängung weiblicher Analogien aus dem theologischen Denken besser zu verstehen – einen psychologischen Hintergrund, der dadurch zum Komplizen der patriarchalen Kultur geworden ist. Es könnte sich wohl erweisen, dass der Widerstand, mit dem bei der Beschreibung von Gottes Geheimnis solchen Analogien eine entsprechende und ergänzende Funktion verwehrt wird, proportional zum Einfluss steht, den unbewusst diese erschreckende Mutter-Imago noch einnimmt. Der Psychoanalytiker Thierry de Saussure zögert nicht, es anzudeuten: »Die erklärte Abwesenheit der weiblichen Imago im dreieinigen Gott [...] zeigt vielleicht negativ die ins Unbewusste verdrängte Präsenz der mächtigen Urmutter-Imago an, die es verhindert, ihr einen festen Platz als gegenseitige Ergänzung zuzuschreiben. [...] [Dieses Verdrängen] kompensiert die unbewussten Wünsche und Ängste des Menschen gegenüber der allmächtigen Imago der Frau.«[c] Diese befreiende Einsicht könnte hilfreich sein bei einer gelassenen und fruchtbaren Suche nach dem Platz, den weibliche Analogien als gegenseitige Ergänzung in der Sprache der Theologie einnehmen könnten.

a *La sexualité féminine*, Paris, Payot, 1970, S. 171.
b *Ibd.*, S. 171.
c »Questions psychanalytiques sur la prévalence masculine dans la religion chrétienne«, in: *Études théologiques et religieuses*, Band 70 (3), 1995, S. 409-410 und 416.

Der dritte unbewusste Mechanismus, der hier zu beachten ist, kommt aus dem unbewussten Wunsch nach einer symbiotischen Vereinigung mit der Mutter. Dieser wohnt von Geburt an in jedem Menschen und entspringt der unbewussten Sehnsucht danach, die Geborgenheit und das Wohlbefinden, das man im Mutterschoß erfahren durfte, wiederzufinden. Wie groß auch immer die Macht dieser unbewussten Sehnsucht sein mag und wie stark sie in verschiedenen Lebenssituationen, in Ängsten und bei äußerem Druck, auch immer reaktiviert werden mag, die Psychologie sieht in der Versuchung der Symbiose einen kindlichen Regressionszustand, der echtes Wachstum hindert. Wachstum zeichnet sich nämlich durch die Entwicklung interpersoneller Beziehungen aus, in denen jeder bewusst er selbst bleibt und immer mehr er selbst wird. Beim Unterschied zwischen Symbiose und Gemeinschaft geht es um nichts weniger als um die Echtheit einer Liebe. Echte Liebe kann sich nämlich in der Symbiose gerade nicht entfalten. Darin verschmilzt ja der eine Partner so sehr mit dem anderen, dass er dabei seine eigene Persönlichkeit verliert. Gemeinschaft aber steht zwar der Symbiose in nichts nach, doch sie respektiert die Verschiedenheit der Partner und erlaubt so jedem, immer mehr er selbst zu werden. In der Spiritualität könnte die Versuchung zu einer Symbiose durch ein ausschließlich mütterliches Gottesbild aber neue Nahrung bekommen. Der unbewusste Wunsch nach einem symbiotischen Zustand wie dem des Kleinkindes und seiner Mutter könnte eine solche Theologie leicht entgleisen lassen und das innere Leben würde mehr zu einer kindlichen Regression als zu einer wirklich gegenseitigen Liebe, bei der die unveräußerliche Verschiedenheit der Partner erhalten bleibt[73]. Das Wissen um die Sehnsucht nach einer Symbiose mit der Mutter – die jederzeit wieder zutage treten kann – bildet die dritte Etappe auf dem Weg zu einer Einsicht, die uns ahnen lässt, wie wichtig es ist, die mütterlichen Analogien durch väterliche zu ergänzen. So wie die Gegenwart und Funktion des Vaters eine symbiotische Einheit mit der Mutter verhindern und damit eine harmonische Entwicklung des Kindes ermöglichen soll, so könnte auch eine theologische Sprache, die darauf achtet, väterliche und mütterliche Analogien zu verbinden, zu einem besseren spirituellen Wachstum beitragen, wo jeder in seiner Gottesbeziehung sich dessen bewusst zu werden sucht, was er in seinem tiefsten Wesen ist, und zugleich nach und nach lernt, seine Rolle reif und verantwortlich zu erfüllen.

Gewiss, auch das Bild des Kindes, das in der Liebe von Mutter und

Vater aufwachsen darf, hat – wie jedes Bild – seine Nachteile und Grenzen. Immerhin verhindert es, dass einer der drei unbewussten Mechanismen, die beim Gebrauch mütterlicher Analogien auftreten können, zum Vorwand wird, um diese grundsätzlich aus der Sprache der Theologie zu verbannen[74]. Dieser Vorwand ist auch deshalb so verbreitet, weil er aus einem Selbstverteidigungsreflex heraus entsteht, aus dem Versuch nämlich, die eigene religiöse Erziehung zu rechtfertigen, die ja so oft von der Verwechslung des Vaterseins Gottes mit den Grundelementen menschlichen Vaterseins geprägt war. Dies verleitet dann dazu, die Gefahren, die mit dem Gebrauch der Vaterfigur einhergehen, zu verdrängen oder zu unterschätzen, Gefahren, von denen der Eindruck einer Distanz oder gar Abwesenheit, von Strenge oder gar Härte nicht die geringsten sind. Selbst da, wo diese Übung nicht von der unbewussten Reduktion von Gottes Vatersein auf die Attribute einer menschlichen Vaterfigur belastet ist, erfordert sie eine große Achtsamkeit, um dem ausschließlichen Gebrauch väterlicher und mütterlicher Analogien entgegenzuwirken, um sowohl aus menschlicher Vater- als auch Mutterliebe zu schöpfen und diese damit qualitativ zu überholen: »Wenn mich auch Vater und Mutter verlassen, der Herr nimmt mich auf«![a] Diese Zuversicht und Hoffnung des Psalmisten fasst schließlich alles zusammen, was wir eben gezeigt haben: Zwischen göttlicher und menschlicher Liebe besteht eine geheimnisvolle Entsprechung, welche die Verwendung väterlicher und mütterlicher Analogien möglich macht, doch Gottes Geheimnis bleibt größer und ist nicht auf solche Analogien reduzierbar; es ist darauf zu achten, dass man nicht in kulturellen und psychologischen Vorgaben gefangen bleibt; vor allem aber ist sorgfältig darauf zu achten, Gottes Zärtlichkeit nicht zu entstellen, denn diese ist nicht genau dasselbe wie die manchmal von Bösem entstellte Liebe der Menschen[75]. So vergleicht der Psalmist Gottes Zärtlichkeit etwa mit der eines Vaters: »Wie ein Vater sich seiner Kinder erbarmt«[b], oder mit den Gefühlen eines Kindes bei seiner Mutter: »Wie ein kleines Kind bei der Mutter«.[c] Doch schließlich sieht er darin nicht mehr nur eine Eigenschaft Gottes unter anderen, sondern das eigentliche Herz von Gottes Wesen: »Der Herr ist barmherzig«.[d]

a Psalm 27, Vers 10.
b Psalm 103, Vers 13.
c Psalm 131, Vers 2.
d Psalm 103, Vers 8; Psalm 111, Vers 4; Psalm 116, Vers 5; Psalm 145, Vers 8.

»Sie ist schöner als die Sonne«

Unter dem prägenden Druck theologischer Vorstellungen der vorherrschenden Kultur, einer gewissen religiösen Erziehung oder auch der Schwierigkeit, sich als liebenswert zu erachten, haben viele Menschen – gläubige wie ungläubige – noch nie an Gottes Zärtlichkeit überhaupt zu denken gewagt, mit allen Folgen für ihr inneres Leben, ihre persönlichen Überzeugungen oder gar für ihr Interesse an der Frage nach Gott. Die Aufnahme mütterlicher Analogien lädt uns dazu ein, jener eher verkannten Seite mehr Beachtung zu schenken. Doch gleichzeitig könnte sie uns den Zugang zu einer weiteren Analogie erschweren, die aber jene geheimnisvolle Entsprechung zwischen einer weiblichen Art zu lieben und der Liebe Gottes ebenfalls ausdrücken kann: nämlich zur Analogie nicht mehr nur der Mutter, sondern der Frau als solcher. Gewiss, dass wir diese Analogie verdrängen, hängt grundlegend mit dem Einfluss der patriarchalen Kultur zusammen, auch damit, dass wir das psychische Gewicht unserer geschlechtlichen Identität unterschätzen, sowie mit unserer frühkindlichen Wahrnehmung der Mutter und ihrer beängstigenden Allmacht, die uns dazu bringt, Bilder mit weiblichem Einschlag überhaupt zu verdrängen, seien sie nun mütterlicher Art oder nicht. Geht es nun aber genauer um das Bild der Frau überhaupt, so hängt auch hier der Verdrängungsprozess mit der Ambivalenz unserer Psyche gegenüber der Mutterfigur zusammen. Wir reagieren gleichzeitig auf die negative Imago der Mutter mit dem Bedürfnis nach Distanz und auf ihre positive Imago mit dem Bedürfnis nach Bindung. Tatsächlich kann die unbewusste Bindung an die Mutter, die je nach psychischer Entwicklung eines Menschen noch mehr oder weniger aktiv ist, seine Fähigkeit behindern, einer anderen Frau in seinem Innenleben und seinen Gedanken Platz einzuräumen. In der Psyche des Mannes wird diese Bindung nicht nur vom bereits beschriebenen Wunsch nach Symbiose unterhalten, sondern, im Zusammenhang mit dem niemals völlig überwundenen Ödipuskomplex, auch vom Wunsch nach Liebe. Höchstwahrscheinlich hat dieser unbewusste Prozess bei der notorischen Unfähigkeit, anderen weiblichen Analogien im theologischen Denken Platz einzuräumen, ebenfalls eine Rolle gespielt, stand doch die Theologie in der Verantwortung von Männern, welche diesem unbewussten Einfluss möglicherweise auch ausgesetzt waren. Wer sich dessen bewusst wird, wird darauf achten, dass die gelungene Aufnahme mütterlicher Analogien nicht – wie dies wahrscheinlich bei der Entwicklung des Marienkults der Fall war – paradoxerweise dem Verdrängen von Analogien Vorschub leistet, welche die Frau als solche und ihr Geheimnis betreffen. Dies bedeutet eine weitere Herausforderung, die bei der Suche nach weiblichen und männlichen Analogien, welche die verschiedenen Seiten von Gottes Liebe so gut wie möglich ausdrücken könnten, nicht zu vernachlässigen ist.

Sich dieser Herausforderung stellen bedeutet also, sich das Geheimnis Gottes nicht mehr nur anhand väterlicher und mütterlicher Analogien vorstellen, sondern seinen Blickwinkel auf weitere männliche und weibliche Analogien ausdehnen, was zugleich der Gefahr einer infantilisierenden Spiritualität entgegenwirken könnte[76]. Eines der wichtigsten Hindernisse dabei ist die Tatsache, dass viele Menschen, auch Christen, sich mit einem vagen Deismus begnügen. Dessen Assoziationen beschränken sich oft auf die eines Schöpfers, auf die des ersten Ursprungs, und weisen also spontan ausschließlich auf elterliche Figuren, insbesondere auf die des Vaters, zurück. Für die christliche Offenbarung beschränkt sich das Geheimnis Gottes jedoch nicht auf einen einfachen Theismus, sondern es findet seinen letztgültigen Ausdruck im Geheimnis der Trinität. Dieses macht in Gott selbst Bewegungen der Liebe aus und bekennt sich zu göttlichen Personen[77], die einander so sehr lieben, dass daraus eine völlige Einheit entsteht[78], die zugleich aber auch deren Unterschiedlichkeit respektiert[79]. Das Geheimnis der Trinität verweist einen jeden auf seine eigene Erfahrung der Liebe zurück – welche Verbindung wäre denn vorstellbar zwischen der Liebe und dem Geheimnis Gottes, wenn Gott in sich nur einsam wäre[80]? Es lädt den Menschen aber auch ein, sich der Liebe Gottes anzuschließen und sich mit einer jeden der göttlichen Personen, welche die christliche Tradition »Vater«, »Sohn« und »Heiliger Geist« nennt, auf eine einmalige Beziehung der Liebe einzulassen[81]. Diese je einmaligen Beziehungen lassen uns spüren, wie das Geheimnis der Trinität etwas von der Tiefe und Schönheit Gottes auszudrücken in der Lage ist, welche die Autoren des Alten Testaments schon vorausahnten, wenn sie auf so unterschiedliche Analogien zurückgriffen wie die des Vaters, der Mutter, des Gatten, der Gattin, des Freundes, der Freundin: In Gott und mit Gott kann eine jede Facette des Geheimnisses der Liebe zu einer lebendigen Wirklichkeit werden.

Wenn wir diese verschiedenen Facetten ansprechen, so möchten wir dazu aufrufen, das Geheimnis der Trinität zu entdecken, wiederzuentdecken oder zu vertiefen, in dem sich nämlich die Urquelle aller

Liebe offenbart. Für die Person des »Vaters« haben wir eine Sprache mit Analogien angeregt, die darauf achtet, die Zärtlichkeit von Mutter und Vater zu verbinden, um so besser spüren zu lassen, wie tief und schön seine Liebe ist. Für die Person des »Sohnes« kennt die christliche Überlieferung eine Reihe sich ergänzender Analogien, deren Vielfalt kaum zu übertreffen ist. Sie lassen die stärksten und schönsten Liebesbande anklingen, die es auf Erden gibt, wird doch Christus immer wieder mit einem Freund[a], einem älteren Bruder[b] oder einem Gatten[c] [82] verglichen. Letzteres Bild nimmt die ganze, in der prophetischen Literatur so beliebte Symbolik der Verlobung und Vermählung auf, die Jesus auf sich selbst bezogen hat und die über die zahlreichen Kommentare zum Hohelied zur Referenzanalogie christlicher Mystik schlechthin geworden ist. Bei der Person des »Heiligen Geistes« hingegen haben abstrakteste Analogien viele Gläubige, ja selbst professionelle Theologen dazu gebracht, ihn mit einem »unbekannten Gott« zu identifizieren – mit diesem Ausdruck benennt Victor Dillard, ein Jesuit, jene Frustration, über die er uns hinausführen möchte, um »eine fesselnde Person zu entdecken mit dem ganzen Geheimnis eines unerforschlichen Kerns, aber einer faszinierenden Ausstrahlung«.[d] [83] Von den drei göttlichen Personen wären aber gerade beim Heiligen Geist weibliche Analogien am besten angebracht, geht es doch für die Bibel bei ihm um die Person, die Leben schenkt, in geistlichem Sinne gebiert, inspiriert, tröstet, aufrichtet[e]: eine Art also, zu sein und zu lieben[84], die auf Erden zwar nicht ausschließlich Frauen zukommt[85], sich aber doch als grundlegend weiblich erweist[86]. Diese Seite seines Geheimnisses ist auch dem Dominikaner Yves Congar nicht entgangen. Er stellt gar fest: »Was insbesondere die Kirche betrifft – dies gilt aber auch von der Gesell-

---

a »Ich nenne euch nicht mehr Knechte; denn der Knecht weiß nicht, was sein Herr tut. Vielmehr habe ich euch Freunde genannt; denn ich habe euch alles mitgeteilt, was ich von meinem Vater gehört habe.« (Johannesevangelium, Kapitel 15, Vers 15.)

b »Wir wissen, dass Gott bei denen, die ihn lieben, alles zum Guten führt, bei denen, die nach seinem ewigen Plan berufen sind; denn alle, die er im Voraus erkannt hat, hat er auch im Voraus dazu bestimmt, an Wesen und Gestalt seines Sohnes teilzuhaben, damit dieser der Erstgeborene von vielen Brüdern sei.« (Römerbrief, Kapitel 8, Verse 28 und 29.)

c Vgl. Matthäus 9,15 und 25,1–10; Markus 2,19; Lukas 5,34; Johannes 3,28–29.

d *Au Dieu inconnu*, Paris, Beauchesne, 1938, S. 9.

e Vgl. je Johannes 6,63; Johannes 3,5–8; Lukas 12,11-12; Johannes 14,16–18; Johannes 16,12–13.

schaft –, so hat ein vortrinitarischer Monotheismus [wo nur der ›Vater‹ von Bedeutung ist] oder ein faktischer ›Christomonismus‹ [wo nur Christus zählt], kurz, eine gewisse Vernachlässigung des Heiligen Geistes und der Pneumatologie [vom griechischen Wort *pneuma*, das sowohl ›Atem‹ wie auch ›Geist‹ bedeutet], zur Instauration eines patriarchalen Typus und einer Dominanz des Männlichen geführt.«[a] Nicht nur hat man aus all den besprochenen Gründen eine allenfalls weibliche Dimension daraus verdrängt, eine »gewisse Vernachlässigung des Heiligen Geistes« ist tatsächlich zu einer der hauptsächlichen Klippen in der Theologie geworden; sehr oft geht damit die Tendenz Hand in Hand, ihn zu verdinglichen und ihn nicht als Person anzuerkennen, die über eine eigene Art zu lieben verfügt. Mit dem Hervorheben dieser beiden Klippen wird sich nicht nur einmal mehr erweisen, dass ein gesunder Einschluss weiblicher Analogien beim Beschreiben des trinitarischen Gottes möglich ist, es wird auch helfen, verkannte Seiten einer göttlichen Liebe zu entdecken und zu erkennen, die noch viel größer ist, als manche Gläubige und Nicht-Gläubige es vermuten.

Diese beiden Klippen, das Vernachlässigen und das Verdinglichen des Geistes, werden von zahlreichen theologischen Tendenzen verstärkt. Um deren Einfluss entgegenzuwirken, gilt es vorerst, sie zu identifizieren. Der von Yves Congar erwähnte »vortrinitarische Monotheismus«, in dem also allein Gott-Vater zählt, steht indirekt mit der bereits besprochenen Tendenz zum Deismus in Verbindung, der »Christomonismus« mit der Tendenz, sich systematisch allein auf Christus zu beziehen. Die Entwicklung solcher Tendenzen erschwert den Zugang zu einer ausgewogenen Sicht des trinitarischen Geheimnisses beträchtlich, wo doch nach dem Glaubensbekenntnis der Heilige Geist »mit dem Vater und dem Sohn angebetet und verherrlicht«[87] werden sollte. Dass der Sohn und der Heilige Geist sich gegenseitig ergänzen, wird zwar in der Heiligen Schrift durchgängig bekräftigt[88], doch hat diese Aussage unter der fast ausschließlichen Betonung der Beziehung zwischen den Personen des Vaters und des Sohnes empfindlich gelitten. Der Heilige Geist verkommt dann zur bloßen Liebe zwischen den beiden[89], sodass man öfter hat meinen können, es handle sich um eine Binität statt einer wirklichen Trinität[90]. Zur Schwierigkeit, der Person des Heiligen Geistes ihren Platz einzuräumen, gesellt sich sehr oft die Tendenz, den Heiligen Geist zu

a *Der Heilige Geist*, op. cit., S. 430.

118

verdinglichen. Dies einerseits, weil das Wort »Geist« nicht unbedingt an eine Person denken lässt, und andrerseits, weil gewisse wenig explizite Stellen in der Bibel die Anerkennung einer persönlichen Dimension ebenfalls nicht zu unterstützen scheinen – viel eher ist diese Dimension durch die Natur der Tätigkeiten zu erschließen, die Jesus ihm zuschreibt[91]. Es gibt weiter die Tendenz, den Heiligen Geist mit der aktualisierten und universalisierten Gegenwart Christi im Herzen der Menschen gleichzusetzen[92]. Dahinter versteckt sich eine modernisierte Form des Modalismus, einer Strömung aus den ersten christlichen Jahrhunderten, die nicht drei göttliche Personen in Betracht ziehen wollte, sondern nur drei verschiedene Arten (*modi*) sah, wie ein und dieselbe göttliche Person gegenwärtig sein kann[93]. Schließlich hat auch die rein funktionale Rolle des Heiligen Geistes in der Heilsgeschichte gewiss nicht dazu beigetragen, über seine Art, im Rahmen einer zwischenpersönlichen Beziehung zu sein und zu lieben, nachzudenken[94]. Versuchen wir also, all diesen unterschiedlichen Tendenzen in der Theologie gegenüber etwas Abstand zu gewinnen: Dies wird in uns den inneren Raum freisetzen, ohne den eine neue Vertiefung unmöglich und eine neue Sichtweise nicht zu erreichen wäre.

Immer zahlreicher sind die Theologen und inzwischen auch die Theologinnen[95], die uns dazu einladen, die persönlichen und weiblichen Dimensionen des Heiligen Geistes im Zusammenhang mit seiner engen Beziehung mit der geheimnisvollen biblischen Figur der göttlichen Weisheit zu vertiefen[96]. Die Weisheit ist nämlich weit mehr als eine Eigenschaft Gottes. In mehreren Büchern des Alten Testaments entspricht sie nach und nach der persönlichen und intimen Gegenwart Gottes beim Menschen[97], mit der doppelten Besonderheit allerdings, dass sie als Frau dargestellt wird[98] – was schon recht selten ist, um Gottes Gegenwart anzudeuten – und dass sich ihre Rolle auch nicht auf die der Mutter beschränkt, sondern zahlreiche weibliche Analogien abdeckt, die noch viel seltener auf Gott bezogen werden, besonders auch die der »Freundin«[a], der »Schwester«[b] und vor allem der »Braut«[c][99]. Pierre-Émile Bonnard unterstreicht als Exeget das Neue an der Analogie der Braut. Sie stellt die Umkehrung der Rolle des Bräutigams dar, die Gott üblicherweise in der prophetischen Lite-

a »Die Weisheit ist ein menschenfreundlicher Geist.« (Weisheit, Kapitel 1, Vers 6.)
b »Sag zur Weisheit: Du bist meine Schwester!« (Sprichwörter, Kapitel 7, Vers 4.)
c »Sie habe ich geliebt und gesucht von Jugend auf, ich suchte sie als Braut heimzuführen und fand Gefallen an ihrer Schönheit.« (Weisheit, Kapitel 8, Vers 2.)

ratur zugeschrieben wird: »Die Weisheit stellt sich dem Menschen als dessen untadelige, anziehende, edelmütige und erhebende Gefährtin dar. Sie lebt mit ihm in vollkommener Harmonie. Sie liebt als Erste und er antwortet auf ihre Liebe (vgl. Sprichwörter 4,6–9; Jesus Sirach 15,2b; 51,19 im hebräischen Text; Weisheit 8,2–9). Die Ehe der göttlichen Weisheit mit ihrem Gatten, dem Menschen, verherrlicht also in neuer Weise die Ehe zwischen Jahwe-Gott und dem Volk Israel, seiner Gattin, wie sie seit Hosea besungen wurde.«[a] Der Dominikaner Philippe Lefebvre betont das Begehren und die Leidenschaft, welche die Weisheit heraufbeschwört: »[Die Weisheit] ist keine unerreichbare, zufällig aufgetauchte Gottheit, die sogleich auch wieder verschwunden ist, sondern eine sanfte und sichere Gegenwart, die schon da ist, wenn man noch nach ihr sucht. Die Weisheit war da, wie eine Verwandte, und ich wusste es nicht! Sie ist auch die Braut, die der Weise kennen darf: ›Sie bringt dich zu Ehren, wenn du sie umarmst‹ (Sprichwörter 4,8). Und tatsächlich ist die Liebe, die einzige Beziehung, die ihr gegenüber angemessen ist. Man nimmt sie nicht in Beschlag, man sucht sie mit liebendem Begehren. Die Weisheit verkündet: ›Ich liebe alle, die mich lieben, und wer mich sucht, der wird mich finden‹ (Sprichwörter 8,17). Leidenschaftlich begehrt wie eine Braut, nötigt die Weisheit ihren Liebhaber, sich zu erklären, ihr seinen Herzenswunsch zu eröffnen.«[b]

Diese Analogien sind eine Einladung, solch verkannte Seiten von Gottes Wesen und Liebe zu meditieren und in uns aufzunehmen. Wenn man beachtet, in welch enger Beziehung der Heilige Geist zur Weisheit steht, können sie auch ein wertvolles Licht auf dessen Wesen und Lieben werfen. Um die Enge dieser Beziehung zu verdeutlichen, geht der Exeget Claude Larcher von den folgenden Gemeinsamkeiten aus: »Sie haben beide vieles gemeinsam: Die Weisheit hat einen Geist (Weisheit 7,22b) oder ist ein Geist (1,6) und wird als Geist tätig (7,7b). Sie verfügt über Macht, und ihr werden die verschiedenen Funktionen des Geistes im Alten Testament zugeschrieben: Sie erfüllt eine universelle und kosmische Rolle, sie ruft Propheten hervor, sie wird für die Menschen und dann für das erwählte Volk zur Führerin, und schließlich erscheint sie als die große Lehrerin im Innern der Seele. Ihre Ähnlichkeit betrifft so viele Punkte auf einmal, dass die

---

a *La Sagesse en Personne*, Paris, Cerf, 1966, S. 118.
b »La Sagesse: rencontre de l'homme et de la femme«, in: *La vie spirituelle*, Nr. 731, Juni 1999, S. 205.

Weisheit vor allem als Personifizierung der Rolle erscheint, die der Geist im Alten Testament spielt.«[a][100] Yves Congar verdeutlicht in folgender Weise, was die Weisheit zur Personalisierung und Feminisierung einer Theologie des Heiligen Geistes beitragen kann: »Die Weisheitsliteratur des hellenisierten Judentums enthält beachtenswerte Gedanken, die diese mit dem Geist Gottes in so nahe Verbindung bringen, dass die beiden Realitäten sich decken, wenigstens wenn man sie in ihrem Wirken besieht. [...] Zwei Werte sind für eine spätere Theologie des Heiligen Geistes von Belang. Erstens eine gewisse personale Natur des Geistes. In Bezug auf die Weisheit macht sie sich immer mehr geltend, von Spr 8,22–31. [...] Manchmal ist die Personifizierung kaum nur Stilfigur. Doch der strenge Monotheismus der jüdischen Religion brachte mit Gott Realitäten in Verbindung, die Gott sind, die aber, in Gott, Handlungs-, Präsenz-, Seinsweisen (des Mitseins mit den Menschen) darstellen: die Schekinah, die Weisheit. Was in Weish 8 und 9 von dieser gesagt wird, drückt das Wirken des Gottesgeistes im Innern aus und lässt sich auf den Geist anwenden. [...] Die Weisheit ist, wie die Schekinah [...], etwas Weibliches. Man liebt sie und sucht sie wie eine Frau (Sir 14,22 f.); sie ist eine Braut und eine Mutter (14,26 f.; 15,2 f.). Aus ihr entspringt Fruchtbarkeit, Innigkeit, friedliche Freude. [...] In der christlichen Reflexion wird der weibliche Charakter Gottes schließlich dem Heiligen Geist zugeschrieben.«[b]

»Zugeschrieben« ist vielleicht übertrieben angesichts der kulturellen Zurückhaltung und psychologischen Verdrängung, denen der Einschluss weiblicher Analogien in die Sprache der Theologie ständig ausgesetzt war. Es scheint aber tatsächlich so, dass – über das Verwenden weiblicher Symbole wie das Wasser oder die Taube hinaus[101] – in den ersten Jahrhunderten theologische Ansätze auftauchten, die sich für die eher weibliche Wesensart des Heiligen Geistes aufgeschlossen zeigten, und dies schon seit der Entstehung jüdischchristlicher Kreise. Jean Daniélou, ein Jesuit und Experte für jüdischchristliche Theologie, stellt darin eine eindeutige Zuneigung für diese Seite im Geheimnis des Geistes fest und zitiert dazu die Erfahrung von Elxaï, einer der führenden spirituellen Gestalten der jüdischchristlichen Heterodoxie jener Zeit: »Elxaï hatte in einer Vision ein Buch erhalten. Ein Engel hatte es ihm gegeben. Dieser war unermess-

a *Études sur le livre de la Sagesse*, Paris, J. Gabalda et Cie, 1969, S. 411.
b *Der Heilige Geist, op. cit.*, S. 26 f., 426.

lich groß, sechsundneunzig Meilen hoch: ›Er war von einem weiblichen Wesen begleitet, deren Größe dem eben Gesagten entsprach. Das männliche Wesen war der Gottessohn, das weibliche hieß Heiliger Geist‹ (*Elench.*, IX,13). [...] Im jüdisch-christlichen Kontext befinden wir uns hier in unmittelbarer Nachbarschaft mit dem *Petrusevangelium* oder mit *Hermas*. Auf die meisten Züge, die wir hier finden, sind wir ja bereits gestoßen: die gigantische Größe der Engel, der Gottessohn und der Heilige Geist in Form von zwei Engeln, der weibliche Charakter des Geistes.«[a] In den *Oden Salomos*, deren Entstehung zwischen dem Ende des ersten und dem Beginn des zweiten Jahrhunderts angesiedelt werden kann, spielt der Heilige Geist eine Rolle ersten Ranges. Der Dominikaner Dominique Cerbelaud stellt fest, dass dem Heiligen Geist und dem Vater darin weibliche und mütterliche Analogien zugeschrieben werden: »Es könnte sein, dass hier eine uralte ›Theo-lyrik‹ zum Vorschein kommt, die später von der massiven Kanonisierung männlicher Bilder bis zum völligen Vergessen verdrängt wurde. So zählt denn die Trinität ... zwei weibliche Personen: der Vater, der trotz seines Namens alle Eigenschaften einer Mutter besitzt; und der Heilige Geist, der als eine Art ›Hebamme‹ erscheint. [...] Vom Geist weiß man, dass er in den semitischen Sprachen, und insbesondere im Syrischen, weiblich ist. Die Verschwommenheit dieser Figur, ihr ›intuitiver‹ Charakter (sowohl innerlich wie auch ›über alle Grenzen hinaus‹): all das trägt zu jener weiblichen Prägung bei. [...] Die Frage nach dem ›Weiblichen in Gott‹ ist immer wieder aufgeworfen worden und ist heute durch die Diskussion um das institutionelle Funktionieren der Kirche neu aktuell geworden. Ist damit die Zeit nicht gekommen, diesen Aspekt des Geheimnisses wieder in den theologischen Diskurs aufzunehmen? In diesem Zusammenhang könnten sich die *Oden Salomos* und andere uralte Texte aus unserer Tradition sehr wohl als überraschend modern erweisen...«[b] Auch Olivier Clément hebt in einer Reflexion über das Diakonat in der christlichen Tradition des 3. Jahrhunderts die Spur einer ähnlichen Sensibilität hervor: »Die Didaskalia [der Apostel] notiert dazu etwas sehr Wichtiges: ›Der Diakon nimmt die Stelle Christi ein, und ihr sollt ihn lieb haben. So sollt ihr auch die Diakoninnen an der Stelle des Heiligen Geistes ehren.‹ Diese Erklärung

---

a *Théologie du judéo-christianisme*, Paris, Desclée de Brouwer, 1958, S. 77.
b »Un Dieu d'eau et de vent, l'Esprit Saint dans les Odes de Salomon«, in: *La vie spirituelle*, Nr. 710, Mai-Juni 1994, S. 318–319.

fasst die Tradition sehr klar zusammen: der Mann ist von Natur aus mit dem Wort verbunden, die Frau mit dem Heiligen Geist.«[a]

Wie Dominique Cerbelaud unterstreicht, ist der Sinn dafür in der Theologie schließlich verloren gegangen. Im Zuge des patriarchalen Einflusses kam es zu einer »massiven Kanonisierung männlicher Bilder«, die selbst im Zusammenhang mit der Person des Heiligen Geistes zu einer ausschließlichen Verwendung männlicher Analogien geführt hat[102]. Doch schon allein die Tatsache, dass dem nicht immer so war, zeigt vorerst, dass die Aufnahme weiblicher Analogien in die Sprache der Theologie möglich ist und dass unter den seltenen Anregungen, die mit einem ausgewogenen trinitarischen Glauben[103] wirklich vereinbar sind, diejenige sich auf die solidesten Grundlagen in der Bibel und in der christlichen Tradition stützen kann, die uns einlädt, weibliche Analogien im Zusammenhang mit dem Heiligen Geist zu verwenden. Im Sinne der christlichen Tradition erkennt auch der Theologe Sergei Bulgakow im Heiligen Geist die »Hypostase der Schönheit«[b]: Für ihn »verfügt der Heilige Geist über die unbesiegbare Kraft der Schönheit.«[c] Paul Evdokimov teilt diese Überzeugung ebenfalls und entdeckt denselben Gedanken auch bei Fjodor Dostojewski: »Die Dritte Person der Trinität offenbart sich als der Geist der Schönheit. Dostojewski hat dies gut verstanden: ›Der Heilige Geist‹, so meint dieser, ›ist direkte Wahrnehmung der Schönheit.‹«[d] Für die Bibel ist diese göttliche Schönheit nun aber das Eigentliche der Weisheit, für sie ist die Weisheit die eigentliche Quelle der Schönheit, sie, die sich so vielfältig in menschlichen Erfahrungen widerspiegelt – innere Schönheit, aber auch äußere Schönheit beim Betrachten der Welt, einer Welt, in der die Schönheit der Frau im Übrigen einen ganz besonderen Platz hat[104]. »Wenn sie diese, entzückt über ihre Schönheit, als Götter ansahen, dann hätten sie auch erkennen sollen, wie viel besser ihr Gebieter ist; denn der Urheber der Schönheit hat sie geschaffen.«[e] Ja, Salomo geht gar so weit, dass er ausruft: »[Die Weisheit] ist schöner als die Sonne und übertrifft jedes Sternbild [...]; ich suchte sie als Braut heimzuführen und fand Gefallen an ihrer Schönheit.«[f]

a »Paul Evdokimov, témoin de la beauté de Dieu«, in: *Contacts, op. cit.*, S. 76.
b *Le Paraclet*, Paris, Aubier, 1946, S. 194.
c *Ibd.*, S. 269.
d *L'art de l'icône, théologie de la beauté*, Paris, Desclée de Brouwer, 1972, S. 12.
e Weisheit, Kapitel 13, Vers 3.
f Weisheit, Kapitel 7, Vers 29, und Kapitel 8, Vers 2.

Auf dem Weg zu einer intimen Beziehung
zwischen Gott und Mensch

Wenn wir uns vor dem meist unbewussten Einfluss der verschiedenen kulturellen, psychologischen und manchmal auch theologischen Bedingtheiten hüten, die uns daran hindern, jene verkannten Seiten eines Gottes wahrzunehmen, der auch zärtliche Liebe sein kann, so gibt uns dies die Möglichkeit, im christlichen Geheimnis der Trinität voller Staunen die Quelle und den letztgültigen und transzendenten Ausdruck der vielen Seiten des Geheimnisses der Liebe zu entdecken oder wiederzuentdecken: Die Liebe eines Vaters, die Liebe einer Mutter, eines Bräutigams, einer Braut, eines Bruders, einer Schwester, eines Freundes, einer Freundin[a] werden zu möglichen Analogien und sogar zu indirekten irdischen Widerspiegelungen einer göttlichen Liebe, die noch weit größer ist als alles, was ein Mensch zu glauben wagen könnte[105].

Wenn sich alle Facetten der Liebe dabei als lebendig erweisen und in Gott und mit Gott Wirklichkeit werden können, so wird diese theologische Vorstellung sowohl Menschen ansprechen, die sich als ungläubig betrachten, wie auch solche, die sich schon bewusst auf den Weg eines inneren Lebens gemacht haben: Für Erstere ist sie mehr ein Aufruf, sich ihre Fragen anders zu stellen und nicht mehr von den einengenden Gottesvorstellungen auszugehen, die ihnen in ihrer Jugend eingetrichtert oder später von den Karikaturen ihres kulturellen Umfeldes vermittelt wurden. Für die anderen ist es mehr ein Aufruf, diesen Gott nicht daran zu hindern, sie auf dem Weg zu einer intimen Liebe mit ihm noch weiter zu führen und ihnen seine göttliche Liebe unter dem Vorzeichen und in der Weise zu schenken, die er – nach Kriterien, die letztlich nur ihm bekannt sind (ihre persönliche Vorgeschichte, ihre verborgenen Verletzungen, ihr psychisches Profil, ihre Geschlechtsidentität usw.[106]) – für die angemessensten hält. Dies zeigt deutlich, dass der Beginn eines spirituellen Lebens keineswegs mit einer Form kindlicher Regression gleichzusetzen ist, wie dies gewisse psychoanalytische Strömungen versucht haben, die von einer auf das Bild des Vaters reduzierten Gottesvorstellung ausgingen. Dabei haben sie dieses Vaterbild erst noch mit den psychologischen Eigenschaften eines menschlichen Vaters versehen. Die Aufnahme einer persönlichen

---

a Für jede dieser Facetten siehe je Psalm 103,13; Jesaja 66,13; Hosea 2,21–22; Weisheit 8,2 und 16; Hebräer 2,11–18; Sprichwörter 7,4; Johannes 15,15; Weisheit 1,6.

Beziehung zum »Vater«, aber auch – wie Irenäus von Lyon gern ergänzte – zum »Wort-Sohn« und zur »Weisheit-Geist«[a][107], ist vielmehr mit dem Beginn einer spirituell wie psychologisch erwachsenen gegenseitigen Liebesbeziehung zu vergleichen.

Der gewagteste und ergreifendste Ausdruck dieser Liebe ist in der Schrift zweifelsohne das Hohelied. Dieses von Erotik getönte Liebeslied wurde ursprünglich zur Verherrlichung der Liebe zwischen Mann und Frau geschrieben. Dass es dann in die Bibel aufgenommen wurde, ist aber keineswegs ein Zufall und hat eine ganz besondere symbolische Bewandtnis. Die Bibel will ja vor allem der Ort sein, wo sich zugleich das Geheimnis Gottes an sich zeigt, das Geheimnis des Bundes mit seinem Volk und dann mit jedem Menschen, das Geheimnis des irdischen Lebens und seiner letzten Bestimmung.

Nun bleibt das Hohelied zwar eine Hommage an die Größe und Schönheit menschlicher Liebe, verweist aber zugleich darauf, dass diese drei Geheimnisse letztlich identisch sind: das tiefste Wesen Gottes als Geheimnis der Liebe mit dessen innergöttlichen Liebesbeziehungen[108], die dann auch den Menschen offen stehen[b]; das tiefste Wesen von Gottes Bund mit seinem Volk und dann mit jedem Menschen als gegenseitige Liebe zwischen Gott und Mensch[c]; das tiefste Wesen des irdischen Lebens als ständiges Erlernen der Liebe, um bis in die Ewigkeit mit Gott in größtmöglicher gegenseitiger Liebe leben zu können[d]. Dieses Gedicht an die absolute Liebe privilegiert keinen

a »Denn immer ist bei [Gott] das Wort und die Weisheit, der Sohn und der Geist.« (*Des heiligen Irenäus fünf Bücher gegen die Häresien*, aus dem Griechischen übersetzt von E. Klebba, Bibliothek der Kirchenväter, 1. Reihe, Band 3, München, 1912, IV. Buch, 20. Kapitel, 1. Abschnitt.) Siehe dazu auch II 30,9; III 24,2 und IV 7,4.

b »Gott ist Liebe« (1. Johannesbrief, Kapitel 4, Verse 8 und 16) und: »Ich habe ihnen deinen Namen bekannt gemacht und werde ihn bekannt machen, damit die Liebe, mit der du mich geliebt hast, in ihnen ist und damit ich in ihnen bin« (Johannesevangelium, Kapitel 17, Vers 26).

c »Du sollst den Herrn, deinen Gott, lieben mit ganzem Herzen, mit ganzer Seele und mit all deinen Gedanken« (Matthäusevangelium, Kapitel 22, Vers 27) und: »Wie mich der Vater geliebt hat, so habe auch ich euch geliebt. Bleibt in meiner Liebe. [...] Bleibt in mir, dann bleibe ich in euch« (Johannesevangelium, Kapitel 15, Verse 9 und 4).

d »[...] Er [Gott] hat uns erwählt vor der Erschaffung der Welt, damit wir heilig und untadelig leben vor Gott« (Epheserbrief, Kapitel 1, Vers 4) und: »Denn ich bin gewiss: Weder Tod noch Leben, [...], weder Gegenwärtiges noch Zukünftiges [...], noch irgendeine andere Kreatur können uns scheiden von der Liebe Gottes, die in Christus Jesus ist, unserem Herrn« (Römerbrief, Kapitel 8, Verse 38 und 39).

dieser allegorischen Schlüssel zum Verständnis seiner Dimensionen und umfasst sie damit alle. In der christlich-mystischen Tradition sind dazu in der Folge zahlreiche Kommentare entstanden[109], die das Thema einer gegenseitigen Liebe zwischen Gott und Mensch damit veranschaulichen, dass sie die Rolle des Mannes Gott und im Besonderen Christus zuschreiben, und die Rolle der Frau der Menschheit und im Besonderen der individuellen Seele. Das Streben der Frau im Hohelied auf der Suche nach ihrem Geliebten wird hier mit den verschiedenen Stadien eines spirituellen Lebens verglichen, das ganz auf eine völlige Vereinigung mit Gott hin gerichtet ist – eine Suche, deren Beschreibung bei Johannes vom Kreuz ihren Höhepunkt an spirituellem Scharfsinn und Unterscheidungsvermögen erreicht. Denen, die nicht mehr von einer ausschließlich männlichen Gottesvorstellung abhängig wären, erlaubt das Fehlen eines allegorischen Schlüssels auch, die Frau im Hohelied mit der göttlichen Weisheit gleichzusetzen, und dies umso eher, als das Hohelied ja zur Weisheitsliteratur gehört, – wo die Weisheit Gottes Gegenwart darstellt, – und nicht zur prophetischen Literatur, – wo Gott regelmäßig mit einem Bräutigam verglichen wird. Weiter wird ja Salomo symbolisch als der Autor des Hohelieds betrachtet, derselbe, dem auch das Buch der Weisheit zugeschrieben wird, in dem die göttliche Gegenwart als die ideale Gattin beschrieben wird: »Die Ehe der göttlichen Weisheit mit dem Menschen als ihrem Gatten besingt auf einer neuen Melodie, was Hosea als Ehe zwischen Jahwe-Gott und dem Volk Israel als seiner Gattin besungen hatte.«[a 110] Diese Deutung hätte im Übrigen auch den Vorteil, dass sie der biblischen Geschichte entspricht: Hier macht sich ja meist nicht der Mensch auf die Suche nach Gott, sondern es ist vielmehr Gott – selbst wenn er immer wieder unverstanden bleibt und abgelehnt wird –, der unablässig den Menschen zu erreichen sucht, ihm seine Liebe anbietet und ihn einlädt, diese anzunehmen[111]. Wenn auch keine der möglichen Interpretationen des Hohelieds von sich behaupten kann, seinem Inhalt durchweg und in allen Punkten zu entsprechen, so stellen doch die verschiedenen, aber keineswegs gegensätzlichen Ansätze schließlich eine ergreifende Würdigung seiner symbolischen Fähigkeit dar, die zahlreichen Facetten des Geheimnisses der Liebe mit ihrer Verwirklichung in einer intimen Liebe zwischen Gott und Mensch zu verbinden. Die christliche Mystik erkennt darin den letztgültigen Sinn der Liebesworte und der Liebesge-

a Pierre-Émile Bonnard, *La Sagesse en Personne, op. cit.*, S. 118.

bärden, die auf Erden ausgetauscht werden, nämlich den Sinn eines ständigen Erlernens der Liebe, um eines Tages die größtmögliche und schönste Einheit mit Gott leben zu können. Die Schönheit und Intensität dieser Liebe erweist sich als untrennbar mit Gottes Zärtlichkeit verbunden. Und wenn unser Blick sich nach und nach von gewissen kulturellen und psychologischen Vorurteilen einmal befreit hat, so erscheint sie uns noch viel größer, größer als alles, was der Mensch sich je hätte träumen lassen.

Epilog: Ein Liebesleben zwischen Gott und Mensch

als letzter Sinn der Liebe, als letzter Sinn des Lebens

Jeder Mensch, der auch nur einmal in seinem Leben das Wunder einer authentischen Liebe erfahren hat, wird darüber nicht erstaunt sein, dass das Hohelied unzählige Menschen berührt – Gläubige wie Ungläubige –, denn sie sind durch ihre eigene Liebeserfahrung zur Vorahnung einer Wirklichkeit gekommen, die alle anderen Dimensionen ihres Lebens übersteigt und die nicht auf eine bloß biologische Anziehungskraft reduziert oder aus einer ausschließlich materialistischen Sicht menschlicher Existenz verstanden werden kann[112]. »Wahre Liebe hat etwas ewig Adoleszentes an sich. [...] Sie stellt oft eine spirituelle Erfahrung ›im Rohzustand‹ dar, eine Vorahnung von Einheit in der Verschiedenheit, eine leidenschaftliche Sehnsucht, dass der andere existieren, ja über den Tod hinaus existieren möge«, so merkt Olivier Clément an[a], wie wenn zwei wahrhaft verliebte Menschen, oftmals auch ohne ihr Wissen, mit dem Absoluten in Kontakt wären: »Wenn das Hohelied ein Liebeslied ist – über die Liebe, die sich hingibt, wie auch über die sinnlich-erotische Liebe –, ein Liebeslied, das die Vereinigung Gottes und der Seele symbolisiert, so deshalb, weil menschliche Liebe, sowohl in ihrer Hingabe wie auch in ihrem Verlangen, etwas mit Gott zu tun hat, und weil sie für viele eine der wenigen mystischen Erfahrungen bleibt, die ihnen auf Erden zu machen vergönnt ist. [...] Viele Menschen [...] könnten im Licht einer Theologie der leidenschaftlichen Liebe verstehen, dass sie vielleicht gerade durch diese Leidenschaft selbst der Suche nach dem Absoluten hingegeben waren. Das wissen und respektieren die wahrhaft spirituellen Menschen.«[b 113]

Mehr noch als diesen engen Zusammenhang zwischen dem Geheimnis der Liebe und dem Geheimnis Gottes sieht die christliche Mystik im Hohelied das Symbol der gegenseitigen Liebe zwischen Gott und Mensch, in welcher sich der letzte Sinn irdischer Liebe und der letzte Sinn des Lebens überhaupt offenbaren. Aus dieser Sicht ist

a *Corps de mort et de gloire, op. cit.*, S. 83–84.
b *Ibd.*, S. 84 und 79.

die ganze Schöpfung, die gesamte Evolution vom Anbeginn des Universums an nur dazu gewollt und dahin geleitet worden, dass nach und nach ein Lebewesen mit einem Bewusstsein entstehen kann, das eines Tages fähig würde, mit Gott in gegenseitiger Liebe zu leben. Aus dieser Sicht besteht der letzte Sinn des Lebens für den Menschen im Erlernen der Liebe, im Entwickeln seiner Fähigkeit, Liebe zu schenken und zu empfangen, um einst in einer so intensiven und schönen Vereinigung wie möglich mit Gott zu leben. Jede Geste und jedes Wort der Liebe, die im Rahmen eines Lebens als Paar, einer Beziehung als Eltern, einer geschwisterlichen Verbindung, einer Freundschaft oder jeder anderen Art zwischenmenschlicher Beziehung ausgetauscht wird, jede Geste und jedes Wort der Liebe, die im alltäglichen Leben gegeben oder entgegengenommen werden, erhalten so einen unermesslichen Wert: Diese Gesten und Worte bestärken in uns oder in den uns nahestehenden Menschen das Vertrauen, geliebt zu sein, und die Fähigkeit zu lieben. Und dies wird sich für jede und jeden auf sein gegenwärtiges Glücksgefühl, aber auch auf seine gegenwärtige oder zukünftige Beziehung zu Gott auswirken.

Diese Entsprechung einer Liebe zwischen Menschen und der Liebe zwischen Gott und Mensch, die jeder in seinem Herzen erfahren kann, diese Entsprechung zwischen dem Glück, das wir heute unseren Lieben schenken dürfen, und deren zukünftigem Glück in der Ewigkeit bei Gott[114], bildet eines der wertvollsten Geschenke der christlichen Mystik an jede authentische Liebe und insbesondere an ein Leben als Paar: Sie macht nicht nur eine Entsprechung zwischen Alltagsleben und spiritueller Suche und insbesondere eine Versöhnung zwischen erotischer Leidenschaft und mystischer Sehnsucht möglich, sondern sie schenkt vor allem dem Leben und der Liebe einen so erhabenen Sinn[115], dass dieser jedem Menschen zu einer starken Motivation wird[116] und so dem natürlichen Trieb zu Hilfe kommen kann. Denn der Trieb allein kann die Liebe kaum über längere Zeit erhalten oder gar verstärken. Dieser Sinn und diese Motivation helfen, dass das, was wirklich wesentlich ist, innerlich immer wieder neu werden kann. Ohne ein solches Neuwerden müsste aber selbst eine voll entfaltete Liebe zusehen, wie die Zeit als fürchterlicher Erosionsfaktor die Gefühle nach und nach verblassen lässt. Dadurch, dass man diesen letztgültigen Sinn der Liebe verinnerlicht, gibt man sich Tag für Tag die Möglichkeit, in ganz konkreten Situationen jene ernste und wunderbare Entscheidung zu erneuern, das Glück der geliebten Person zu verwirklichen. Solange man innerlich für den uner-

messlichen Wert eines jeden Wortes und einer jeden Geste der Liebe
aufmerksam bleibt, wird man darauf achten, sich vor jeder neuen
Begegnung[117] die beiden Fragen zu stellen, die am besten dazu helfen
können, sich jederzeit bewusst zu bleiben, wie wesentlich es ist, die
geliebte Person unserer Liebe zu versichern: »Welches Wort oder welche Geste wird am besten dazu beitragen, sie in ihrem Vertrauen zu
bestärken, dass sie wahrhaft geliebt ist? Welches Wort oder welche
Geste wird am besten dazu beitragen, dass ihre und meine Fähigkeit
zu lieben noch weiter wachsen können?« Wer sich im täglichen Leben
von solchen Fragen wie von einem inneren »Leitmotiv« führen lässt –
und dies wirklich gegenseitig[118] –, der verwandelt die Zeit: Das Gesicht dieses Feindes, der sonst alle Gefühle verblassen lässt, wandelt
sich nun in das eines wahren Verbündeten. Diese kontinuierliche Erneuerung des Wesentlichen[119] kann nur über eine längere Zeit hin
entstehen und wird für die gegenseitige Liebe zu einem Geschenk, das
es möglich macht, dass sie Tag für Tag ihr Höchstmaß an Intensität
erreichen kann.

So lädt eine vom Hohelied genährte christliche Mystik dazu ein, in
der menschlichen Liebe – wo diese gut gelebt und immer wieder erneuert wird – eine beachtliche Vorbereitung auf jene gegenseitige
Liebe zwischen Gott und Mensch zu erkennen, zu der jeder Mensch
geschaffen ist. Sie lässt einen aber auch entdecken, welche Hilfe ein
gut entwickeltes inneres Leben für die menschliche Liebe werden
kann. Dies hauptsächlich darum, weil ein inneres Leben von Natur
aus darin besteht, in einer liebenden Beziehung mit Gott zu leben.
Somit verbindet uns dieses innere Leben mit einer zusätzlichen Quelle
der Liebe – und nicht mit irgendeiner Quelle, sondern mit der allerhöchsten Quelle der Liebe überhaupt. Mehr als jede andere ist sie
dazu in der Lage, die innere Heilung der versteckten Verletzungen
eines jeden Menschen in Gang zu bringen. So wird sie zur Antwort
auf des Menschen innigste Sehnsucht und kann die Tiefen seines
Wesens dort berühren, wo niemand anderes hingelangen kann. Wer
diese göttliche Liebe annimmt und die Möglichkeit wahrnimmt, jede
Enttäuschung sogleich Gott anzuvertrauen, der weiß, wo er sein Herz
zur Ruhe kommen lassen kann, wenn ein ruhiges Gespräch mit dem
anderen noch nicht möglich ist. Er lässt nicht zu, dass sich ein inneres
Unbehagen ausweitet und »Zeitbomben« entstehen lässt. »Zeitbomben« finden nämlich weder den Ton noch den richtigen Moment für
ein besseres gegenseitiges Verstehen. Was ebenfalls zu einem besseren
gegenseitigen Verstehen hilft, ist die Entdeckung und die Annahme

des wohlwollenden Blicks, den ein Gott der Liebe auf die versteckten Verletzungen des Menschen wirft, um sie zu heilen. Eine solche Entdeckung lädt einen jeden dazu ein, seine eigenen Verletzungen ebenfalls wohlwollend anzuschauen und so dann auch die Verletzungen, die vielleicht sein Gegenüber zu einer negativen Reaktion verleitet haben[120].

Dank einem gut entwickelten inneren Leben kann uns das gegenseitige Verständnis auch bei der Wahrnehmung jenes Geheimnisses, das jedes menschliche Herz darstellt – das eigene wie auch das der geliebten Person –, ein großes Stück weiterbringen. Die Tatsache, dass man selbst mit Gott in einer gegenseitigen göttlichen und menschlichen Liebesbeziehung lebt, wird einen immer wieder daran erinnern, dass jedes Herz daraufhin geschaffen wurde, letztlich in unendlicher Liebe mit Gott zu leben. Wenn wir erkennen, dass die unendliche Sehnsucht, geliebt zu werden und zu lieben, in dieser Bestimmung ihren Ursprung und ihren Sinn findet, wenn wir erkennen, dass nur der Gott der Liebe eines Tages die vollkommene Antwort auf diese Sehnsucht wird geben können, so können wir auch positiver und dynamischer auf die Diskrepanz zwischen unserer alltäglichen Wirklichkeit und dem Ideal der Liebe reagieren, das ein jeder in sich trägt. Und können wir diese Kluft einmal in konstruktiver Weise akzeptieren, so wird es uns helfen, uns damit und mit dem Gefühl von Mangel und Einsamkeit, die selbst in der glücklichsten Paarbeziehung vorhanden sind, schon ein Stück weit zu versöhnen. Dieser Mangel hängt ja unausweichlich mit dem unglaublichen Geheimnis zusammen, dass die letzte Bestimmung eines jeden Menschen nicht auf die Ebene dieser Welt beschränkt bleibt. Damit können wir dann auch besser verstehen, dass das wirkliche Ziel nicht darin bestehen kann, dieses Ideal hier auf Erden zu erreichen. Vielmehr geht es darum, sich dem Ideal trotz der Schwächen und Grenzen, die zum Menschen von Natur aus gehören, ein Stück weit anzunähern und sich dabei über jeden Fortschritt auf dem Weg des Wachstums in der gegenseitigen Liebe freuen zu lernen, so unbedeutend und banal er auch erscheinen mag. Denn auch der kleinste Fortschritt hat in den Augen Gottes schon einen riesigen Wert. Als Schöpfer ist er ja am besten in der Lage, die Komplexität der Faktoren und die Zahl der Hindernisse auf dem Weg zum gemeinsamen Erlernen der Liebe zu kennen[121]. Das Wissen um den letztendlichen Grund der unvermeidlichen Diskrepanz zwischen Alltagswirklichkeit und dem Liebesideal, das wir alle in uns tragen, ermöglicht nicht nur eine konstruktive

Zustimmung dazu, sondern es lädt uns auch ein, noch viel besser auf die Sehnsucht nach Liebe im Herzen des Gegenübers einzugehen. Die Erkenntnis, dass in jedem Menschen ein Durst nach absoluter, unendlicher, göttlicher Liebe da ist, ist ein leidenschaftlicher Appell, die Gegenwart und die Kraft dieser Sehnsucht nach Liebe niemals zu unterschätzen, selbst bei denen nicht, die ihre Sehnsucht dauernd hinter Fassaden verstecken. Wer sich innewird, wie sehr das Herz des Menschen darauf angewiesen ist, immer wieder versichert zu werden, dass es geliebt ist, der wird lernen, nie mehr mit Worten der Liebe zu geizen. Er wird auch die Sprache des Körpers nicht mehr vernachlässigen, die – besonders in der erotischen Leidenschaft – mit Gesten der Liebe das Vertrauen stärken kann, dass man geliebt wird[122]. Und er wird schlussendlich verstehen, dass jedes Wort und jede Geste der Liebe es verdienen, bis zum letzten Atemzug ausgekostet zu werden[123], nicht nur im Hinblick auf das gegenwärtige Glück eines jeden Menschen, sondern ebenso im Hinblick auf sein zukünftiges Glück mit einem Gott, der nichts anderes möchte, als den Menschen intensiv zu lieben und intensiv von dessen menschlichem Herzen, wie es dann geworden ist, geliebt zu werden.

Die christliche Mystik lädt also jeden Menschen ein – egal in welcher Lebenslage er sich befindet oder auf welche Vergangenheit er zurückblickt –, sich heute schon mit seinem Herzen, so wie es gerade ist, auf diese gegenseitige Liebe zwischen Gott und Mensch einzulassen. Doch sie hat auch – und dies ist eine bedeutsame Tatsache in der spirituellen Geschichte der Menschheit – Lebensformen wie die sogenannten »religiösen« Berufungen entwickelt, in denen die gegenseitige Liebe mit Gott nicht nur den ersten, sondern einen exklusiven Platz einnimmt. Auch hier erweist sich die Entsprechung zwischen der Liebe unter Menschen und der Liebe zwischen Gott und Mensch, auf welche die Symbolik des Hoheliedes anspielt, als erhellende Korrektur für viele Vorurteile über diese Lebensformen. Sie zeigt nämlich auf, dass die monastische Berufung – um nur die radikalste Form solcher Lebensformen zu erwähnen – zwei absolut grundlegende Punkte mit der Berufung zur Ehe gemeinsam hat: Erstens wird auch sie von einer gegenseitigen Liebe bestimmt, indem sich der Mönch nämlich innerlich darauf ausrichtet, die ständige göttliche Gegenwart an seiner Seite ernst zu nehmen, ihre Liebe zu empfangen und sie im Gegenzug mit allen Fasern seines Wesens zu erwidern. Zweitens besteht auch für ihn die Herausforderung, sich jeden Tag neu auf das Wesentliche einzulassen. Auch für ihn ist es wesentlich, darauf zu vertrauen, dass er geliebt wird und dass er fähig ist zu lieben, damit er dauerhaft in einer Intimität mit Gott leben kann, die Tag für Tag noch intensiver und vollkommener werden soll. Auch für ihn hängt die wesentliche Quelle seiner Entfaltung und seines Glücks an diesem Vertrauen und an der Überzeugung, dass er wirklich geliebt wird und dass er fähig ist, sein geliebtes Gegenüber innig glücklich zu machen.

Dieses Vertrauen kann sich im Rahmen einer monastischen Berufung sogar zu höchsten Höhen aufschwingen, wenn es täglich auf die zwei versteckten Kräfte achtet, welche die Liebe zwischen Gott und Mensch sich entfalten lassen können. Die erste besteht darin, sich innerlich immer wieder daran zu erinnern, dass diese göttliche Gegenwart in jedem Moment eine unendliche Liebe schenken kann, denn sie ist ja die höchste Quelle der Liebe, die den Menschen geschaffen, ihn das Lieben gelehrt hat und als dessen höchste Quelle in der Lage ist, ihm eine noch größere Liebe zu schenken, als es der am stärksten liebende Mensch auf Erden tun könnte. Die zweite dieser Kräfte besteht darin, sich auch stetig in Erinnerung zu rufen, dass diese göttliche Gegenwart mit ihrer Fähigkeit, das Herz des Menschen und dessen Gefühle zu erforschen und zu kennen, in der Lage ist, die Liebe, die ihr von diesem Menschenherzen entgegenkommt, in ihrer ganzen Intensität entgegenzunehmen. Letzteres verdient es, ganz besonders hervorgehoben zu werden, denn es gibt für den liebenden Menschen wohl kein größeres Glück als die innere Gewissheit, dass die geliebte Person um die Größe seiner Liebe weiß[124]; und es gibt kaum eine größere Ermutigung dazu, in seiner Liebe immer weiterzuwachsen, als zu wissen, wie sehr die geliebte Person unsere Liebe wahrnimmt, anerkennt, annimmt, versteht und auch genießt. Das lebendige Bewusstsein, dass in Gottes Herz die Sehnsucht lebt, selbst intensiv geliebt zu werden[a], das Bewusstsein, dass niemand für Zeichen der Liebe zugänglicher sein könnte als er, der selbst die Quelle der Liebe ist, und das Bewusstsein, dass solche an Gott gerichtete Zeichen der Liebe selbst bei vielen religiösen Praktiken sehr selten sind, all das trägt bei zum Glück des Mönchs, der weiß, dass diese geheimnisvolle göttliche Gegenwart die intensive Liebe kennt, die er ihr entgegenbringt.

Die Symbolik des Hoheliedes feiert das Liebesleben von Gott und Mensch, die Größe der menschlichen Liebe, die darin sichtbar wird, und ihre geheimnisvolle Entsprechung zu Gottes eigener Liebe. Sie

---

a Vgl. das Kapitel »Ein Gott, der geliebt werden möchte« in Teil III dieses Buches.

ADDENDUM

Vor dem letzten Abschnitt des Epilogs – der mit den Worten anfängt: »Die Symbolik des Hoheliedes feiert das Liebesleben von Gott und Mensch« – ist Seite 134 folgender Abschnitt hinzuzufügen:

Wer immer sich bewusst macht, dass in Gott selbst die Sehnsucht lebt, vom Menschen intensiv geliebt zu werden, und wer dabei nicht vergisst, dass auch Gott den Menschen intensiv lieben möchte, der kann die ganz besondere Schönheit einer monastischen Berufung erahnen, bis hin zu den konkreten Auswirkungen, die eine solche Berufung für das Leben in einer intimen gegenseitigen Liebe zwischen Gott und Mensch mit sich bringt: Wer in einer menschlichen Beziehung schon eine starke Liebe erfährt und wer alles nur von Gott allein erwartet, wird den Durst, von Gott geliebt zu werden, nicht auf dieselbe Weise empfinden und ausdrücken; wer sein Intimstes schon einem anderen Menschen schenkt und wer es nur Gott allein schenkt, wird seinen Durst, Gott zu lieben, ebenfalls nicht auf dieselbe Weise empfinden und ausdrücken[125]. Das Vertrauen darauf, dass eine Entsprechung besteht zwischen der Art, wie Menschen und der Art, wie Gott Liebe erwarten und schenken[a], das Vertrauen in Gottes glühendes Verlangen, geliebt zu werden, und in die Fähigkeit dieser göttlichen Gegenwart, die Liebe, die man ihr entgegenbringt, in ihrer ganzen Intensität zu kennen, all das wird im Mönch zur Motivation und zur Berufung, sein ganzes Menschsein, seine Sensibilität, seine Gefühle, seine sexuelle Identität, seine Art, Liebe zu erhoffen und zu schenken, so gut wie nur möglich in die gegenseitige Liebe mit Gott zu integrieren[126]. So kann sich sein ganzes Wesen, bis hin zu seiner intimsten Sehnsucht zu lieben und geliebt zu werden, zu einer Sprache der Liebe zu Gott verklären. Darin kann sich auch der intensive Trieb entfalten, den wir als »Eros« bezeichnen[127], der in jedem Menschen wohnt, und dessen machtvolle Gegenwart indirekt des Menschen wahre Identität und somit letzte Bestimmung offenbart[128]: »Wir sollten Gott mit der ganzen Kraft des Eros lieben«, schreibt Olivier Clément. »Johannes Klimakos pflegte zu sagen, wir sollten Gott so lieben wie man seine Geliebte oder seine Ehefrau liebt. Derart gebrannt wird der Mönch zu einem ›apostolischen Mann‹: Er hat das Recht, von Gott zu sprechen, weil er ihn aus seinem ganzen Wesen heraus kennt. Er wird von Gott nicht wie ein Zimmer- oder Büchertheologe sprechen, sondern wie einer, von dem man sagen kann: ›Weil er das reine Gebet kennt, ist er auch wahrhaft Theologe‹. Wenn er von Gott spricht, ist er wie ein Reisender, der von seinen Reisen erzählt. [...] Es ist lächerlich – das werden wir am Ende alle erkennen –, uns über Gottes Existenz zu streiten. Besser wäre es, aufmerksam auf die zu hören, die ihn aus Erfahrung kennen und an denen wir sehen, dass ein voller Glaube und die umfassende Kenntnis, die daraus erwächst, deren Menschsein nicht herabsetzt, sondern erhöht[b].«

---

[a] Vgl. das Kapitel »Wunderbar hast du mich gestaltet, wunderbar sind deine Werke« in Teil 3 dieses Buchs.

[b] *Questions sur l'homme*, Paris, Stock, 1972, S. 98-99.

beleuchtet den tiefsten Sinn des menschlichen Lebens im Licht der verkannten Liebe eines Gottes, den die in jedem Menschen wirkenden psychologischen Projektionen immer wieder entstellen. Das Benennen dieser teilweise unbewussten Prozesse wollte es möglich machen, nicht länger von diesen weitverbreiteten spontanen Gottesvorstellungen abhängig zu bleiben. Vor allem aber wollte es dazu einladen, eine Liebe zu erahnen, zu entdecken oder auch wiederzuentdecken, die größer ist, als wir gedacht hatten: die Liebe eines Gottes, der das Böse weder will noch zulässt, der die versteckten Verletzungen des menschlichen Herzens heilen möchte, der jede und jeden dazu einlädt, sich heute schon auf die gegenseitige Liebe mit einem Gott einzulassen, der nichts anderes möchte, als den Menschen mit all den vielen Seiten seiner göttlichen Zärtlichkeit zu umhüllen und so die gegenseitige Liebe zwischen Gott und Mensch zu ihrer intensivsten Vollkommenheit zu führen.

Anmerkungen

1 Wenn man den Begriff »Gottes Liebe« nicht mit dem Begriff »Allmacht« in Verbindung bringen möchte, um damit anzudeuten, dass eine beherrschende und erdrückende Liebe nicht wirklich Liebe wäre, so wäre dies gewiss verständlich und sehr lobenswert. Hängt aber ein derartiger Allmachtsbegriff nicht zu sehr noch mit der Projektion zusammen, von der hier die Rede ist, sodass man sich gar nicht vorstellen kann, dass Allmacht auch eine andere Bedeutung haben könnte, die dann mit dem, was Liebe ist, nicht mehr unvereinbar wäre?

2 In seinen geistlichen Schriften voll mystischer Intuition verortet Maurice Zundel den wahren Ursprung der Empörung, die uns Menschen angesichts des Bösen erfasst, im extremen, ja unendlichen Widerspruch zwischen dem Bösen – und sei es noch so klein – und der Existenz eines Gottes der Liebe. Daher jenes unheimliche Gefühl, das einen bei gewissen Extremformen des Bösen beschleichen kann, man habe es mit einer besonders finsteren, dunklen und beunruhigenden Wirklichkeit zu tun: »Nur weil Gott *ist*, trägt das Böse jenes monströse, unerträgliche, empörende Gesicht, wie die Vergewaltigung eines unendlichen Werts.« (*Je est un autre*, Sillery, Anne Signier, 1997, S. 40.)

3 Der Begriff des Zufalls wird hier philosophisch als Gegensatz zur Existenz eines göttlichen Vorhabens verwendet. Damit soll nicht abgestritten werden, dass es innerhalb dieses Vorhabens vielleicht auch rein zufällige Phänomene geben könnte. Es ist sehr wohl denkbar, dass ein Schöpfergott im Zusammenhang mit den komplexen Verflechtungen der zahllosen Schöpfungselemente, auch rein zufälligen Phänomenen freien Lauf lässt, sie aber dann nach und nach seinem wahren Ziel nutzbar zu machen weiß. Auch solche rein zufälligen Phänomene wären dann Teil seines andauernden Wirkens als Schöpfer. Auch würden sie bestens zum Wunsch passen, der allein dabei eines Gottes der Liebe würdig ist: sein Schöpfungswerk nämlich nicht durchzuführen, ohne allen möglichen Organismen, ja selbst der Materie, einen gewissen Freiraum oder ein Stück relativer Autonomie einzuräumen.

4 In einem Werk über die vielfältigen Zusammenhänge zwischen der Entstehung des Kosmos und des Lebens zeichnet der Jesuit Gustave Martelet auch die Geschichte der Atome nach: »Nach Aussage der Experten spielt sich alles Entscheidende in den drei ersten Minuten des Weltalls ab. [...] In diesen drei Minuten entstehen Wasserstoff und Helium. Die Entstehung der Atome hat damit begonnen. [...] Bei seiner Expansion kühlt sich [das Universum] ab. Die Temperaturen, welche die Entstehung der leichten Atome möglich gemacht hatten, genügten nun nicht mehr, um die schwereren Atome entstehen zu lassen, die nach der [Urknall]theorie aber ihrerseits entstehen ›mussten‹. Selbst wer jeden Zweckgedanken ausschließt, wird anerkennen müssen, dass im Lauf dieser Expansion die Entstehung von Galaxien und Sternen den Temperaturabsturz kompensiert hat, den diese Expansion durch Entspannung verursacht hat. Nur Sterne konnten solch fantastische Temperaturen von mehreren Milliarden Grad und den enormen Druck von zehn Millionen Gramm pro Quadratzentimeter sicherstellen – eine Lokomotive im Likörglas –, die es für die Synthese der Atome braucht, die so viel schwerer sind als jene leichten, die im Urknall entstanden. [...] Klar, dass solch wertvolle Gestirne auch nur in einer Apotheose enden können! Ihre tödliche Explosion sät im ganzen Weltall eine Menge von Elementen aus, die für das Leben nach und nach in unerwarteter, aber wirklich kreativer Weise von Nutzen sein werden. Dazu muss [...] im Sonnensystem der Planet Erde ganz viel ›Sonnenstaub‹ eingesammelt haben, wie Reeves diese von den

Sternen produzierten neuen Reichtümer nennt, wenn sie einmal in den Menschen eingegangen sind.« (*L'évolution et la création*, Paris, Cerf, 1998, S. 40, 42–43 und 45.)

5 Gerade die Launen und tastenden Versuche der Evolution sollten der Theologie eine Einladung sein, in diesem verheißungsvollen Potenzial nicht das Zeichen einer Schöpfung zu sehen, deren kleinstes Detail wie bei Voltaires Uhrmacher-Gott schon im Voraus geregelt worden wäre. Sie könnten vielmehr nahelegen, darin die Grundlagen einer Kreativität zu erkennen, die der Schöpfergott am besten geeignet fand, seinem Schöpfungswerk jenes Potenzial an Komplexität und Fruchtbarkeit zu verleihen, das, trotz der zahlreichen Sachzwänge beim Überschreiten der vielen unumgänglichen Komplexitätsschwellen, einen möglichst großen Freiraum schaffen und so ein Wesen hervorbringen könnte, das eines Tages in der Lage wäre, an seinem göttlichen Leben teilzuhaben.

6 Allen, die vom Menschen und der Schöpfung fast immer nur schlecht reden, sollte die Geschichte des Universums ein glühender Appell sein, die Dinge wieder ins richtige Verhältnis zu rücken und sich insbesondere daran zu erinnern, dass der Mensch aus einfachem Sternenstaub gemacht ist. Umso mehr werden sie dann darüber staunen, dass eine Evolution, die von so Wenigem ausging, so weit gelangen konnte. Diese Perspektive kann dann auch die weitverbreitete Meinung infrage stellen, wonach der Mensch im Vergleich zum unermesslichen Raum, der ihn umgibt, eigentlich zu vernachlässigen sei. Diese Meinung teilt jedenfalls der Astrophysiker Hubert Reeves überhaupt nicht: »Eine Bemerkung, die mir oft gemacht wird. Jedenfalls widerspreche ich stets lebhaft. Zunächst weil, auch wenn die Sterne sehr voluminös sind, doch ihr Organisationsgrad, verglichen mit dem kleinsten Waldveilchen, äußerst gering ist. Der Sternmechanismus ist einfach. Er verarbeitet riesige Energiemengen, geht aber insgesamt ganz undifferenziert mit ihnen um. Auf einer unendlich kleineren Energiebasis, aber integriert in ein höchst ausgeklügeltes Insgesamt biochemischer Zyklen knospt das Veilchen, blüht auf zu reizenden Blütchen und streut im weiten Umkreis die Samenkörner aus, die seine Fortpflanzung sicherstellen werden.« (*Woher nährt der Himmel seine Sterne?* Basel, Boston, Stuttgart, Birkhäuser, 1983, S. 162 f.) Doch die wundervolle Komplexität eines Waldveilchens ist nichts im Vergleich zu der des Menschen. Das hebt auch Gustave Martelet hervor: »Auch wenn uns angesichts des minimalen Platzes, den wir im Weltall an Raum und Zeit einnehmen, das reine Entsetzen packen mag, eines ist unbestreitbar: Die Hyperkomplexität schon eines jeden Lebewesens, umso mehr aber die der Wirbeltiere, Primaten und Menschen, ist gegenüber der quantitativen Unendlichkeit des Universums ein Adelstitel, der nicht zu vernachlässigen ist. Bleiben wir nur allein bei den Zahlen: Die siebzig Milliarden von Zellen, die den Körper eines erwachsenen Menschen von durchschnittlichem Gewicht bilden, sind schon rein zahlenmäßig auch nicht unbedeutend. Noch weniger sind es die Neuronen im menschlichen Gehirn. Nähme jede Zelle den Raum eines Sterns ein, so ergäbe dies ein Gebilde von über zweihunderttausend Lichtjahren: eine wahre Milchstraße an Neuronen! Natürlich sollten wir uns ob solcher Zahlen nichts vormachen. Sie können dem Menschen aber helfen, dank seiner organischen Komplexität, dem Schwindel etwas entgegenzusetzen, der ihn erfassen kann, wenn er an die Masse dessen denkt, was er nicht ist. Was er darstellt, gibt auch ihm die Möglichkeit und das Recht, in der Galerie der großen Zahlen seinen Platz einzunehmen.« (*L'évolution et la création*, op. cit., S. 176.) Schließlich müssten mit Nachdruck auch jene – nun aber wirklich unvergleichlichen – Seiten erwähnt werden, die nur dem Menschen eigen sind: sein Bewusstseinsgrad, seine Fähigkeit zu selbstbestimmten zwischenpersönlichen Be-

137

ziehungen und vor allem seine Fähigkeit, lieben zu lernen, sind davon nicht die geringsten.

7 So hängen zum Beispiel Erdbeben, Vulkanausbrüche, Tsunamis (deren Ursprung ja meist ebenfalls seismischer oder vulkanischer Natur ist) unentwirrbar mit den sehr hohen Temperaturen im Erdinnern und mit der Festigkeit der Erdkruste zusammen. Nun hängen aber diese Temperaturen mit der Radioaktivität bestimmter Atome zusammen, die unsere Erde zusammensetzen, und erst der Zustand der Erdkruste hat die Entwicklung komplexer Lebensformen möglich gemacht. Ohne unterschiedliche Atome und die ständig zunehmende Komplexität wäre das Auftreten des Menschen niemals möglich geworden. Bakterien haben von Beginn an zum Funktionieren des Lebens beigetragen und Viren bringen ein genetisches Material ein, das gewisse Zellen zwar schlecht ertragen, das aber – ebenfalls von Beginn des Lebens an – zur wachsenden Komplexität der zur Artenvielfalt notwendigen genetischen Veränderungen beiträgt. Dies sind nur einige der unentwirrbaren Zusammenhänge unter vielen anderen …

8 Die Phänomene, die den Menschen am gefährlichsten werden könnten, sind mit dem vergleichbar, was man in der Medizin »unerwünschte Nebenwirkungen« nennt. Ein Schöpfergott, der die Menschen liebt, kann sie zwar nicht ausdrücklich gewollt haben; wegen der Komplexität der evolutionären Verflechtungen, die für das Funktionieren des Lebens und seines Umfelds nötig sind, können sie leider aber trotzdem auftreten.

9 Unter den verbreitetsten Spekulationen sind vielleicht jene zu nennen, die unterstellen, Gott hätte den Menschen zwar auch in einem anderen Kontext erschaffen können, er hätte ihn aber bewusst verschiedenen Prüfungen und Leiden aussetzen wollen, um ihn so auf die eine oder andere Art zu erziehen oder zu prüfen. Hinter derartigen Spekulationen kann man schwerlich etwas anderes als verzweifelte Versuche sehen, den gegenwärtigen Zustand der Welt zu rechtfertigen, ohne auf die sehr menschliche Vorstellung einer fast magischen Allmacht Gottes zu verzichten. Unter dem Vorwand der Erziehung oder eines Erlernens unterschätzen solche Spekulationen das Grauenhafte des Leidens – des menschlichen ebenso wie jenes eines Gottes, der Liebe ist – und merken dabei nicht einmal, dass sie Gott damit zu einem Sadisten und einem Monster machen. Sie sind deshalb nicht nur unerträglich, sondern mit einem Gott der Liebe auch völlig unvereinbar.

10 Im vorliegenden Fall ist es richtig, auf einen »unerklärlichen Rest« zu verweisen. Wenn dies bei der Frage nach dem Bösen aber systematisch geschieht, dann ist es sehr viel weniger berechtigt. Aus drei Gründen: Vorerst soll dies meist über die Widersprüche eines Glaubens an einen diktatorischen oder an einen Zauberer-Gott hinwegtäuschen, welcher der unbewussten Projektion eines kindlichen Allmachtswunsches entspringt. Zweitens verbirgt sich dahinter oft ein Antiintellektualismus mit zwei Gesichtern: Das eine misstraut jeglicher intellektuellen Argumentation, die dann oft als eine Form von Ideologie bezeichnet wird – doch kann nicht auch der systematische Verweis auf den Begriff des Geheimnisses zur Ideologie werden? Das zweite Gesicht ist eine moderne Variante des Obskurantismus, der den menschlichen Verstand schlechtmacht und meint, damit Gottes Verstand zu ehren. Dabei bleibt unbemerkt, dass nur die gegenteilige Haltung Gott tatsächlich ehren könnte: Nur die Größe des menschlichen Verstands kann Gott zur Ehre gereichen, denn er hat ihn ja geschaffen. Ja, nur sie kann auch Gottes Herz erfreuen, der den Verstand ja geschaffen hat, damit der Mensch ihn immer besser kennen, verstehen und sich mit ihm an der Größe seiner Schöpfung freuen kann. Drittens stellt sich die Tendenz, systematisch auf den Begriff des Geheimnisses zu verweisen, zuweilen als ein Vor-

bild an Tugend dar. Das aber ist längst nicht immer der Fall. Welche Haltung ist denn demütiger? Jene, die sagt: »Wenn ich nicht verstehe, so kann das nur wegen eines Geheimnisses sein, das jeden Verstand überragt«? Oder jene, die meint: »Wenn ich nicht verstehe, so vielleicht, weil ich nicht die richtigen Fragen gestellt habe oder der Frage nicht auf den Grund gegangen bin«?

11 Diese Unterscheidung beleuchtet auch die Funktion des Fürbittgebets. Ein solches Gebet ist nämlich keine Zauberformel, sondern es gibt mir die Möglichkeit, mich der Liebe eines Gottes anzuschließen, der dem Herzen des Menschen nicht Gewalt antut, sondern es vielmehr zur Liebe einlädt, eines Gottes, der die Naturgesetze nicht mit einem Zauberstab außer Kraft setzt, sondern sie vielmehr anregt, ihre vielfältigen Möglichkeiten voll zu nutzen. Wenn Glaubende auch annehmen dürfen, dass eine solche Einladung und Anregung immer wieder den entscheidenden Unterschied ausmachen können, so sollten sie doch auch nicht vergessen, dass die Folgen des göttlichen Wirkens nicht messbar sind. All die komplexen Parameter, die dabei zu berücksichtigen wären, lassen die Interpretation nicht zu, dass ein Gott der Liebe hier offensichtlich nicht recht gehört hätte oder nicht erhören wollte. Der Apostel Johannes hat uns seinerzeit daran erinnert, dass Gott unsere liebende Bitte nur seinem eigenen Wirken hinzufügen kann: »Wir haben ihm gegenüber die Zuversicht, dass er uns hört, wenn wir etwas erbitten, das seinem Willen entspricht. Wenn wir wissen, dass er uns bei allem hört, was wir erbitten, dann wissen wir auch, dass er unsere Bitten schon erfüllt hat.« (1. Johannesbrief, Kapitel 5, Verse 14 und 15.)

12 Damit erhält denn auch eine der scheinbar empörendsten Aussagen der Theologie einen völlig neuen Sinn, dass Gottes Werk nämlich »vollkommen« sei. Zwar kann jede Stufe seiner Schöpfung als »vollkommen« bezeichnet werden, aber nicht in dem Sinn, dass sie nicht noch weiter verbessert werden könnte, sondern dass sie nur so, wie sie heute ist, zu den weiteren Stufen führen kann, die zur Verwirklichung von Gottes Vorhaben notwendig sind, nämlich zur Auferstehung, die als Endstufe dann einem Zustand entspricht, der tatsächlich nicht mehr verbessert werden kann.

13 Die wunderbar schöpferische Erfindungskraft und die unerschütterliche Entschlossenheit illustrieren je Form und Inhalt des Schöpfungsplans. Die wunderbar schöpferische Erfindungskraft illustriert die Form dieses Plans, weil sie den dynamischen Aspekt von Gottes ständigem Suchen aufzeigt. Einerseits musste Gott ja ständig darauf bedacht sein, für die zunehmende Komplexität, die sich als so fruchtbar erweisen sollte, möglichst günstige Bedingungen zu schaffen. Zugleich aber respektierte er auch den teilweise autonomen und ebenfalls schöpferischen Beitrag eines jeden seiner Geschöpfe, ob lebendig oder nicht. Die unerschütterliche Entschlossenheit illustriert den Inhalt dieses Plans, indem sie aufzeigt, dass Gott sein heiß ersehntes Ziel niemals aus den Augen verlor: alles tun, um das Aufkommen eines Lebewesens zu ermöglichen, dessen Bewusstsein fähig ist, lieben zu lernen und also eines Tages auch Gott selbst zu lieben.

14 Wenn man über Gott spricht, gilt es, gegenüber gewissen theologischen Nuancen und Feinheiten wachsam und vorsichtig zu bleiben, die man zwar selbst für richtig und ausgewogen hält, die aber manchmal innere Prozesse in Gang setzen können, die sich lähmend auf den Weg der Angesprochenen auswirken. Man muss sich dann ganz ehrlich fragen, ob der gewählte Zugang auch zu Entstellungen führen könnte, man muss versuchen, diese vorauszusehen, und darf nicht vergessen, Argumente anzufügen, die eine solche Gefahr verhindern oder ihr entgegenwirken können.

15 Denen, die von solchen Aussagen schockiert wären und sie mit dem Argument bestreiten möchten, sie könnten sich daran nicht erinnern, gibt die Psychoanalytike-

rin Joan Riviere, die zusammen mit Melanie Klein das Buch »*Seelische Urkonflikte. Liebe, Hass und Schuldgefühl*, München, Kindler, 1974« geschrieben hat, folgende Antwort: »Selbstverständlich bewahren wir weder diese frühen emotionalen Erfahrungen noch die sie begleitenden und sich aus ihnen ergebenden Anpassungen im Gedächtnis – im Bewusstsein. Heimat solcher Gefühle und Erfahrungen ist der ›unbewusste‹ Bereich unseres Geistes; nur ein kleiner Teil der Liebe, der Furcht und des Hasses, die dort herrschen, wird uns jemals bewusst, das heißt, vieles von dem, was ich hier ausführe, ist in uns immer nur unbewusst. Man könnte die Psychoanalyse als Erforschung von Motiven für menschliches Verhalten beschreiben, die bisher größtenteils unerklärbar, weil größtenteils unbewusst, das heißt, uns selbst unbekannt waren.« (S. 18.)

16 Viele Menschen – vor allem Jugendliche – kommen sich als wahre Monster vor, wenn ihnen gewisse Fetzen dieser Triebe und unbewussten Wünsche bewusst werden. Wie beruhigend wäre es für sie, zu wissen, dass dies normal und auf lange Sicht sogar positiv ist!

17 In seinen Gedanken über die Schuld vermerkt der Psychiater Marc Oraison, wie wichtig es ist, uns mit der Zeit mit den Etappen unseres Menschwerdens zu versöhnen: »Kommt nicht eben hier das Unbehagen an der Schuld auf? Wenn der Mensch nicht wahrhaben will, wer er tatsächlich ist, und nicht bereit ist, sich dafür gleichsam ›Zeit zu nehmen‹ […]? Der Mensch, der allzu schnell weitergehen will…« (*La culpabilité*, Paris, Seuil, 1974, S. 58.) Es liegt an uns allen, nicht zu vergessen, dass wir vorerst einmal Staub waren und dass wir die Spuren aller Auseinandersetzungen in uns tragen, die zur Geschichte des Lebens gehören, dass wir also der Tatsache ins Auge schauen müssen, dass das Erlernen der Liebe Zeit braucht und niemals abgeschlossen sein wird. Selbst Carl Gustav Jung lädt uns ein, dem Gewicht der Auseinandersetzungen in uns Rechnung zu tragen aus der ganzen Geschichte, aus der Geschichte der Evolution wie aus jener vergangener Generationen. So erklärt der Jung'sche Analytiker Antony Stevens: »Die dauernde Auslese von zufälligen Mutationen während Hunderttausenden von Jahren und Millionen von Generationen hat schließlich die archetypische Struktur der Gattung Mensch, ihren heutigen Genotyp, hervorgebracht. Diese Tatsache ist in der Struktur der Psyche ebenso unvermeidlich wiederzufinden wie in der Anatomie des menschlichen Körpers. […] Die Hypothese eines kollektiven Unbewussten und seiner archetypischen Bestandteile ist von beträchtlicher Tragweite, weil sie die dynamische Psychologie in den Hauptstrom der Biologie hineinführt. Sie möchte die Kontinuität zwischen der menschlichen Psyche und der übrigen organischen Natur nachweisen. Sie baut eine Brücke zwischen experimentellen und Verhaltenswissenschaften.« (*Jung, l'œuvre-vie*, Paris, Éditions du Félin, 1994, S. 43–44.)

18 Dieses Zitat ist umso bemerkenswerter, als die biblischen Autoren, so inspiriert sie auch immer gewesen sein mögen, dennoch auch Menschen blieben, weiterhin mit denselben inneren Konflikten zu kämpfen hatten und derselben Gefahr von unbewussten Projektionen unterlagen wie alle anderen – Spuren davon zeigen sich in gewissen ambivalenten Abschnitten, besonders wenn es darum geht, Gottes Willen zu deuten. Insofern ist es nicht erstaunlich, dass es ein Mensch wie der Apostel Johannes war, der es wagte, eine derart starke Überzeugung auszudrücken: Man musste lange und eng mit Jesus selbst zusammen gewesen sein, um über den Einfluss von unbewussten Projektionen hinwegzukommen, die das Verständnis einer möglichen Offenbarung oder Erscheinung Gottes hätten verändern können.

19 Nach Meinung der Psychoanalyse erklärt die mehr oder weniger unbewusste Angst, welche die intensiven sexuellen und aggressiven Triebe auslösen können, wie

auch die indirekten Verbindungen, die zwischen ihnen in den ersten Lebensstadien entstanden sind, großenteils die diffusen Schuldgefühle, die gewisse Personen ihrer eigenen Sexualität gegenüber empfinden (mit Ausnahme natürlich jener, die auf diesem Gebiet Opfer tatsächlicher Traumata geworden sind). Solche Schuldgefühle bedeuten also nicht, dass die sexuellen Triebe an sich böse wären, sondern vielmehr, dass das Unbewusste sich gleichsam daran erinnert, dass sie sich im Zusammenhang mit den aggressiven Trieben des Ödipuskomplexes entwickelt haben.

20 Jene geheimnisvolle Beziehung zwischen Vereinigung in der Ewigkeit und menschlicher Liebe ist etwas vom Schönsten, was die christliche Theologie einem Eheleben schenken kann. Sie gibt ihm einen Sinn und damit auch eine Motivation, die mithelfen kann, die Qualität der täglich ausgetauschten Liebe immer wieder zu erneuern. Wer sich diesen letzten Sinn innerlich täglich lebendig vor Augen führt, dem wird die Zeit nicht mehr als etwas erscheinen, das zu fürchten wäre, weil sie die Gefühle füreinander aushöhlt. Sie wird im Gegenteil zur Verbündeten werden, die der Liebe, dank der ständigen und nur in der Dauer möglichen Erneuerung ihres wesentlichen Kerns, die Möglichkeit schenkt, eines Tages zu ihrer höchsten Intensität zu finden.

21 Der Psychotherapeut Michel Dansereau bemerkt in seiner Arbeit über die Stellung Sigmund Freuds zur Religion: »Die Mystik [...] hat Freud bis an sein Ende nicht in Ruhe gelassen. In einem Brief an Romain Rolland bekennt er, dass er ihn um seine mystische Ader beneidet, dank der er die Seele der Menschen leichter entziffern konnte als ein Psychoanalytiker. In einer handschriftlichen Aufzeichnung vom 22. August 1938, die nach seinem Tod auf seinem Schreibtisch gefunden wurde, definierte Freud: »Mystik, die dunkle Selbstwahrnehmung des Reiches außerhalb des Ichs, des Es.« (*Freud et l'athéisme*, Paris, Desclée de Brouwer, 1971, S. 122–123.)

22 Manch ein Missverständnis und manche Auseinandersetzung etwa unter Ehepartnern oder in der Familie würden vielleicht nicht weiter eskalieren, wenn sich die Beteiligten mehr bewusst wären, dass eine bestimmte Haltung oder ein verletzendes Wort des Gegenübers auch wieder von dessen subjektivem Eindruck herkommt, er habe nicht die Beachtung, den Dank oder die Liebe erhalten, die er erwartet hatte. Diese Reaktion bedeutet nicht, dass er die Liebe ablehnt, sie ist im Gegenteil ein Ruf nach mehr Liebe. Zweifelt man für einen Augenblick an der Liebe des anderen, lässt man Trauer sein Herz überschwemmen und antwortet schließlich mit einer Geste oder einem Wort, das seinerseits wieder verletzend ist, so treibt man damit den Teufelskreis nur weiter an. Durchbrochen werden kann dieser nur, wenn man hinter dem vordergründigen Tatbestand wohlwollend nach dem Ursprung des Schmerzes sucht, der das Gegenüber zu seinem Verhalten geführt hat.

23 Ein weiterer biblischer Begriff, jener der göttlichen Gerechtigkeit – er wird oft mit dem des Gerichts verwechselt, ist aber nicht genau dasselbe –, wird, wohl unter dem Einfluss der unbewussten Projektionen, von denen hier die Rede ist, oftmals derart missverstanden, dass er spontan als das Gegenteil der Barmherzigkeit empfunden wird. Nun bedeuten aber die hebräischen Wörter *tzedek* und *tzedakah*, die in deutschen Übersetzungen des Alten Testaments mit »Gerechtigkeit« wiedergegeben werden, vielmehr, dass Gott aus Treue und Liebe sein Volk zu einem Zustand des Heils zurückführt (siehe Psalm 98,2–3). So bleibt Gott durch die ganze Geschichte der Bibel hindurch seinem Bund treu, er vergibt die Schuld der Menschen und bietet ihnen trotz allem, was geschehen ist, weiterhin seine Liebe an (vgl. Nehemia 9,16–19). Gerechtigkeit und Erbarmen sind bei Gott so nahe beieinander, dass von einem Gegensatz nicht die Rede sein kann.

24 Dieser unbewusste Prozess kann leider von außen leicht manipuliert werden. Das erklärt den großen Zulauf und die anhaltende Wirkung gewisser spiritueller Strömungen, die eher eine Art Gehirnwäsche als eine echte theologische Reflexion bezwecken. Schon immer gab es Leute, die meinten, es sei gut, Angst zu schüren vor Gott. Sie sind überzeugt, die Verkündigung einer bedingungslosen Liebe würde ihre Zuhörer nur ermutigen, weiterhin Schlechtes zu tun. Doch diese Meinung ist nicht nur ein Zerrbild der gegenseitigen Liebe, in der Gott mit jedem von uns leben möchte – »Furcht gibt es in der Liebe nicht, sondern die vollkommene Liebe vertreibt die Furcht« (1 Johannes 4,18) –, sie zeugt vor allem auch von einer völligen Unkenntnis des menschlichen Seelenlebens: Wer entdeckt, dass er aufrichtig und intensiv geliebt wird, wird seiner Umgebung mehr denn je das Leben schön machen wollen. Die Haltung, am Tun des Bösen Gefallen zu finden, könnte höchstens bei Personen vorkommen, die nicht glauben können, dass man sie aufrichtig liebt, und die der Verkündigung von Gottes Liebe nicht trauen. Zu allem Überfluss rührt dieses mangelnde Vertrauen öfters von theologisch zweideutigen Aussagen her, die selbst in einem mehrheitlich positiven Diskurs über Gottes Liebe noch gewisse Vorbehalte und Bedingungen anbringen wollen. Damit unterstützen sie noch den eben beschriebenen unbewussten Prozess und machen es einem jeden schwer, sich für liebenswert zu halten. Die Verkündigung von Gottes Liebe verliert dann ihre Glaubwürdigkeit und kann nicht mehr die Heilung der Wunden einleiten, die am Ausgangspunkt des bösen Tuns waren.
25 Solche Vorsicht ist nicht nur gegenüber einer gewissen religiösen Erziehung oder einem bestimmten Prediger walten zu lassen, sondern selbst gegenüber biblischen Autoren. Auch sie hatten ja ihre inneren Konflikte, und ihr Menschsein hat bei der Formulierung dessen, was sie meinten, von Gottes Geheimnis verstanden zu haben, ebenfalls seine Spuren hinterlassen. Dieses Geheimnis überstieg ja auch sie. »Noch vieles habe ich euch zu sagen, aber ihr könnt es jetzt nicht tragen«, sagte Jesus zu seinen Jüngern (Johannes 16,12). Gottes Offenbarung fügt sich notwendigerweise in eine Menschheitsgeschichte ein, die ihrem eigenen Rhythmus folgt. Auch eine Mutter muss sich Zeit lassen, wenn sie ihrem Kind das Gehen beibringen will. Wie könnte ein Gott der Liebe, wenn er dem Menschen das Geheimnis seines Wesens offenbaren will, nicht auch die Grenzen beachten, die zu dessen Werden gehören? Wie könnte er anders, als diesen Menschen in dessen eigenem Rhythmus zu begleiten, selbst wenn er dabei einstweilen noch unvermeidliche Verzerrungen seiner Liebe in Kauf nehmen muss?
26 Wo die Frage nach Gott systematisch verdrängt wird, wo sie auf eine unüberwindliche Gleichgültigkeit oder auf eine erstaunlich aggressive Ablehnung stößt, da spielt oft die narzisstische Wunde, die der innere Kampf um eine wahre Autonomie hinterlassen hat, eine nicht unerhebliche Rolle. Es ist, als ob sich dahinter die Angst versteckte, die gegenüber den Eltern so teuer erkämpfte Unabhängigkeit wieder zu verlieren, die Angst, wieder abhängig zu werden, diesmal aber nicht nur von seinem biologischen Ursprung, sondern vom Ursprung schlechthin. Antoine Vergote, ein Psychologe, beschreibt dieses Problem, das oftmals einer spirituellen Lähmung gleichkommt: »Die Geschichte unserer Emotionen und Beziehungen, die einem langen Befreiungsweg gleicht, veranlasst uns natürlich nicht, Ja zu sagen zu einer Beziehung, die eine endgültige Abhängigkeit beinhaltet. Die Erinnerungen an eine infantile Religiosität gehen dabei mit der Befürchtung einher, einen Zustand vorzeitiger Unterwerfung andauern zu lassen.« (*Religion, foi, incroyance, étude psychologique, op. cit.*, S. 222.) Über diese spirituelle Lähmung wird man nicht hinwegkommen, ohne dass man nach und nach eine Form von Abhängigkeit ent-

deckt, welche die Freiheit eines jeden Partners wirklich respektiert und seine Selbstverwirklichung ermöglicht – so wie die Liebe gegenseitige Hilfe ermöglicht. Gläubige wie Ungläubige könnten zumindest bedenken, dass der göttliche Urquell der Liebe, falls es ihn gibt, sich in dieser Beziehung kaum als enttäuschend herausstellen würde.

27 Wichtig ist, diese Haltung nicht mit der echten Beachtung eines göttlichen Wunsches zu verwechseln, denn solchen Leuten scheint es nur auf die Vorteile anzukommen, die sie daraus ziehen könnten.

28 Wer solche Argumente vertritt, würde es verdienen, dass man ihn seinerseits fragt: »Sind Ihnen Ihre Liebsten nur darum so lieb, weil sie Ihre sämtlichen Probleme lösen und all Ihre Wünsche erfüllen sollen?«

29 Diese neue Perspektive beruht weder auf einem Magier-Gott, der direkt unseren illusorischen Allmachtsträumen entspringt, noch auf einem diktatorischen Gott, der Marionetten ihr Schicksal aufzwingt, sondern auf einem Gott der Liebe, der ständig daran ist, an die Türe der Herzen zu klopfen, ohne sich je aufzudrängen – diesem göttlichen Wirken schließt sich das Gebet der Gläubigen in derselben Hoffnung an: dass die Liebe als Siegerin daraus hervorgehen möge.

30 Eine Herablassung, der jeder verächtliche Zug fehlt – eine wohlwollende paternalistische Überlegenheit etwa –, könnte gewiss manchmal behaupten, etwas von der barmherzigen Haltung widerzuspiegeln, die ein Gott der Liebe gegenüber seinen Geschöpfen hat, während sie das Leben erlernen. Würde solches aber systematisch auf Gott angewendet, so würde dies das Vorhaben der Schöpfung endgültig unmöglich machen. Diese soll ja ein bewusstes Wesen hervorbringen, das eines Tages in der Lage wäre, in völlig erwachsener Weise eine gegenseitige Liebe mit Gott einzugehen.

31 Plotin war im 2. Jh. n. Chr. vielleicht der erste von ihnen, der es wagte, in Gott selbst einen Wunsch anzunehmen, einen introvertierten Wunsch allerdings. Es ging nämlich darum, sich selbst und nur sich selbst zu lieben, und nicht um den Wunsch, einen anderen zu lieben oder von einem anderen geliebt zu werden: »Er [Gott] bewegt sich gleichsam in sein eigenes Inneres hinein, aus Liebe zu sich selbst, aus Liebe zu dem reinen Glanze, der sein Werk ausmacht, indem er das ist, was er lieb gewonnen hat [...]. Dass aber eine solche Neigung zu sich selbst, die eine Tätigkeit und ein Verharren in ihm selbst ist, sein Wesen ausmacht, das zeigt eine Annahme des Gegenteils: Denn bezöge er sich auf das, was außer ihm liegt, so würde er sein eigenes Sein vernichten. Sein eigenes Sein ist also die auf ihn selbst gerichtete Tätigkeit, diese aber fällt mit ihm selbst zusammen.« (*Enneaden*, hrsg. von O. Kiefer, Leipzig, Diederichs, 1905, VI 8,16, S. 107.)

32 Für Antoine Vergote »überdeckt und vertuscht« die missbräuchliche Anwendung des Begriffs »Bedürfnis« in der Alltagssprache das Phänomen, um das es hier geht, und zwar auch dann, wenn es um die Sehnsucht des Menschen nach Gott geht: »Eigentlich bezeichnet das Wort ›Bedürfnis‹ die lebenswichtigen Bedürfnisse des Organismus; im psychologischen Verhalten des ›Organismus Mensch‹ beruhen aber selbst die elementarsten Bedürnisse auf Motivationen, die man nicht mehr als ›Bedürfnis‹ bezeichnen kann. [...] Auch aus der Tatsache, dass die Sehnsucht nach Gott sich im Bild von Bedürfnissen ausdrückt [...], lässt sich nicht auf ein natürliches Bedürfnis nach Gott schließen. Die religiöse Sehnsucht kann im Zusammenhang einer gläubigen Beziehung entstehen, sie hat aber nicht den natürlichen Charakter der Bedürfnisse.« (*Religion, foi, incroyance, étude psychologique, op. cit.*, S. 37 und 39.)

33 Das Vorhandensein dieses gegenseitigen Wunsches, geliebt zu werden, zeigt überdies die Empfindung der zwei beteiligten Herzen und zeugt also indirekt von

ihrer jeweiligen inneren Schönheit, auf der ja auch die gegenwärtige Schönheit ihres Bundes beruht.

34 Wird die eigene Sehnsucht, geliebt zu werden, vernachlässigt, so zeigen sich die schmerzlichsten Folgen davon vor allem dann, wenn in Fragen der Liebe Entscheidungen getroffen werden müssen. Viele stellen sich vor, sie könnten glücklich werden, wenn sie nur eines Tages an der Seite des Geliebten leben dürften. Wenn dieser aber nicht ebenfalls entschieden hat, um ihr Glück besorgt zu sein, so werden sie schließlich immer mehr am Fehlen dieser Liebe leiden. Vor jeder verpflichtenden Entscheidung ist es also wichtig, sich darüber klar zu werden, ob da eine solide emotionale Gegenseitigkeit vorhanden ist, ein ganz konkretes Eingehen auf die gegenseitigen Erwartungen und Wünsche.

35 Sobald diese göttliche Gegenwart, wie dies im christlichen Glauben der Fall ist, mit der Quelle und dem höchsten Ausdruck der Liebe gleichgesetzt wird, so entsprechen deren Gefühle auch der Quelle und dem höchsten Ausdruck jeglicher Gefühle. Um uns Gottes Gefühle vorzustellen, ohne sie allzu sehr zu verzerren, können wir von unseren eigenen Erfahrungen auf diesem Gebiet ausgehen und uns vorerst innerlich von dem berühren lassen, was wir in Gegenwart der empfindsamsten Person gefühlt haben, der wir je begegnet sind. Dann können wir uns sagen, dass die Gefühle eines Gottes der Liebe noch weit darüber hinausgehen.

36 Im Rahmen eines Lebens, das Gott geweiht ist, wie etwa in einer Berufung monastischer Art, ist es äußerst wichtig, all das einbringen zu können, kann doch die gegenseitige Liebe, die ja das Fundament einer solchen Berufung sein sollte, nur mit Gott allein gelebt werden. Je besser der Mönch verinnerlicht hat, dass die ihn dauernd begleitende göttliche Gegenwart von ihm eine intensive Liebe erwartet, desto mehr wird diese Erwartung zur Quelle werden, an der er seinen Durst löschen kann, Gott mit jeder Faser seiner selbst zu lieben, ohne die Liebeskraft zu verdrängen, die tief in seinem Innersten schlummert. An derselben Quelle wird er auch seinen Durst löschen können, Gottes Ruf zu verstehen, der ihn eingeladen hat, sich auf einen so radikalen Weg, in eine so ausschließliche Beziehung zu begeben.

37 Genau wie die Projektionstheorie kann auch die Evolutionstheorie zwar die Art infrage stellen, wie sich viele Gläubige und Ungläubige das Wirken eines Schöpfergottes vorstellen, nicht aber die Existenz eines Schöpfergottes an sich (vgl. das Kapitel »Eine Schöpfung in unumgänglichen Stufen« im ersten Teil dieses Buches).

38 Nicht selten nimmt diese Abrechnung aggressive Formen an. So bringt sie Ludwig Feuerbach sogar dazu, den als »feige« zu bezeichnen, der sich weigert, die Existenz Gottes abzustreiten, wenn er einmal die Projektionstheorie kennengelernt hat: »Und es ist nur die Inconsequenz der Herzensfeigheit und der Verstandesschwäche, die von diesem Bewusstsein aus nicht bis zur förmlichen Negation der Prädicate und von dieser bis zur Negation des zu Grunde liegenden Subjects fortgeht.« (*Das Wesen des Christenthums*, op. cit., S. 25.) Wenn schon von Feigheit die Rede sein soll, ist sie dann nicht eher bei dem zu suchen, der sich weigert, die Grenzen zu sehen, welche die notwendige Unterscheidung zwischen Gottesvorstellungen und der Existenz Gottes mit sich bringt? Und wenn schon von Feigheit die Rede sein soll, ist sie dann nicht eher da zu suchen, wo man sich auf die Projektionstheorie stützt und sich weigert, seinen spirituellen Weg weiterzugehen, statt ihn in der eigenen Nacht weiterzuverfolgen, auch dank dem wertvollen Licht, das diese psychologische Erkenntnis darauf wirft? Blaise Pascal hatte seinerzeit und im Rahmen seiner eigenen inneren Konflikte gespürt, dass, wer dem Atheismus zustimmt, möglicherweise zwar schon ein beachtliches Stück Weg zurückgelegt hat. Doch in seinen Augen waren auf diesem Weg noch weitere Etappen zurückzulegen: »Atheismus,

Zeichen eines starken Geistes, aber nur bis zu einem gewissen Grad.« (Pascal, Blaise, *Gedanken*, Wiesbaden, Dieterich, 1947, S. 35.)

39   Dieser Abstand zeigt sich auch in der Vorstellung von Gottes Liebe. Ludwig Feuerbach sah darin die Projektion der Liebe, die der Gläubige in sich selbst trägt: »Der Gegenstand des Subjects ist nichts andres als das gegenständliche Wesen des Subjects selbst. Wie der Mensch sich Gegenstand, so ist ihm Gott Gegenstand; wie er denkt, wie er gesinnt ist, so ist sein Gott. So viel Werth der Mensch hat, so viel Werth und nicht mehr hat sein Gott. [...] Du glaubst an die Liebe als eine göttliche Eigenschaft, weil du selbst liebst.« (*Das Wesen des Christenthums, op. cit.*, S. 17–18 und 26.) Doch selbst wenn seine Liebe außerordentlich groß ist, ist der Mensch auf Erden doch immer noch in einer Phase, wo er lieben lernt, und diese Phase ist auch von seinen dunklen Seiten, seinen Wunden, seinen Schwächen und Grenzen geprägt. Wenn er nur das projizierte, was er in sich trägt, und wäre es sein Allerbestes, so könnte er damit immer noch nicht bis zur christlichen Vorstellung von Gott gelangen, zur Vorstellung einer Liebe »ohne Finsternis« (1. Johannes 1,5), einer »vollkommenen« (Matthäus 5,48) Liebe. Um dahin zu gelangen, müsste man vom Besten in sich selbst ausgehen und sich dann vorstellen, dass die Liebe in Gott noch vollkommener wäre. Mit solch einer Veränderung wäre es dann aber nicht mehr nur eine bloße Projektion von sich selbst! In Wirklichkeit ist der Mensch allerdings weit davon entfernt, sich spontan einen solchen Gott vorzustellen, es sei denn, er wäre auf die eine oder andere Weise mit einem Text oder einem Wort in Kontakt gekommen, die von solch einem Gott berichten. Aber auch dann wäre es keine Projektion mehr von sich, sondern das Verinnerlichen einer Botschaft von außen. Selbst dann aber wäre immer noch ein – diesmal allerdings sehr bewusster – Weg nötig, um nach und nach über die Ängste, Zweifel und anderen Hindernisse hinwegzukommen, die unvermeidlich mit dem Gottesbegriff verbunden sind.

40   Wenn wir den konstruktiven und erhellenden Beitrag unterstreichen, den die Projektionstheorie auf dem Weg einer inneren Suche leisten kann, so sollte uns die Tatsache, dass der menschliche Verstand zu einer derartigen Entdeckung fähig war, keine Angst machen, ja, wir dürfen uns darüber gar freuen. Ein Gott der Liebe könnte sich jedenfalls darüber nur freuen, erlaubt es doch die Projektionstheorie dem Menschen, gerade jene theologischen Vorstellungen zu hinterfragen, die das Geheimnis seiner göttlichen Liebe am meisten entstellen!

41   Diese geheimnisvolle Entsprechung zwischen Gott und Mensch rechtfertigt nicht nur die vertrauensvolle Hoffnung, dass der Mensch mit Gott in gegenseitiger Liebe leben kann, sondern auch die Hoffnung, dass gewisse menschliche Analogien eine legitime Annäherung an das Geheimnis von Gottes Liebe darstellen könnten.

42   Paul Ricœur, einer der großen Philosophen des 20. Jahrhunderts, war fest davon überzeugt: »Wie radikal das Böse auch sei, es ist nicht so tief wie die Güte. Und wenn die Religion, die Religionen einen Sinn haben, dann den, dass sie den Grund an Güte im Menschen freilegen und ihn suchen, wenn er völlig verschüttet ist. [...] Der Grundhymnus, denke ich, besteht darin, die Güte mit Jubel zu empfangen.« (»Libérer le fond de bonté«, in: *Taizé, au vif de l'espérance*, Paris, Bayard, 2002, S. 205 und 207.)

43   Fjodor Dostojewskij hatte beobachtet, wie die Mühe, die eigene innere Schönheit wahrzunehmen, sich oft in Aggression gegen andere und sich selbst wandeln kann. In einem berühmt gewordenen Dialog hat er deshalb unterstreichen wollen, wie wichtig es ist, dass wir unsere grundlegende Güte entdecken: »›Die Menschen sind nicht gut‹, begann [Kirillow] dann auf einmal wieder, ›weil sie nicht wissen, dass sie gut sind. [...] Sie müssen erkennen, dass sie gut sind, und alle werden sofort

gut werden, alle, ohne Ausnahme. […] Wer da lehren wird, dass alle gut sind, der wird die Welt zur Vollendung führen.‹ ›Den, der das gelehrt hat, hat man gekreuzigt.‹ […] ›Wenn Sie erkennten, dass Sie an Gott glauben, dann würden Sie an ihn glauben; aber da Sie noch nicht wissen, dass Sie an Gott glauben, so glauben Sie auch nicht an ihn‹, antwortete Nikolai Wsewolodowitsch lächelnd.« (*Die Dämonen*, Mainz, Sigbert Mohn, 1959, S. 263 f.)

44 »Nehmt mein Joch auf euch und lernt von mir; denn ich bin gütig und von Herzen demütig; so werdet ihr Ruhe finden für eure Seele. Denn mein Joch drückt nicht, und meine Last ist leicht« (Matthäus 11,29-30), so erinnert uns Jesus, wie um damit zu verhindern, dass sich religiöse Obrigkeiten oder sonst jemand auf seine Worte berufen könnten, um Menschen zu belasten oder ihnen Angst zu machen. Dies würde Gottes Liebe entstellen und käme in seinem Namen einer Manipulation des Gewissens gleich. Dagegen verwehrt sich Jesus ganz entschieden: »Weh euch, ihr Schriftgelehrten und Pharisäer, ihr Heuchler! Ihr verschließt den Menschen das Himmelreich. Ihr selbst geht nicht hinein; aber ihr lasst auch die nicht hinein, die hineingehen wollen.« (Matthäus 23,13.)

45 »Ich kenne deine Bedrängnis und deine Armut; und doch bist du reich.« Diese Worte legt die Offenbarung (Offenbarung 2,9) Christus in den Mund. Reich…, aber woran? Reich allem voran an dieser göttlichen Liebe, die jedem angeboten ist, aber auch reich an diesem Abbild Gottes in uns, an jener geheimnisvollen Entsprechung zwischen Gott und Mensch, die uns die Tore weit auftut zu jener intimen Beziehung zu Gott.

46 Dies hat die Menschen so stark geprägt, dass viele Philosophen Ludwig Feuerbach in diesem Punkt gefolgt sind: »Um Gott zu bereichern, muss der Mensch arm werden; damit Gott Alles sei, der Mensch nichts sein. […] Die Religion negi[e]rt ferner das Gute als eine Beschaffenheit des menschlichen Wesens: der Mensch ist schlecht, verdorben, unfähig zum Guten; aber dafür ist Gott nur gut, Gott das gute Wesen. […] Gott [ist] das schlechthin Positive, der Inbegriff aller Realitäten, der Mensch das schlechtweg Negative, der Inbegriff aller Nichtigkeiten.« (*Das Wesen des Christenthums*, op. cit., S. 30–31 und 37.)

47 Diese Gewissensmanipulation ist umso weniger hinnehmbar, als sie sich des quälenden Schuldgefühls bedient, das aus den im zweiten Teil dieses Buches besprochenen Gründen in der Tiefe der menschlichen Psyche schlummert.

48 Welches auch immer unsere Überzeugungen sein mögen, es fällt auf, dass kein Humanismus, kein philosophisches oder religiöses System dem Menschen einen höheren Rang zuschreiben könnte, als dass er dazu bestimmt sei, sich auf ewig mit dem Urquell aller Liebe zu vereinen. Und kein Humanismus, kein philosophisches oder religiöses System könnte einem jeden zärtlichen Wort, einer jeden zärtlichen Geste einen höheren Rang einräumen als den: eine wunderbare Vorbereitung auf jene Vereinigung von Gott und Mensch zu sein, die ihnen jenen Wert und Ewigkeitsgeschmack verleiht, die sich in jeder echten Liebe erahnen lässt. Ein atheistischer Humanismus jedenfalls könnte ihnen eine solche Größe nicht verleihen, ist er doch eingeschlossen in Raum und Zeit und gekennzeichnet von Tod und Nichtigkeit, denen er uns alle weiht. Der atheistische Humanismus scheint über seine Verhältnisse zu leben, wenn er das Geheimnis und die Tragik des individuellen Sterbens zu verheimlichen sucht, indem er auf künftige Generationen, das Überleben der Familie oder auf einen sozialen Fortschritt im Dienste der Gesellschaft verweist: Könnte es sein, dass er damit verdrängt, was aus seinen Überzeugungen folgt, dass nämlich Tod und Nichtigkeit alle künftigen Generationen und alles, was sie erreicht haben, ebenso verschlingen wird, wie wenn es sie nie gegeben hätte?

49 Im 2. Jahrhundert war Irenäus von Lyon fest davon überzeugt: »Gottes Ruhm ist der lebendige Mensch.« (*Des heiligen Irenäus fünf Bücher gegen die Häresien*, aus dem Griechischen übersetzt von E. Klebba, Bibliothek der Kirchenväter, 1. Reihe, Band 3, München, 1912, IV. Buch, 20. Kapitel, 7. Abschnitt.)

50 Dass ein spirituell geübter Mensch zuweilen Dinge erahnen kann, die dem ungeübten nur schwer zugänglich sind, ist nichts als normal. In der christlichen Spiritualität soll das Vertrauen in Gottes Gegenwart jedoch nicht von einem ständigen Gefühl abhängen, das ja den Zufällen menschlicher Subjektivität unterworfen wäre. Einerseits gehört diese göttliche Gegenwart ohnehin einer anderen Dimension an und kann also nicht auf das beschränkt werden, was wir Menschen von ihr wahrnehmen können. Andrerseits beruht ja dieses Vertrauen, das jedem jederzeit angeboten ist, auf der inneren Logik des Vorhabens und des Wunsches eines Gottes der Liebe, eines Gottes, der jeden Menschen liebt und nur wünschen kann, einem jeden jederzeit nahe zu sein. Ferner gehört das innere Leben in die Ordnung der Gemeinschaft und nicht nur in jene der Kommunikation. Inneres Leben ist also dazu bestimmt, staunend zu erfahren, dass die scheinbaren Vorzüge menschlicher Kommunikation – das Sehen, Hören und Berühren, über die so viele Gläubige in ihrer Beziehung zu Gott verfügen möchten – tatsächlich weit weniger wert sind als das, worüber sie im Rahmen der Gemeinschaft mit Gott bereits verfügen. Kommunikation bedingt einen durch Raum und Zeit begrenzten Körper, sowie einen natürlichen Verstand, der aber zahlreichen Missverständnissen unterliegen kann. Gemeinschaft hingegen bietet einer gegenseitigen Liebe von Gott und Mensch die Möglichkeit, Gottes dauerhafte Nähe, sein Verständnis für die Tiefen des menschlichen Herzens sowie die Liebe, die er uns schenkt und von uns entgegennimmt, viel voller zu genießen, als dies menschlicher Kommunikation je möglich wäre.

51 Das biblische Thema des nach dem Abbild Gottes geschaffenen Menschen gibt es auch im Islam. Es könnte im interreligiösen Dialog eine entscheidende Rolle spielen und als Brücke zwischen den mystischen Traditionen aus den beiden großen spirituellen Hemisphären der Menschheit dienen, jener aus Indien und jener aus der semitischen Welt. Im Unterschied zur christlichen, jüdischen und islamischen Mystik, die sich die letzte Wirklichkeit als Person vorstellen, besteht in den wichtigsten hinduistischen und buddhistischen Strömungen der Mystik das letzte Ziel nicht darin, aus sich herauszugehen und sich in Liebe mit einem anderen zu vereinen – in der Ekstase –, sondern darin, in die Tiefe seiner selbst hinabzusteigen und dort zu entdecken, dass unsere wahre Identität mit dem Letzten schon eins ist – die Enstase. Nun genügt dieser Unterschied allein aber nicht, um die beiden einander entgegenzusetzen: die Aussicht auf eine liebende Vereinigung, in der beide – der Schöpfer wie sein Geschöpf – sich je ihrer eigenen Identität bewusst bleiben, ist einem »Erwachen« nicht entgegengesetzt, in dem der Mensch sich bewusst wird, dass er im Tiefsten mit dem Letzten eins ist und ihm entspricht. Könnte die christliche, jüdische und islamische Mystik nicht lernen, sich staunend darüber zu freuen, dass das Erkennen jener letzten Identität indirekt auch die Möglichkeit einer Liebesgemeinschaft zwischen Gott und Mensch bestätigt? Und könnte die hinduistische und buddhistische Mystik nicht lernen, sich staunend darüber zu freuen, dass eine Liebesgemeinschaft, in der das Anderssein eines jeden gewahrt bleibt, indirekt ihre Erfahrung der Enstase insofern bestätigt, als sie ein Wesen des Menschen voraussetzt, das in gewisser Weise göttlicher wäre, als es scheinen mag?

52 Diese beiden Punkte zeigen gut, weshalb es zum berühmten alttestamentlichen Verbot kam: »Du sollst dir kein Gottesbild machen und keine Darstellung von ir-

gendetwas am Himmel droben, auf der Erde unten oder im Wasser unter der Erde.«
(Exodus 20,4.)

53   Der Theologe René Laurentin hebt hervor, dass sich dieser Vergleich nicht auf
die Bibel berufen kann, und zwar insbesondere wegen der Weisheitsliteratur, wo die
göttliche Weisheit nämlich nahe mit Gottes Gegenwart unter den Menschen verwandt ist: »Die Weisheitsliteratur setzt Frau und Weisheit ständig parallel zueinander. Schließlich projiziert sie gar Werte in Gott hinein wie Initiative, Intuition, Welt-
offenheit, Sinn für das Leben, Werte, die sonst eher mit der Frau assoziiert werden.
Diese Denkrichtung bereitet eine Theologie des Heiligen Geistes vor und führt zu
einem letzten Schwerpunkt, indem sie die Vorstellung korrigiert, der Mann sei der
Frau so überlegen, wie Gott dem Menschen.« (»Marie et l'anthropologie chrétienne
de la femme«, in: *Nouvelle Revue théologique*, Band 89, 1967, S. 510–511.)

54   Zwei Gottesdarstellungen, die diesen Beispielen weitgehend entsprechen, wurden gleichzeitig im 16. Jahrhundert auch gemalt: Jene eines bärtigen Greises, den
Michelangelo unter dem Titel »Die Schöpfung« als Freske an die Decke der Sixtini-
schen Kapelle malte, und jene einer lächelnden jungen Frau in einem der Trinität
gewidmeten Fresko eines anonymen Malers in der Sankt-Jakob-Kirche in Urschal-
ling (Bayern). Der Heilige Geist ist dort als Frau dargestellt, was selten genug ist, um
eine Erwähnung zu verdienen.

55   Als Gründe für die Relativierung der Geschlechtsidentität sowohl in der Anthropologie wie auch in der Theologie wären weiter anzuführen: Die frühen Christen
wollten den Begriff der Person fördern, sie wollten das Geheimnis der Person, ob
Frau oder Mann, respektieren und bekämpften die theologischen Gründe, die damals zur Rechtfertigung der Tempelprostitution angeführt wurden. Nach Einschätzung des Theologen Olivier Clément war dies eine notwendige Etappe in der spirituellen Geschichte der Menschheit: »Gegen das Gewicht der bloßen Biologie musste
damals das Geheimnis der Person und insbesondere das der Frau als personales
Wesen und nicht bloß als Gebärerin unterstrichen werden.« (*Corps de mort et corps
de gloire*, Paris, Desclée de Brouwer, 1995, S. 68-69.) Doch in seinen Augen sollten
die damals vielleicht allzu eifrig zur Seite gelassenen Elemente zu gegebener Zeit
wieder eingebracht werden: »Die ›spirituelle‹ Tragweite des Eros wieder entdecken
bedeutet auch, eine Symbolik Gottes und vor allem des Heiligen Geistes neu zu
entdecken. Dieser wäre dann nicht mehr nur männlich, sondern männlich und weiblich zugleich, wie auch transsexuell.« (*Le visage intérieur*, Paris, Stock, »Monde
ouvert«, 1978, S. 99.)

56   Der Jung'sche Psychoanalytiker Anthony Stevens erläutert Carl Gustav Jungs
Meinung zu diesem Thema folgendermaßen: »Die *anima* beim Mann und, symme-
trisch dazu, der *animus* im Unbewussten der Frau sind Teil des angeborenen
Systems, das uns die Evolution vererbt hat, um heterosexuelle Beziehungen zu fördern und zu erhalten. [...] *Animus* und *anima* beinhalten die angeborenen Erwartungen, die jedes Geschlecht an das andere hat. [...] Grundsätzlich stellt also der
Archetypus des Gegengeschlechts das psychische Äquivalent zu den körperlichen
Eigenschaften des andern Geschlechts dar, die alle Menschen – Männer und
Frauen – in sich tragen. [...] Diese Zeichen sind viel mehr als archaische Überbleib-
sel: Sie wurzeln in einem dynamischen Komplex, der für die Organisation der Beziehungen unter den Geschlechtern bestimmend ist, und spielen im psychischen Leben
der Menschen eine ganz entscheidende symbolische Rolle.« (*Jung, L'œuvre-vie*,
op.cit., 1994, S. 51 und 144–145.)

57   Viele theologische Arbeiten haben versucht, die Bedeutung der Geschlechtsidentität zu bestreiten. Sie stützen sich dabei auf zwei Bibelzitate: Galater 3,27–28

und Lukas 20,27–36. Diese Stellen in diesem Sinn zu interpretieren, kann aber einer ernsthaften Analyse nicht standhalten. Liest man sie in ihrem Zusammenhang, so sagen die paar Linien im Galaterbrief nicht aus, dass die Geschlechtsidentität im spirituellen Leben verschwindet, sondern dass Mann und Frau in Christus nicht mehr Gegner sind oder einander beherrschen, sondern dass sie sich als gleichwertig verstehen und sich versöhnen können. Im Text des Lukasevangeliums spricht Jesus von der menschlichen Ehe und nicht eigentlich von der Geschlechtsidentität. Er erinnert daran, dass die Vereinigung in der Ewigkeit nicht mit einem Menschen geschieht, sondern mit Gott, der dann »alles in allen« (1. Korinther 15,28) sein wird. Das leidenschaftliche Abstreiten der Rolle der Geschlechtsidentität oder der systematische Versuch, sie herunterzuspielen, sind ganz allgemein nicht etwa als Frucht eines objektiven Nachdenkens zu werten, sondern vielmehr als Anzeichen persönlicher Verletzungen auf diesem Gebiet oder von Schwierigkeiten im Umgang mit gewissen Fragen im Zusammenhang mit der eigenen Geschlechtsidentität. Daraus erwächst dann ein zwar verständliches Verdrängen oder Leugnen der Wirklichkeit. Darauf lässt sich aber auf die Dauer weder menschlich noch spirituell ein gesundes Leben aufbauen.

58 Wer versuchen möchte, sich seine Liebsten – Gatte/Gattin, beste/r Freund/in usw. – ohne ihre weibliche oder männliche Identität vorzustellen, oder wer diese gar umkehren möchte, wird bald realisieren, dass dies praktisch unmöglich ist, so sehr gehört die Geschlechtsidentität nämlich zum realen Ich, zum nicht weiter zurückführbaren Geheimnis der betreffenden Person.

59 Der Wunsch, mit Gott eine intensive Liebe zu leben, weist indirekt auf einen weiteren Grund hin, weshalb gewisse Gläubige so wenig Interesse für die Verwendung männlicher und weiblicher Analogien in der Theologie zeigen: die Art ihrer Gottesbeziehung nämlich. Sollte sich eine gewisse Intimität mit Gott in dieser Beziehung noch nicht entwickelt haben, handelt es sich also um eine strikt hierarchische Beziehung, so ähnlich wie die Beziehung zwischen Herr und Knecht (»Herr, Herr, erbarme dich«), so ist es auch nicht erstaunlich, dass die Geschlechtsidentität, die man Gott als Analogie zuweist, an der Glaubenserfahrung wenig verändert. Ganz anders verhält es sich schon, wenn die Beziehung zu Gott zu einer Art Freundschaft geworden ist. Im Rahmen einer Freundschaft verhält man sich gegenüber einem Mann oder gegenüber einer Frau ganz anders, gefühlsmäßig wie auch ganz allgemein. Nochmals ganz anders sieht es aus, wenn die Beziehung zu Gott eine Liebesbeziehung ist, die Beziehung also, auf die hin der Mensch geschaffen ist und die Jesus sich immer gewünscht hat: »Du sollst den Herrn, deinen Gott, lieben mit ganzem Herzen, mit ganzer Seele und mit all deinen Gedanken« (Matthäus 22,37). Wir können dann nämlich unsere menschliche Liebe viel leichter in unsere Intimität mit Gott einbringen, wenn wir die enge Verwandtschaft zwischen Gottes Liebe und der Liebe eines Mannes oder einer Frau erkennen.

60 Schlimm an Formen der Spiritualität, die ihre Anhänger als asexuelle Wesen behandeln, ist weniger, dass sie immer wieder zu Fluchtversuchen vor sich selbst und zu Verdrängungen verleiten, schlimm ist nicht einmal ihre Unkenntnis der menschlichen Psyche und ihres Funktionierens, wirklich schlimm ist ihre Unfähigkeit, ein inneres Leben zu einer noch gänzlicheren Hingabe an Gott hinzuführen, zu einer intimen Beziehung zwischen Gott und Mensch, die voraussetzt, dass wir uns Gott mit unserer ganzen Art zu sein und zu lieben restlos hingeben.

61 Diese Feststellung tut der Schönheit weiblicher und mütterlicher Liebe, von der zahlreiche spirituelle Strömungen in Bezug auf Maria sprechen, keinen Abbruch, sondern räumt ihr ihren wahren Platz als wunderbarer Widerschein von Gottes eigener Liebe ein.

62   Die großen Religionen unserer Zeit könnten dazu in ihren mystischen Strömungen reiche Schätze und weitere Inspirationsquellen finden, sei es, um sich vermehrt einer solchen Perspektive zu öffnen, sei es, um sie zu vertiefen, wenn sie schon vorhanden ist. Der Autor dieses Buches hat zu großen Respekt vor den Formen der Mystik, die dem Chassidismus (jüdische Mystik), dem Sufismus (islamische Mystik), der Bhakti-Bewegung (hinduistische Mystik) und insbesondere dem Tantra-Buddhismus entspringen, als dass er sie auf diesen Seiten selbst behandeln möchte. Sie gehören ja nicht zu seiner eigenen religiösen Tradition. Für den Chassidismus und den Sufismus sei deshalb das Wort Professor Carl-Albert Keller überlassen, einem ausgezeichneten Kenner der Religionswissenschaft: »Die Kabbala nutzt die Tatsache, dass gewisse Grundbegriffe des Judentums als weibliche Größen erscheinen, so etwa die Torah und die *shekinah*. [...] So wird Gott selbst als ein in sich ganzheitliches Wesen wahrgenommen, männlich und weiblich, väterlich und mütterlich zugleich, in sich selbst immer im Gleichgewicht, aber so, dass er in seinem Wesen zugleich auch Gefühle der Liebe und ein Streben nach Gemeinschaft kennt. [...] In der Sufi-Tradition wird die leidenschaftliche Liebe vor allem durch die halb historische, halb legendäre Figur Qays symbolisiert, einem Dichter, der sich so leidenschaftlich in Laila verliebt, dass man ihm den Zunamen »der Wahnsinnige« gibt: Majnun. Majnun ist eine überaus volkstümliche Gestalt, auf die sich gottverliebte Mystiker gerne berufen. [...] Im Sufismus ist auch die Betrachtung des Göttlichen im schönen Antlitz eines geliebten Menschen allgemein akzeptierte Praxis. [...] ›Für Ihn, von dem Laila ihre Gotteserscheinung hat (und der Seine Schönheit in Laila erscheinen ließ), bin ich Majnun‹ [ein Schüler des Sufimeisters Ni`Matullah].« (*Approche de la mystique dans les religions occidentales et orientales*, Paris, Albin Michel, 1996, S. 294–295 und 289–291.) – Erwähnt werden könnte auch die hinduistische Mystik. Ab dem 11. Jahrhundert hat Ramanuja, der große Meister, die Bhakti (Gottesliebe) entwickelt. Darin räumt er Shakti, die sowohl kosmische Energie als auch weibliche Gegenwart Gottes ist, einen beträchtlichen Platz ein. Die Liebe eines Shri Ramakrishna zur Göttin Kali ist davon eines der ergreifendsten Beispiele: »›Mein Blick fiel auf sie, und wie ein Blitz durchzuckte es mein Hirn. – Sie! [...] In mir wogte unaussprechliche Freude, und zutiefst wurde ich mir der Gegenwart der Göttlichen Mutter bewusst.‹ Von diesem Augenblick an waren seine Tage und Nächte dauernd von der Gegenwart der Geliebten erfüllt.« (Romain Rolland, *La vie de Râmakrishna*, Paris, Stock, 1929, S. 46 und 49.) Nicht zu vergessen ist auch der Tantrismus, dessen Einfluss auf den Hinduismus und den Buddhismus in der Rolle deutlich wird, die sie dem weiblichen Darstellung des Letzten geben. Diese hat dann zu gewissen Eigenheiten des tantrischen Buddhismus geführt: »Der Tantrismus stellt sich selbst als eine Theologie der göttlichen Allmacht (*shakti*) dar, die unter den Zügen einer Göttin dargestellt wird. [...] Ein Buddha wird erst dadurch ein solcher, dass er sich von der göttlichen Weisheit ›an die Hand nehmen‹ lässt. [...] Am Ziel seines spirituellen Weges angelangt ist ›der Gläubige aufgerufen, an dieser ›mystischen Hochzeit‹ teilzunehmen. Sie ist es, die ihn beseelt, die ihn führt und ihm den Weg eröffnet. Und mit ihr wird sich schließlich auch sein ›Ich‹ (sein *purusha*, sein *atman*) vereinen. Buddhisten, die den *atman* leugnen, ersetzen ihn durch die ›Kraft der Unterscheidung‹ (*vijnana*), die sie aber nach genau demselben Schema mit der höchsten Weisheit (*Prajna-Paramita*) sich vereinen lassen. [...] Hat sich das Paar endlich gefunden, so erscheint die Seligkeit, die von den Buddhisten *maha-sukha* (großes Glück) und von den Hindus *ananda* (spirituelle Seligkeit) genannt wird. Das ist das ganze Programm des Tantrismus.« (Jean Varenne, *Le tantrisme*, Paris, Albin Michel, 1997, S. 37 und 238–241.)
63   Die Psychoanalytikerin Catherine Luquet-Parat fordert uns auf, diesen unsicht-

baren Einfluss, von dem niemand endgültig frei ist, nicht zu unterschätzen: »Jedes endogene oder scheinbar exogene Problem lässt den ödipalen Konflikt wieder aufleben. Dieses Wiederaufleben des ödipalen Konflikts ist die erste regressive Stufe nach der relativ stabilen Periode, [die auf die Verarbeitung des Ödipuskomplexes folgt]. [...] Jede neue Situation, jede Veränderung der libidinösen Konstellation, jede libidinöse Organisation also mit einem neuen Objekt oder in einem neuen Kontext widerspiegelt ebenfalls den ödipalen Konflikt. Alles verhält sich so, wie wenn jede Neustrukturierung überhaupt nur über einen neuen Durchgang durch den ödipalen Konflikt und mit dessen Hilfe möglich wäre.« (»L'organisation œdipienne du stade génital«, in: *Revue Française de psychanalyse*, Band XXXI, Nr. 5–6, 1967, S. 790 und 792.)

64 Der Dominikaner Dominique Cerbelaud geht gar so weit, dass er schreibt: »[Erinnern wir uns] vorerst an eine Tatsache, die meist verschwiegen wird: Das Alte Testament nennt Gott häufiger ›Mutter‹ als ›Vater‹, namentlich weil die Propheten häufig das Bild des ›Mutterleibs‹ verwenden.« (»Un Dieu d'eau et de vent. l'Esprit-Saint dans les Odes de Salomon«, in: *La vie spirituelle*, Nr. 10, Mai–Juni 1994, S. 318.) Immerhin ist festzuhalten, dass das Wort *rahamin* auch den weiblichen Anteil im Mann, den mütterlichen Anteil im Vater bezeichnen kann. Olivier Clément deutet es in einer Arbeit zur geistlichen Vaterschaft an: »Der spirituelle Meister ist keineswegs geschlechtslos, wie dies gewisse mehr manichäische als christliche Texte uns manchmal glauben lassen wollen. Ganz im Gegenteil: Ist es ein Mann, so lebt er seine Männlichkeit in vollkommener Weise, ist es eine Frau, dann ihre Weiblichkeit. Aber er bringt in gewisser Weise auch den anderen Pol ein, den *animus* oder die *anima*, von der Jung spricht. Der geistliche Vater erlangt eine mütterliche Zärtlichkeit, die geistliche Mutter eine männliche Kraft.« (*Corps de mort et de gloire*, op. cit., S. 53.)

65 Die folgenden Zeilen des Propheten Nehemia drücken dies am klarsten aus: »Unsere Väter aber wurden hochmütig; sie waren trotzig und hörten nicht auf seine Gebote. Sie weigerten sich zu gehorchen und dachten nicht mehr an die Wunder, die du an ihnen getan hattest. Hartnäckig setzten sie sich in den Kopf, als Sklaven nach Ägypten zurückzukehren. Doch du bist ein Gott, der verzeiht, du bist gnädig und barmherzig, langmütig und reich an Huld; darum hast du sie nicht verlassen. Sie machten sich sogar ein gegossenes Kalb und sagten: Das ist dein Gott, der dich aus Ägypten herausgeführt hat!, und sie verübten schwere Frevel. Du aber hast sie in deinem großen Erbarmen nicht in der Wüste verlassen. Die Wolkensäule wich nicht von ihnen bei Tag, sondern führte sie auf ihrem Weg; ebenso erhellte die Feuersäule bei Nacht den Weg, den sie gehen sollten.« (Nehemia 9,16–19.)

66 Die synoptischen Evangelien (Matthäus, Markus, Lukas) gebrauchen den Begriff Vater nur sehr zurückhaltend. Häufig ist er nur im Johannesevangelium. Doch Joachim Jeremias meint, dass dabei auch der späte Zeitpunkt seiner Redaktion zu beachten sei: »Markus, die von Matthäus und Lukas benutzte Spruchüberlieferung und das lukanische Sondergut stimmen darin überein, dass sie nur von einem ganz sparsamen Gebrauch des Wortes ›Vater‹ für Gott in den Worten Jesu wissen. Erst bei Matthäus häufen sich die Belege, bei Johannes ist ›Vater‹ geradezu die Gottesbezeichnung schlechthin geworden. [...] Zwischen den Synoptikern und Johannes sind die Zahlen erstaunlich und auffällig verschieden: Der absolute Gebrauch von *ho pater* (der Vater) zur Bezeichnung Gottes geht erst auf eine sehr späte Zeit zurück.« (*Die Botschaft Jesu vom Vater*, op. cit., S. 20 f.) Im Hinblick auf die synoptischen Evangelien fügt die Theologin Elizabeth Johnson hinzu: »In der Sprache Jesu in den Evangelien haben darüber hinaus andere Namen als Vater genauso viel, wenn nicht

mehr theologisches Gewicht. Elisabeth Schüssler Fiorenzas Untersuchung der synoptischen Evangelien [*En mémoire d'elle*, Paris, Cerf, 1986, vgl. S. 183–200] zeigt, dass Jesu üblicher Begriff für Gott *basileia tou theou* ist, ein lebendiges, spannungsvolles Symbol, das auf das Reich Gottes oder auf das Wesen Gottes selbst hindeutet, das die Gemeinschaft des Schalom aktiv errichtet. Der Sophia-Gott des alle Menschen einbeziehenden Erbarmens und der Sorge wird in all denjenigen Gleichnissen und Worten Jesu angerufen, die dieses Symbol benutzen. Interessanterweise ist *basileia* grammatisch weiblich.« (Johnson, Elizabeth, *Ich bin, die ich bin. Wenn Frauen Gott sagen*, Düsseldorf, Patmos, 1994, S. 117.)

67   Exegeten betonen öfters, dass die Art, wie Jesus sich mit dem Vokativ »Vater« unmittelbar an Gott wendet, bereits eine besondere Nähe zu ihm ausdrückt. Es handelt sich hier nicht mehr einfach um eine kollektive Bezeichnung Gottes als Vater Israels und auch nicht um die allgemeine Feststellung einer Vaterschaft Gottes, sondern um eine ganz persönliche Anrede. Im Gefolge von Joachim Jeremias unterstreichen denn einige auch die außergewöhnliche Intimität, die dadurch zum Ausdruck kommt, dass Jesus das aramäische Wort *Abba* verwendet, das ungefähr dem französischen »Papa« oder dem deutschen »Vati« gleichkommt. Nach Witold Marchel wird dieses Wort in jüdischen Gebeten sonst nicht ohne Suffix oder sonstigen Zusatz verwendet: »Hier muss man wieder zwischen einer Anrede im Gebet und der bloßen Aussage, dass Gott ›Abba‹ ist, unterscheiden. So unwahrscheinlich es klingt, aber es gibt keinen einzigen jüdischen Text, in dem ›Abba‹ allein und ohne jeden Zusatz die Stelle einer Gebetsanrede einnimmt.« (*Abba, Vater! Die Vaterbotschaft des Neuen Testaments*, op. cit., Düsseldorf, Patmos-Verlag, 1963, S. 29.) Im Gefolge von Marc Philonenko korrigieren oder ergänzen andere diese Feststellung und warnen davor, pietistischen Spekulationen freien Lauf zu lassen, die einer infantilisierenden Spiritualität Vorschub leisten könnten. Hinter dem Wort *Abba* sei vielmehr eine Verwendung der aramäischen Übersetzung von Psalm 89 zu erkennen, was im Grunde dann heißt, dass Jesus damit seine messianische Identität anerkennt (vgl. Philonenkos Artikel »De la ›prière de Jésus‹ au ›Notre Père‹«, in: *Revue d'histoire et de philosophie religieuses*, April–Juni 1997, S. 133–140). Zusammen gipfeln diese einzigartige Intimität mit Gott und das Wissen um sein tiefstes Wesen in der Erklärung Christi, die aufzeigt, was er jener geheimnisvollen göttlichen Wirklichkeit bedeutet, die sich hinter dem Wort »Vater« abzeichnet: »Wer mich gesehen hat, hat den Vater gesehen.« (Johannes 14,9.)

68   Aus dem merkwürdigen Fehlen der Mutter im sogenannten Gleichnis des »verlorenen Sohns« (vgl. Lukas 15,11–32), wo doch nicht nur die beiden Söhne, sondern auch Knechte und Geladene erwähnt werden, könnte man fast schon schließen, dass die Gestalt des Vaters in Jesu Augen selbst schon Vater und Mutter zugleich mit einschließt. In seinem Bild »*Die Heimkehr des verlorenen Sohnes*« scheint der Maler Rembrandt Harmenszoon van Rijn im 17. Jahrhundert etwas Ähnliches zu ahnen, stellt er doch den Vater mit einer männlichen und einer weiblichen Hand dar.

69   Bei seinem ersten öffentlichen Auftritt, der Lesung in der Synagoge von Nazareth, erklärt Jesus nach dem Lukasevangelium (4,16–21), zu welchem Dienst er sich berufen weiß. Dabei zeigt er seine Entschlossenheit, die gewalttätigen oder rächenden Züge zu tilgen, die Gott manchmal zugeschrieben werden. Er tut es, indem er die Lesung aus dem Buch Jesaja bewusst vor den Worten beendet, die er sich offensichtlich nicht zu eigen machen will: »Der Geist Gottes, des Herrn, ruht auf mir; denn der Herr hat mich gesalbt. Er hat mich gesandt, damit ich den Armen eine frohe Botschaft bringe und alle heile, deren Herz zerbrochen ist, damit ich den Gefangenen die Entlassung verkünde und den Gefesselten die Befreiung, damit ich ein

Gnadenjahr des Herrn ausrufe.« Darauf folgt eine typisch menschliche Entstellung von Gottes Liebe: »[...] einen Tag der Vergeltung unseres Gottes« (Jesaja 61,1–2).

70 Einsicht – und dies gilt wohl für alle Lebensbereiche – besteht nicht in der Feststellung, dass dies oder jenes an sich gut oder böse wäre – alles hängt nämlich vom Gebrauch ab, den man davon macht, vom Ziel, das man verfolgt, und von der Gesinnung, die damit einhergeht. Einsicht heißt vielmehr, den Mut haben, den Vor- und Nachteilen bewusst Rechnung zu tragen, um, wenn möglich, dem Guten zum Zug zu verhelfen. Wie Paulus sagt: »Prüft alles, und behaltet das Gute!« (1. Thessalonicher 5,21.)

71 Nach der Psychoanalytikerin Melanie Klein tritt diese Ambivalenz schon beim Stillen auf. Charakteristisch dafür ist eine Mischung von Liebe und Hass: »Das erste Liebes- und Hassobjekt des Säuglings – seine Mutter – wird mit der ganzen Intensität und Stärke, die für frühkindliche Triebe typisch sind, begehrt und gehasst. Zuallererst liebt das Kind die Mutter; sie befriedigt sein Nahrungsbedürfnis, stillt sein Hungergefühl und verschafft ihm die Lust, die es erfährt, wenn sein Mund durch das Saugen an der Brust gereizt wird. [...] Wenn aber das Baby hungrig ist und sein Verlangen nicht gestillt wird, wenn ihm etwas wehtut oder es sich unwohl fühlt, so ändert sich plötzlich die ganze Situation. Hass und aggressive Gefühle kommen auf; das Kind wird von der Triebregung beherrscht, eben jene Person zu zerstören, die das Objekt all seiner Begierden und mit allem, was es erlebt – Gutem wie Bösem –, verknüpft ist.« (*Liebe, Schuldgefühl und Wiedergutmachung*, op. cit., S. 107–108.)

72 Wer von dieser Ambivalenz schockiert ist oder sie unter dem Vorwand bestreiten möchte, dass er sich an solches nicht erinnern kann, dem sei die Antwort der Psychoanalytikerin Joan Riviere in Erinnerung gerufen (vgl. Anmerkung 15).

73 Gewisse Strömungen der Psychoanalyse haben mystische Erfahrungen als Versuch gedeutet, einen symbiotischen Zustand wiederherzustellen, wie ihn das Kind im Mutterschoß erfährt. Ja, sie setzen diese gar mit einer Form innerer Regression gleich. Die christliche Mystik (anders stellt sich die Frage in der buddhistischen Mystik) sucht aber nicht die symbiotische Verschmelzung. Die ersehnte Einheit mit Gott wird als Gemeinschaft vorgestellt. Diese ist zwar nicht weniger mächtig als die symbiotische Verschmelzung, aber sie respektiert die Andersartigkeit des anderen, sie trennt nicht, aber vermischt auch nicht. Jeder ist sich bewusst, dass er er selbst bleibt und es gar immer mehr wird. Im Gegensatz zur völligen Verschmelzung hilft die von christlichen Mystikern gesuchte Fülle der Gemeinschaft dazu, zu seiner wahren Persönlichkeit zu finden.

74 Wer die Gefahr einer symbiotischen Verschmelzung zum Vorwand nimmt, um die Verwendung mütterlicher Analogien in der Theologie abzulehnen, schlägt damit eine ebenso unangemessene, wenn nicht gar abstruse Lösung vor wie der, welcher unter diesem Vorwand jegliche Verbindung zwischen Kind und Mutter unterbinden möchte. Das seelische Gleichgewicht des Kindes hängt natürlich nicht davon ab, dass jede Verbindung zu seiner Mutter unterbunden würde, sondern, wo das möglich ist, von der Gegenwart eines Vaters, der seine Verantwortung wahrnimmt und darauf achtet, die unersetzliche Rolle der Mutter zu ergänzen. Diese so wesentliche Ergänzung und Gegenseitigkeit lädt die Theologie ein, sich ebenfalls nicht mit der ausschließlichen Verwendung männlicher Analogien zufriedenzugeben.

75 Keine biblische Aussage dazu könnte ergreifender und anregender sein als die des Propheten Jesaja: »Kann eine Frau ihr Kindlein vergessen, eine Mutter ihren leiblichen Sohn? Und selbst wenn sie ihn vergessen würde: ich vergesse dich nicht.« (49,15.)

76   Wer diese Herausforderung annimmt, dem erlaubt sie indirekt eine konstruktivere Verwendung väterlicher und mütterlicher Analogien. Eine ausschließliche Verwendung könnte nämlich gewisse Menschen in einem infantilisierenden Glauben fixieren, wie dies die Theologin Elisabeth Parmentier festhält: »Zum paternalistischen Bild Gottes kommt dann noch ein paternalistisches Bild eines Eltern-Gottes hinzu, der die Gläubigen in einem infantilen Glauben fixiert: ›Mutterbilder und Vaterbilder sollten aufgearbeitet werden, damit Gott endlich ein Gott der Erwachsenen und für Erwachsene wird. Als Kind brauchte ich wohl einen Muttergott oder einen Vatergott, als Erwachsene benötige ich eine Gottheit, die mir adäquat ist. [...] Es kann doch wohl auch nicht im Interesse Gottes sein, dass sich Erwachsene ihm gegenüber ständig wie Kinder verstehen und verhalten.‹ [Sigrid Grossmann, »Gottesbilder?«, in: *Feministische Theologie, Perspektiven zur Orientierung*, Stuttgart, Kreuz-Verlag, 1988, S. 82.]« (*Les filles prodigues*, Genf, Labor et Fides, 1988, S. 113.)

77   In unserer Alltagssprache wird der Begriff der Person oft mit dem des Individuums verwechselt. Für den christlichen Glauben bezeichnet aber eine Person nicht ein isoliertes Individuum, sondern ein »Wesen in Gemeinschaft mit«. Dieses »in Gemeinschaft mit« wird dann noch viel radikaler, wenn es sich um das Geheimnis Gottes handelt. Weil sie eine Verwechslung zwischen Person und Individuum befürchteten, haben die ersten christlichen Denker im Griechischen ein anderes Wort gewählt. Sie sprachen für Gott lieber von drei »Hypostasen« als von drei »Personen«. Später ist es Thomas von Aquin gelungen, den Begriff der Person für Gott so zu umschreiben, dass sich seine Verwendung völlig rechtfertigt. Vielleicht ist dies eines der schönsten Geschenke, die er zum Verständnis des Glaubens beigetragen hat. Der Jesuit Bernard Sesboüé stellt es vor und unterstreicht, wie erneuernd und erhellend sich die Formulierung »substantiell für sich bestehende Relationen« (subsistierende Relationen) in Gott auswirkt: »Im Begriff der Relation hebt Thomas die absolute Seite hervor, in jenem der Person die relative: ›[...] In Gott aber besteht kein Unterschied außer kraft der Relationen des Ursprungs. Und diese Relationen sind nicht wie ein hinzutretendes Sein, welches zum Wesen etwas hinzufügt; sie sind das Wesen selber. Sonach ist jede Relation geradeso für sich bestehend, wie das Wesen für sich besteht. Sowie also die Gottheit Gott ist, so ist die göttliche Vaterschaft Gott Vater, der da eine göttliche Person ist. ›Person‹ in der besonderen Anwendung auf Gott bezeichnet somit die Relation als eine substantiell für sich bestehende.‹ (Thomas von Aquin, *Die katholische Wahrheit oder die theologische Summe, erster Hauptteil: Über Gott und seine Werke in der Natur, erste Abhandlung: Der einige Gott und seine Vollkommenheiten*, Regensburg, Manz, 1886, S. 47 [Ia q. 29, a. 4 co.]) Die göttliche Person ist also reine Relation, zugleich aber auch ein für sich bestehendes (subsistentes) Relations-Wesen. Wenn ein Mensch Vater ist, so unterscheidet sich, was er selbst ist, von dem, was er für seinen Sohn ist, ein Vater nämlich. Die Relation gehört bei ihm nicht zu seinem Wesen. In Gott hingegen ist die Relation das, was die Person selbst ausmacht. Das Für-andere-Sein seiner Person ist zugleich, was sie an sich ist: Nur was der Vater für seinen Sohn ist, macht ihn zu dem, was er selbst ist, zum Vater. Mit anderen Worten: der Vater ist ganz Vater und er ist nur das, er ist für sich bestehendes (subsistentes) Vatersein. Und nur diese subsistente (für sich bestehende) Relation unterscheidet ihn wirklich von seinem Sohn. In allem anderen ist er mit ihm eins. So lässt sich verstehen, dass jede dieser subsistenten Relationen etwas Eigenes ist, ohne ein eigenes Wesen zu sein und ohne das eine Wesen zu trennen. Die Person als substantiell für sich bestehende (subsistierende) Relation ist also tatsächlich jener einzigartige Begriff, der beiden Seiten des

154

trinitarischen Mysteriums Ausdruck verleihen kann.« (*Le Dieu du salut*, Paris, Desclée de Brouwer, 1994, S. 314–315.)

78 Für Menschen ist es schon ungewöhnlich, den Begriff der Person nicht mit dem des Individuums gleichzusetzen. Noch viel ungewöhnlicher ist es aber, an ein einziges göttliches Wesen, an einen einzigen Gott zu denken, wenn von mehreren göttlichen Personen die Rede ist, die einander lieben. Der Theologe Walter Kasper versucht, uns dies so gut wie möglich verständlich zu machen, indem er zwischen der Tatsache, Liebe zu haben, und jener, Liebe zu sein, unterscheidet: »Der für den menschlichen Verstand nicht einsehbare Unterschied zwischen der Liebe zwischen Menschen und der Liebe Gottes besteht nämlich darin, dass der Mensch Liebe hat, während Gott die Liebe ist. Weil der Mensch die Liebe hat und diese nicht sein ganzes Wesen ausmacht, ist er in der Liebe mit anderen Personen verbunden, ohne mit ihnen eines Wesens zu sein; bei Menschen begründet die Liebe eine enge und tiefe Personengemeinschaft, aber keine Wesensidentität. Gott dagegen ist die Liebe, und dieses sein Wesen ist absolut einfach und einzig; deshalb besitzen die drei Personen ein einziges Wesen; ihre Einheit ist Wesenseinheit und nicht nur Personengemeinschaft. Diese Dreiheit in der Einheit des einen Wesens ist das unergründliche Mysterium der Trinität, das wir nie rational begreifen können, sondern lediglich in Ansätzen dem gläubigen Verstehen zugänglich machen können.« (*Der Gott Jesu Christi*, in: Walter Kasper, *Gesammelte Schriften*, Band 4, Freiburg, Basel, Wien, Herder, 2008, S. 457–458.)

79 Der Respekt vor der Verschiedenheit der drei göttlichen Personen in der Einheit ihrer Liebe zeigt, wie gut das Mysterium der Trinität die beiden Seiten einer Liebe, die diesen Namen verdient – Einheit nämlich und Liebe –, voll sich entfalten lassen kann. Das östliche Christentum geht dabei eher von der Verschiedenheit der göttlichen Personen aus und betrachtet erst danach ihre Einheit, während das westliche mehr die Einheit des göttlichen Wesens unterstreicht, bevor es zur Verschiedenheit in Gott kommt. Beide Zugänge haben je ihre Größe und drücken je auf ihre Weise das Geheimnis von Gottes Liebe aus. Wie Walter Kasper festhält, kann aber die östliche Vorstellung das Geheimnis der Liebe besonders gut durchscheinen lassen, weil sie mehr die zwischenpersönliche Dimension der Trinität hervorhebt: »Wir müssen ausgehen vom Vater als dem grundlosen Grund einer sich selbst verströmenden Liebe, die Sohn und Geist freisetzt und zugleich in der einen Liebe mit sich eint. Gottes souveräne Freiheit als Ausgangs- und Einheitspunkt der Trinität zu nehmen heißt also, anders als die vorherrschende lateinische Tradition, nicht vom Wesen Gottes, sondern vom Vater, der das in der Liebe bestehende Wesen Gottes ursprünglich besitzt, auszugehen. Liebe lässt sich ja nicht anders denn als personal und als interpersonal denken. So existiert die Person gar nicht anders als in Selbstmitteilung an andere und in Anerkennung durch andere Personen. Deshalb kann die Einheit und Einzigkeit Gottes, gerade wenn Gott von vornherein personal gedacht wird, unmöglich als Einsamkeit verstanden werden.« (*Der Gott Jesu Christi*, op. cit., Freiburg, Basel, Wien, Herder, 2008, S. 456–457.)

80 Wenn man über die Existenz eines Schöpfergottes nachdenkt, bedingt dies, dass man auch darüber nachdenkt, was seiner Schöpfung vorausgeht, dies besonders auch, wenn man über Gottes Wesen nachdenkt. Das Argument, die Erschaffung der Welt oder die Beziehung zwischen Gott und seiner Schöpfung könnten bereits als Zeichen der Liebe verstanden werden, genügt nicht, um dem Zusammenhang zwischen dem Geheimnis der Liebe und einem göttlichen Wesen Rechnung zu tragen, das jeder Schöpfung schon vorausgeht.

81 Walter Kasper stellt die Trinität als eine »geschichtliche Selbstoffenbarung«

Gottes dar und erinnert daran, dass die trinitarische Theologie »ihren Grund ausschließlich in der Geschichte Gottes mit den Menschen hat, in der geschichtlichen Selbstoffenbarung des Vaters durch Jesus Christus im Heiligen Geist« (*Der Gott Jesu Christi, op. cit.*, Freiburg, Basel, Wien, Herder, 2008, S. 370). Wer in der Anerkennung der Göttlichkeit des Heiligen Geistes, die offiziell erst durch das Konzil von Konstantinopel im Jahr 381 definiert wurde, nur eine späte Spekulation sehen will, die weit vom ursprünglichen Glauben entfernt wäre, den erinnert Bernard Sesboüé daran, dass sich das Bedürfnis nach einer offiziellen Anerkennung im Gegenteil nur deshalb nicht schon von Beginn des Christentums an bemerkbar gemacht hat, weil sie immer schon anerkannt worden war: »Bis zur Mitte des 4. Jahrhunderts hatte sich die Frage nach der Göttlichkeit des Heiligen Geistes nie gestellt. Gott ist in höchstem Maße Geist. Sein Atem ist der Atem von Gottes eigenem Leben. Sein Atem schwebte bei der Schöpfung über den Wassern: Er war also präexistent. Längst schon vor dem Kommen Christi wurde er zu den Propheten gesandt. Er ist nicht Fleisch geworden. Sein göttlicher Ursprung war also nie ein Problem. [...] Aus all diesen Gründen war die Göttlichkeit des Geistes eine friedvolle Selbstverständlichkeit des Glaubens geblieben, auch wenn das Wesen seiner Person noch nicht genau präzisiert worden war. Doch die unendlichen Debatten über die Göttlichkeit des Sohnes hat die frühere Fragestellung tiefgehend verändert. Auffällig ist, dass die Göttlichkeit des Heiligen Geistes um das Jahr 360 herum in Frage gestellt wurde, im Augenblick also, wo sich die Definition von Nikäa in Bezug auf den Sohn als begründet durchzusetzen begann. Es war wie eine Folgeerscheinung: Sollte alles, was eben von der Kirche über die Göttlichkeit des Sohnes gesagt worden war, nun ebenso auch für den Geist gelten?« (*Le Dieu du salut, op. cit.*, S. 261–262.)

82   Dass der Apostel Johannes sein Evangelium mit der Erzählung der Hochzeit zu Kana eröffnet, hat einen hohen symbolischen Wert. So lädt er uns ein, darin ein »Zeichen« zu erkennen, das Aufschluss gibt über die Identität Christi und den letzten Sinn seiner Aufgabe (vgl. Johannes 2,1–12). Entsprechend schließt er auch die Offenbarung mit demselben Thema der mystischen Hochzeit ab (vgl. Offenbarung 21,2–4; 22,17 und 20). Und Paulus wagt seinerseits folgende Aussage: »Denn ich liebe euch mit der Eifersucht Gottes; ich habe euch einem einzigen Mann verlobt, um euch als reine Jungfrau zu Christus zu führen.« (2. Korinther 11,2.)

83   Victor Dillard führt seine Erläuterungen dazu mit einem Gebet ein, in dem sich wohl viele Christen wiedererkennen können: »Heiliger Geist! Ich suche dich zu erfassen, dich herauszuisolieren aus dem Göttlichen, in das ich eintauche. Doch meine ausgestreckte Hand bringt nichts zurück, und unmerklich sinke ich auf die Knie vor dem Vater oder beuge mich über meinen vertrauten inneren Christus. [...] Du bist zu nahe, ich kann nicht wissen. Herr, zeige mir ein wenig von deinem Antlitz, mach, dass ich sehen kann. Lehr mich, wie unentbehrlich du mir bist [...]. Wir geben dir im Leben, das unser Christentum belebt, kaum einen Platz. Du bleibst ein Wort, ein Titel, ein komplizierter Ausdruck. Nur Experten in göttlichen Dingen, meint man, könnten dich verstehen [...]. Als ob du keine Person wärst. Eine Person wie wir, und wie der Vater, und wie der Sohn, genau gleich, eine fesselnde Person also, mit einer unendlich geheimnisvollen Mitte und einer faszinierenden Ausstrahlung.« (*Au Dieu inconnu*, Paris, Beauchesne, 1938, S. 5–9.)

84   Der Theologe Sergei Bulgakow schlägt vor, die Art der Liebe zu unterscheiden, die jeder der göttlichen Personen eigen ist: »Schließlich ist da die persönliche Liebe des Menschen für den Menschen ein Abbild der Liebe, welche die äquihypostatischen Personen der Heiligen Trinität füreinander empfinden; der Vater liebt nämlich

den Sohn und den Heiligen Geist *auf seine Weise*, so wie der Sohn *auf seine Weise* den Vater und den Geist liebt, und der Geist *auf seine Weise* den Vater und den Sohn.« (*Le Paraclet*, Paris, Aubier, 1946, S. 324.)

85 Einige Theologen haben auch schon auf den Anteil an Weiblichkeit hingewiesen, der in dieser oder jener Reaktion Christi zu finden ist (vgl. Matthäus 23,37), oder auf den Anteil an Männlichkeit im Wirken des Geistes. Eine solche Feststellung lässt aber nur die Parallelen noch klarer hervortreten, die andere – meist orthodoxe – Theologen einerseits zwischen dem Geheimnis Christi und jenem des Mannes meinen ausmachen zu können – auch Carl Gustav Jung sieht ja im Mann einen weiblichen Anteil, die *anima* –, und andrerseits zwischen dem Geheimnis des Geistes und jenem der Frau – in ihr sieht Carl Gustav Jung ja auch einen männlichen Anteil, den *animus*. Der Theologe Paul Evdokimov sieht darin die Grundlage für eine eigentliche theologische Anthropologie: »Dass Mann und Frau auf je verschiedene Art Abbild Gottes sind, kommt daher, dass sie wie der Sohn und der Heilige Geist unterschiedliche Offenbarungen des Vaters sind. [Matthias Joseph] Scheeben [ein deutscher katholischer Theologe] macht dieselbe Unterscheidung und meint, Adam sei Abbild des Sohnes (*similitudo Filii*), Eva aber Abbild des Heiligen Geistes (*similitudo Spiritus Sancti*).« (*Le Mariage, sacrement de l'amour*, Paris, ELF, 1947, S. 159.) Diese theologische Anthropologie scheint äußerst verheißungsvoll, denn sie sieht in Christus nicht mehr den alleinigen Archetypus des Menschen. Gewiss trägt das Geheimnis Christi – in Christi menschlicher Natur – auch das Geheimnis eines jeden menschlichen Wesens in sich, sei es Mann oder Frau. Doch dies schließt nicht aus, dass man sich unter dem Thema »der Mensch als Abbild Gottes« auch Gedanken über die Rolle des Heiligeh Geistes bei der Schöpfung machen könnte. Dafür hatte ja Irenäus von Lyon im 2. Jahrhundert schon gesorgt: »Denn immer ist bei ihm [Gott] das Wort und die Weisheit, der Sohn und der Geist, durch die und in denen er alles aus freiem Willen und Entschluss geschaffen hat. Zu ihnen spricht er auch: ›Lasst uns den Menschen machen nach unserm Bild und Gleichnis‹.« (*Des heiligen Irenäus fünf Bücher gegen die Häresien*, aus dem Griechischen übersetzt von E. Klebba, Bibliothek der Kirchenväter, 1. Reihe, Band 3, München, 1912, IV. Buch, 20. Kapitel, 1. Abschnitt.)

86 Olivier Clément betont diesen Aspekt in seiner Würdigung von Paul Evdokimovs theologischem Denken: »In seinem Verständnis der göttlichen Wurzeln und der Archetypen des Männlichen und des Weiblichen im Menschen […] ist das Männliche mit dem Logos [Christus] verbunden, das Weibliche mit dem Pneuma [Geist]. In totaler und gegenseitiger Hingabe offenbaren sie beide den Vater. So wie der Geist ist auch die Frau dazu berufen, zu inspirieren, zu trösten, zu verkörpern.« (»Paul Evdokimov, témoin de la beauté de Dieu«, in: *Contacts, op. cit.*, S. 76.)

87 Unter den sogenannten »feministischen« Theologien geben einige offen zu, sie hätten wegen dieses Ungleichgewichts manchmal versucht, weibliche Analogien auch in ihre Gedanken über die Person Christi einzubeziehen. Sie hätten nämlich befürchtet, dass eine Art Minderwertigkeit der Frau gegenüber dem Mann weiterhin bestehen bleiben würde, wenn sie diese Analogien dem Heiligen Geist zuordneten. Hier zeigt sich, dass eine wirkliche Gleichwertigkeit Christi und des Heiligen Geistes nicht nur einem trinitarischen Glauben angemessener wäre, der diesen Namen tatsächlich verdient, sondern dass sie im theologischen Denken zu einem besseren Gleichgewicht zwischen männlichen und weiblichen Analogien beitragen könnte.

88 Schon die beiden ersten Verse der Bibel deuten ihre gegenseitige Ergänzung an: Gott schafft durch sein Wort, während der Geist »über dem Wasser schwebt«. Dies wird immer deutlicher, je näher es auf Christus zugeht, und erst recht in seinem

Leben (vgl. Lukas 11,49; Lukas 1,15; Lukas 1,35; Lukas 2,25–26; Lukas 3,22; Lukas 4,1; Lukas 4,14; Lukas 10,21; Apostelgeschichte 1,2; Matthäus 12,28; 1. Petrus 3,18; Johannes 16,12–13). Im Übrigen beenden die beiden auch die Bibel: »Der Geist und die Braut aber sagen: Komm! [...] Amen. Komm, Herr Jesus!« (Offenbarung 22,17 und 22,20.)

89   Diese Tendenz zeigt sich auch in der Lehre des *Filioque*, so wie sie im christlichen Westen ausgearbeitet wurde. Im Unterschied zur ostkirchlichen Lehre sagt die westkirchliche aus, der Heilige Geist gehe vom Vater »und vom Sohn« aus. Damit lässt sich aber dem Heiligen Geist kein Platz mehr zuweisen, wo er und der Sohn einander wirklich ergänzen. Auch der Platz des Vaters als alleinige Quelle der Trinität ist damit nicht mehr recht zu erklären.

90   Wenn Olivier Clément seinen Weg vom Atheismus hin zum christlichen Glauben beschreibt, erkennt er selbst an, dass diese Tatsache seine Wahl der Orthodoxie beeinflusst hat: »Ich hatte einiges gelesen, meine katholischen und protestantischen Freunde befragt. Aber ich konnte da keine Trinität erkennen. Nur eine Zwei-Einigkeit. Ständig sprach man vom Vater und vom Sohn und von ihrer Liebe. Der Heilige Geist war das Band ihrer Liebe, ihr Liebesseufzer, ihr gemeinsames Werk. Da gab es ja schon eine ganze Lehre vom Heiligen Geist, aber ich konnte weder sehen, wozu sie gut war, noch, wozu Er gut war. Der Vater und der Sohn schienen vollauf zu genügen.« (*L'autre soleil*, Paris, Stock, 1975, S. 131.) Der christliche Osten hingegen war immer darauf bedacht, im Geheimnis der Trinität alle Verbindungen zwischen den Personen aufzuzeigen und den Platz einer jeden göttlichen Person zu respektieren. Dies zeigt auch die Dreifaltigkeitsikone, die Andrei Rubljow im 15. Jahrhundert gemalt hat. Sie stellt drei Personen von gleichem Aussehen dar: Inspiriert ist sie von der biblischen Geschichte von drei geheimnisvollen Personen, die Abraham besuchten, doch da ist kein bärtiger Greis wie bei Michelangelo, und die Personen sind auch nicht ausschließlich männliche Wesen. Paul Evdokimov erinnert daran, dass die Orthodoxie in dieser Ikone »das Urbild aller Ikonographie und jeder Darstellung der Trinität« sieht: »[Andrei Rubljow] gibt die Bewegung im Leben der Trinität wieder, die Einheit in der Verschiedenheit und auch die Liebe, die die Personen eint, ohne sie zu verwischen. [...] Vor der Ikone aller Ikonen, der Ikone der Heiligen Trinität, die der Mönch Andrei Rubljow 1425 gemalt hat, lässt sich dieses Gefühl gut verstehen. Rund hundertfünfzig Jahre später hat sie das ›Konzil der hundert Kapitel‹ (Stoglaw) zum Urbild aller Ikonographie und jeder Darstellung der Trinität erklärt.« (*L'art de l'icône, théologie de la beauté*, Paris, Desclée de Brouwer, 1972, S. 207.)

91   Weit davon entfernt, sich auf das Wirken einer unpersönlichen Kraft zu beschränken, gleicht in den Worten Jesu das Wirken des Heiligen Geistes vielmehr dem Wirken einer Person: Nur eine Person kann Leben schenken, zu einer geistlichen Geburt führen (vgl. Johannes 3,5–8), trösten, helfen (vgl. Johannes 14,16–17), bezeugen, lehren, zur Wahrheit führen (vgl. Johannes 14,26; 15,26; 16,13), inspirieren (vgl. Lukas 12,11–12). Noch klarer ist jene andere Stelle, wo Christus den Heiligen Geist als »den anderen Beistand« vorstellt. Nach Pierre-Yves Émery, einem Bruder von Taizé, lädt er uns damit ein, uns an den Heiligen Geist als an ein »Du« zu wenden: »›Ich werde den Vater bitten [sagt Jesus] und er wird euch einen anderen Beistand geben, der für immer bei euch bleiben soll. Es ist der Geist der Wahrheit‹ (Johannes 14,16–17). Ein Beistand hilft, er unterstützt, er verteidigt. ›Ein anderer Beistand‹ ist also mit anderen Worten mein anderes Ich, der am selben Werk arbeitet wie ich, ein anderer Jemand. So die Meinung Jesu. Sobald wir Jesus begegnen – und das ist das eigentliche Werk des Heiligen Geistes –, lässt uns Jesus dem Geist als

einer Person begegnen, an die wir denken und uns wenden können als an ein ›Du‹.«
(*Le Saint-Esprit, présence de communion*, Taizé, Les Presses de Taizé, 1980, S. 57.)
Ja, es gibt gar eine Bibelstelle, wo der Heilige Geist in der ersten Person spricht und
dabei ein »Ich« verwendet, wie es sonst nur der Vater und der Sohn tun: »Wählt mir
Barnabas und Saulus zu dem Werk aus, zu dem ich sie mir berufen habe.« (Apostel-
geschichte 13,2.)
92   Auf rein linguistischer Ebene könnten bestimmte Formulierungen – z. B. »der
Geist des auferstandenen Christus« oder »dein Heiliger Geist« – einer gewissen
Zweideutigkeit Vorschub leisten und den Heiligen Geist auf einen universalisierten
Christus reduzieren. Zwischen Christus und dem Heiligen Geist besteht gewiss eine
einzigartige Beziehung, und ihr gemeinsames Wirken macht sie unzertrennlich.
Trotzdem ist aber ihre Beziehung als eine Beziehung zwischen Personen zu sehen,
unvermischt und ungetrennt. Im Zusammenhang mit ihrer gemeinsamen Liebe zum
Menschen lädt uns Pierre-Yves Émery auch zu einer Meditation über ihre gegenseitige Liebe ein: »Wenn beide sich je hinter dem anderen verstecken, das fleischgewor-
dene Wort [Christus] hinter dem Geist und der Geist hinter dem Wort, unserem
Bruder, so dürfen wir darin auch ihre Liebe zueinander wahrnehmen: In ihrer gegenseitigen Liebe scheinen der Sohn und der Geist je dem anderen bei seiner Aufgabe
zu dienen. Aus Liebe bringt jeder demütig den anderen zur Geltung. Und diese Liebe
betrifft uns sehr direkt, denn sie ist auch ihre gemeinsame Liebe zu uns und ihre
gemeinsame Demut zu unserem Heil. [...] Indirekt und in zweiter Linie lässt uns die
eben beschriebene Gegenseitigkeit von Wort und Geist den Geist als ein Gegenüber
Christi bekennen, in einem Austausch von Liebe, wie er nur zwischen Personen
möglich ist.« (*Le Saint-Esprit, présence de communion, op. cit.*, S. 55 und 57.)
93   Joseph Wolinski, Patristikspezialist und Mitautor (mit Bernard Sesboüé) von
Le Dieu du salut, erinnert daran, dass der Modalismus schon in den ersten Jahrhunderten mit dem trinitarischen Glauben für unvereinbar erklärt wurde: »Unter Modalismus versteht man eine Lehre, die im Namen des Monotheismus jede Mehrzahl
mehr oder weniger gänzlich aus Gott ausschließt und die Existenz dreier ewig un-
terschiedener Personen leugnet. Wohl spricht man vom Vater, vom Sohn und vom
Heiligen Geist, aber man sieht darin nur drei unterschiedliche Arten, wie Gott mit
der Welt in Beziehung tritt. Es ist ein und derselbe Gott, der sich mit unterschiedlichen Gesichtern offenbart. Noch im 4. Jahrhundert wird Basilius von Cäsarea den
modalistischen Gott anprangern.« (*Le Dieu du salut, op. cit.*, S. 179.)
94   Diese Tendenz zeigt gut die utilitaristische Verwendung der Religion, da, wo es
einem Menschen mehr um sein eigenes Heil geht als um eine echte, um ihrer selbst
willen gelebte gegenseitige Liebe zu Gott.
95   Elisabeth Parmentier gibt in *Les filles prodigues* (Genf, Labor et Fides, 1998)
einen Überblick über die verschiedenen Vorschläge sogenannter »feministischer«
Theologinnen. Siehe auch die Forschungsergebnisse von Elizabeth A. Johnson in *She
Who Is: The Mystery of God in Feminist Theological Discourse* (New York, Cross-
road, 1992) – deutsche Übersetzung: *Ich bin, die ich bin. Wenn Frauen Gott sagen*,
Düsseldorf, Patmos, 1994.
96   Auf diese »enge Beziehung« werden wir noch ausführlicher zurückkommen
müssen. Hier möge es genügen, mit dem Theologen René Laurentin festzuhalten,
dass »Weisheit und Geist oft identisch scheinen (Weisheit 1,5–6; 7,22–24), mit be-
merkenswerten synonymen Parallelismus: ›Wer hat je deinen Plan erkannt, wenn
du ihm nicht Weisheit gegeben und deinen heiligen Geist aus der Höhe gesandt
hast?‹ (Weisheit 9,17.) Oft sind sie identisch oder austauschbar«. (*L'Esprit Saint, cet
inconnu*, Paris, Fayard, 1997, S. 114.)

97   Die Gestalt der Weisheit lässt sich nicht auf die rein literarische und poetische Personifizierung eines göttlichen Attributs reduzieren, als was sie in der Bibel vorerst erscheint, sondern sie wird nach und nach mit Gottes eigener Gegenwart identifiziert: »Aber das Wesentliche liegt doch darin, dass sich dies alles uns nicht als ein Etwas, als Lehre, Führung, Heil o. Ä. zuwendet, sondern als eine Person, als ein rufendes Ich. So ist sie [die Weisheit] wirklich die Gestalt, in der sich Yahwe vergegenwärtigt und in der er vom Menschen gesucht sein will.« (Gerhard von Rad, *Theologie des Alten Testaments*, Band 1, München, 1966, S. 458.)

98   Zum Ursprung dieser weiblichen Gestalt existieren mehrere Hypothesen, wie auch zu den interreligiösen Einflüssen, die biblische Autoren dazu gebracht haben könnten, bestimmte Züge ägyptischer, phönizischer oder mesopotamischer Göttinnen wie Isis, Astarte oder Ishtar zu übernehmen. Wichtig ist aber hier, auch die tieferen Gründe und die spirituellen Erfahrungen zu erkennen, welche in der Schrift zu dieser Entwicklung geführt haben. Dazu der Dominikaner Philippe Lefebvre: »Es handelt sich hier nicht einfach um eine literarische Gestalt, die etwas Farbe in die vielleicht etwas karge Suche nach Weisheit bringen soll. Letztlich geht es auch nicht um den versteckten Einfluss fremder Religionen, den ja ohnehin nur erfahrene Wissenschaftler entschlüsseln könnten: Bei den Ägyptern und anderen Nachbarvölkern Israels ist die Weisheit oft das Attribut einer Göttin, und diese Göttin hätte es dann, israelitisch eingekleidet, bis in die Heilige Schrift gebracht. Nein. Wenn die Weisheit eine weibliche Person ist, dann im Grunde ganz einfach deshalb, weil Weise sie als solche erfahren haben. Sie, die ja so häufig vor allerlei falschen Göttern warnen, waren doch ihren eigenen Praktiken und Ausdrucksweisen gegenüber gewiss in dieser Hinsicht vorsichtig genug. Wenn sie mit aller Entschiedenheit während Jahrhunderten und in verschiedenen biblischen Büchern die Weisheit als Frau vorstellten, so nicht deshalb, weil sie unbewusst gängige Vorstellungen übernommen hätten, sondern weil es für sie keine bessere Art gab, ihren intimen Umgang mit Gottes Weisheit darzustellen. Das schließt natürlich nicht aus, dass sie dazu auch von Vorbildern aus ihrer Umwelt inspiriert worden wären. [...] Wahr aber ist, dass die Weisen der Bibel ausdauernd und präzise das Wesen jener Frau Weisheit vertieft haben, mit der sie lebten. [...] Sie lassen sich dann von ihr führen. Die weisheitlichen Texte aus der Bibel sind gleichsam die Darstellung ihrer mystischen Erfahrung.« (»La Sagesse: rencontre de l'homme et de la femme«, in: *La vie spirituelle*, Nr. 731, Juni 1999, S. 201–202.)

99   In der Verlängerung von Stellen wie: »Halte sie hoch, dann wird sie dich erhöhen; sie bringt dich zu Ehren, wenn du sie umarmst« (Spr. 4,8) oder: »Denen, die nach ihr verlangen, gibt sie sich sogleich zu erkennen« (Weish. 6,13) unterstreicht der Exeget Gerhard von Rad, dass Gottes Weisheit sogar in der Gestalt der Verführerin dargestellt wird: »Wie persönlich die Weisheit in das Leben des Einzelnen treten will und wie intim sie ihn anredet, haben erst die Forschungen Böstroms gezeigt; es ist nämlich deutlich geworden, dass die einladende Weisheit als die konstruktive Gegenspielerin der Aphrodite Parakyptousa verstanden werden muss. So wie die Frauen, die im Dienst der Wollustgöttin öffentlich die Männer zu sich rufen, um das Opfer ihrer Keuschheit darzubringen, so wirbt und lockt auch die Weisheit die Männer zu sich, wobei freilich das Mahl, zu dem sie einlädt, zum Hochzeitsmahl geworden ist.« (*Theologie des Alten Testaments*, op. cit., Band 1, München, 1966, S. 457–458.)

100   Claude Larcher präzisiert gar: »Das erklärt, weshalb sie [die Weisheit] gewisse Kirchenväter als Vorahnung nicht des Wortes, sondern des Heiligen Geistes betrachtet haben« – das »Wort« meint hier ja den Sohn, wie im Ausdruck des Apostels

Johannes: »Und das Wort ist Fleisch geworden und hat unter uns gewohnt« (Johannes 1,14); dieser Ausdruck nimmt wiederum das alttestamentliche Thema von Gottes »Wort« wieder auf (im Hebräischen steht hier das männliche Wort *dabar*), das manchmal als Parallele zum Wirken der »Weisheit« (im Hebräischen steht hier das weibliche Wort *hokmah*) verwendet wurde. Und tatsächlich setzen die Kirchenväter Theophil von Antiochien und Irenäus von Lyon ab dem 2. Jahrhundert die Weisheit mit dem Heiligen Geist gleich und nicht mit dem Sohn. Das sehen die meisten Kirchenväter allerdings eher umgekehrt, was nach einer Erklärung ruft. Die geheimnisvolle göttliche Weisheit war nämlich im Alten Testament zusammen mit dem nicht minder geheimnisvollen »Engel Jahwes« die einzige Gestalt, die als Gott und zugleich als von Gott unterschieden beschrieben wurde. Insofern war sie eine Gestalt, die in der christlichen Theologie sowohl in die Nähe des Heiligen Geistes wie auch in die Nähe des Sohnes gerückt werden konnte. In Anbetracht des strikten Monotheismus Israels konnte sie bestimmt weder schon als Hypostase im Sinn des christlichen Glaubens noch als Vorahnung davon betrachtet werden. Aber in diesem alttestamentlichen Versuch, in Gott die transzendente Quelle von dessen immanenter göttlicher Gegenwart unter den Menschen zu unterscheiden, verfügten die Christen über die einzige Schriftstelle, die ihrem Glauben nahe kam und ihnen vor allem erlaubte, die Frage nach dem wahren Wesen Christi von der Heiligen Schrift her anzugehen. Daher wurde die Weisheit fast systematisch mit dem Sohn gleichgesetzt, auf Kosten der zahlreichen Züge, die eher auf den Heiligen Geist zutreffen. Deshalb regte Anfang des 20. Jahrhunderts der Theologe Sergei Bulgakow an, die Gewichte besser zu verteilen, und nicht zu vergessen, dass die biblische Gestalt der Weisheit nicht überall einer einzigen Hypostase zu entsprechen braucht. Die eine Interpretation sei also nicht gegen die andere auszuspielen, sondern lieber jene Züge, die besser zum Sohn passen, von denen zu unterscheiden, die besser dem Heiligen Geist entsprechen: »In der Sophiologie herrscht ein eigenartiges Vorurteil: Danach könnte die Weisheit nur mit einer einzigen Hypostase in Verbindung gebracht werden, mit der des Sohnes. Aus dieser Verbindung wird dann praktisch eine Identität. [...] Nach Augustinus hätte dies notwendigerweise zur Folge, dass der Vater nicht über die Weisheit verfügt, ebenso wenig wie über den Heiligen Geist, obwohl er doch ›der Geist der Weisheit‹ ist. Das ist natürlich absurd.« (*La Sagesse de Dieu*, Lausanne, L'Âge de l'Homme, 1983, S. 27.) Und Sergei Bulgakow fügt hinzu: »Die göttliche Sophia ist nicht nur der Sohn, wie sie auch nicht nur der Geist ist: Sie ist Sohn und Geist zugleich, und als solche Offenbarung des Vaters. [...] Dass die Hypostasen dieser Dyade weder zu trennen noch zu vermischen sind, zeigt zugleich, wie konkret ihre Beziehung zueinander ist. [...] Zur Selbstoffenbarung des Vaters sind beide Hypostasen ebenso nötig wie unersetzlich.« (*Le Paraclet, op. cit.*, S. 171–172.) Wenn uns Sergei Bulgakow einlädt, »die jeweiligen Attribute der Hypostasen« zu unterscheiden, so ist das schon ein erster Schritt hin zu einer besseren Erkenntnis der engen Beziehung zwischen Weisheit und Heiligem Geist. Dazu kommt noch ein weiterer – ebenso selten erwähnter – Punkt, der es auch verdiente, geklärt zu werden: das gemeinsame Wirken des Sohnes und des Geistes. Wenn Jesus erklärt: »Der Geist des Herrn ruht auf mir« (Lukas 4,18) oder wenn die Evangelien immer wieder erwähnen, dass Jesus »erfüllt war vom Heiligen Geist« (Lukas 4,1), so könnte dies auch dazu führen, seine Worte über die Weisheit (vgl. Lukas 7,35 und 11,49) nicht als simple Gleichsetzung Christi mit der Weisheit zu verstehen, sondern darin lieber und subtiler eine Äußerung des Heiligen Geistes im Leben Jesu zu erkennen.
101   Elizabeth Johnson erinnert daran, dass das Symbol der Taube in der griechischen Mythologie für die Göttin der Liebe stand: »Bei der Taufe Jesu kommt nach

Lukas' Schilderung der Geist in Gestalt einer Taube auf ihn herab (Lukas 3,22). Laut Ann Belford Ulanov ist die Taube in der griechischen Mythologie das Emblem für Aphrodite, die Göttin der Liebe. Tauben waren sogar kultisch geschützt, Türme wurden für sie erbaut, und sie wurden stets mit Nahrung versorgt. Die Gestalt der Taube in der christlichen Kunst verbindet somit den Heiligen Geist mit der weitverbreiteten vorchristlichen Tradition der göttlichen Macht von Frauen: ›In der Ikonographie ist die Taube eine Gesandte der Göttin und des Heiligen Geistes.‹« [Ann Belford Ulanov, *The Feminine in Jungian Psychology and in Christian Theology*, Evanston, Northwestern University Press, 1971, S. 325.] (Johnson, Elizabeth, *Ich bin, die ich bin. Wenn Frauen Gott sagen*, Düsseldorf, Patmos, 1994, S. 121.)

102 Verschiedene Strömungen marianischer Spiritualität haben im Volksglauben gar dazu geführt, im Heiligen Geist Marias Mann, den Vater Jesu, zu sehen. Nach René Laurentin, einem Spezialisten der Mariologie, ist dies allerdings nicht zulässig, sondern zeigt nur, dass man die Beziehung zwischen Maria und dem Geist nicht verstanden hat: »Um besser auszuschließen, dass der Heilige Geist Gatte und Vater sei, hat ihn Matthäus [der Evangelist] als Geist bezeichnet, ein Wort, das in der Originalsprache des Matthäus weiblich ist. Dazu kommt, dass er ihn mit derselben griechischen Präposition *ek* versehen hat, die er zur Bezeichnung der Rolle der Frauen im Unterschied zu jener von Männern verwendet. [...] Die Partikel *ek* bezeichnet die Rolle der Frau in allen vier Generationen der Genealogie: ›Perez und Serach VON [= *ek*] Tamar (Matthäus 1,3), Boas VON [= *ek*] Rahab, Obed VON Rut (1,5), Salomo VON der Frau des Urija (1,6)‹. Dies ist keineswegs Zufall, denn im Vers 20 wird die Rolle des Geistes ebenfalls weiblich mit derselben Partikel *ek* beschrieben: ›[D]enn das Kind, das sie erwartet, ist VOM Heiligen Geist‹ (Matthäus 1,20). [...] Wenn er dem übernatürlichen Prinzip dieser Geburt einen weiblichen Namen gibt und sein Wirken ebenfalls als weiblich kennzeichnet, so will Matthäus damit sehr klar ausschließen, dass der Heilige Geist der Gatte Marias und der Vater Jesu sei. Damit sieht er das Wirken des Heiligen Geistes ganz auf der Linie dessen, was in der Bibel vorgezeichnet ist: [...] Er erhebt Maria auf die Höhe ihrer weiblichen Berufung als Mutter.« (*L'Esprit Saint, cet inconnu, op. cit.*, S. 579, 139 und 140.) René Laurentin will uns auf diese Weise die einzigartige und sehr enge Beziehung zwischen Maria und dem Geist entdecken lassen, unterstreicht aber gleichzeitig die weibliche Dimension des Geistes und dessen Geheimnisses: »[Maria] lässt den Heiligen Geist durchscheinen und ist die vollkommene Vermittlerin seiner Inspiration, sie wird dabei durch die Nähe des Heiligen Geistes zum Weiblichen begünstigt. [...] Maria ist so das *Bild* und die vollkommenste *Ikone* des Heiligen Geistes, denn dieser ist nur Liebe, nur Hingabe, und auf der menschlichen Ebene ist sie, Maria, nur Liebe und Hingabe. [...] Die Ähnlichkeit Marias mit dem Heiligen Geist liefert auch den Schlüssel zu einem wirklich Problem. Zu Recht haben nämlich Protestanten und Orthodoxe, aber auch die Kardinäle Congar und Suenens sowie H. Mühlen, der marianischen Bewegung, wenn nicht gar der Kirche vorgeworfen, den Heiligen Geist durch Maria zu ersetzen, und zwar in ihrer Person einseitig Titel, Funktionen und Privilegien zu verehren, die in Wirklichkeit dem Heiligen Geist zukommen. [...] Tatsächlich ist dadurch ein Ungleichgewicht entstanden, dass man Maria viele Titel zugesprochen hat, die zuallererst dem Heiligen Geist zukommen, und dies ohne dabei deren oft vergessenen Ursprung zu erwähnen. [...] Maria ist letztlich nur über den Heiligen Geist zu verstehen, auf den sie ganz bezogen ist. [...] Das ist der Weg, auf dem die Mariologie wird fortschreiten können.« (*Ibd.*, S. 588 und 591.) Und tatsächlich hatte schon Yves Congar dazu aufgerufen, die Herausforderung anzunehmen und zum Punkt der engen Beziehung Marias zum Heiligen

Geist eine weitere Entwicklung der Mentalitäten anzuregen: »Es ist dies ein sehr weites Thema. Wir sollen von der Kritik, die sich an uns richtet, Kenntnis nehmen, anerkennen, was daran möglicherweise richtig ist, uns aber auch bewusst werden, wie tief die Verbindung zwischen der Jungfrau Maria und dem Heiligen Geist ist, und wie beide deswegen, trotz absolut unterschiedlichem Stand, doch eine gewisse Rolle gemeinsam haben. Die Kritik wiegt schwer. Sie kommt vor allem von Protestanten und kann so zusammengefasst werden: Wir schreiben Maria zu, was tatsächlich dem Heiligen Geist zukommt; im Grenzfall weisen wir ihr gar den Platz des Parakleten zu. Wir schreiben ihr nämlich den Titel und die Funktion der Trösterin zu, der Anwältin, der Verteidigerin der Glaubenden gegenüber Christus, der dann zum bedrohlichen Richter wird; dank ihrer Rolle als Mutter sind wir keine Waisen mehr; sie offenbart uns Jesus, der seinerseits den Vater offenbart. Sie lässt Jesus in uns Form annehmen, eine Rolle, die dem Heiligen Geist zukommt... Gewisse Theologen nennen sie ›Seele der Kirche‹, ein Titel, der ebenfalls dem Heiligen Geist zuzuschreiben ist. Schließlich reden viele fromme Seelen von der Gegenwart Mariens in ihnen, auch davon, dass Maria ihr Leben lenkt, und in all dem von einer Erfahrung, die der Erfahrung der Gegenwart und der Inspiration des Heiligen Geistes entspricht.« (*Je crois en l'Esprit Saint*, Band 1, IX. Kapitel, *Note additionnelle, Suppléances et alibis du Saint-Esprit, Vierge Marie*, S. 224.) Der letzte der von Yves Congar aufgeworfenen Punkte könnte auch die Frage nach der Interpretation gewisser spiritueller Erfahrungen und Phänomene stellen, die manchmal als »Erscheinungen« beschrieben werden. Beim größten Respekt vor den Erfahrungen, die ein jeder haben mag, muss man doch auch ehrlich bleiben: Weshalb setzen die betroffenen Gläubigen das, was sie meist als lichtvoll strahlende weibliche Gegenwart beschreiben, mit Maria gleich? Könnte es sein, dass diese systematische Gleichsetzung davon herrührt, dass man nicht minder systematisch jeden weiblichen Zug Maria und nur ihr zugeschrieben hat, und dies im Rahmen einer religiösen Erziehung, in der Gott vorwiegend als männlich beschrieben worden ist? Dieser Identifikationsprozess würde sodann nach einer weiteren, ebenso legitimen Frage rufen: Angenommen, es handelt sich um echte Erfahrungen, weshalb könnte es sich dabei nicht um Erfahrungen von Gottes Gegenwart selbst oder gar von der des Heiligen Geistes handeln, wo doch in der Bibel von der Weisheit gesagt wird, dass sie »schöner [ist] als die Sonne« (Weisheit 7,29) und »der Widerschein des ewigen Lichts« (Weisheit 7,26)?
103 Gewisse Vorschläge sind verdächtigt worden, sie könnten den Trinitätsglauben aus dem Gleichgewicht bringen. So wurde zum Beispiel in der syrischen Theologie der ersten Jahrhunderte der Schwerpunkt bei der Beschreibung des Heiligen Geistes so sehr auf mütterliche Analogien gelegt – auf Kosten anderer weiblicher Analogien –, dass die offizielle Kirche dazu auf Distanz ging. Es konnte nämlich der Eindruck entstehen, der Geist stehe als Mit-Ursprung der Trinität auf derselben Stufe wie der Vater, wenn nicht gar als Paredra [beigeordnete Gattin] des Vaters, mit einer Trinität, die dann nach dem Schema von Vater-Mutter-Kind strukturiert wäre. Einem solchen Verständnis war schwerlich zuzustimmen, denn es erkannte weder den Vater als einzige Quelle der Trinität an, noch die sich gegenseitig ergänzende Stellung von Sohn und Heiligem Geist. Eine Theologie hingegen, die den Vater schwerpunktmäßig mit väterlichen und mütterlichen Analogien, den Sohn und den Geist aber mit männlichen und weiblichen beschriebe, wäre mit der offiziellen Dogmatik der Kirche völlig vereinbar und würde ihr zu einem guten Gleichgewicht und einer guten Strahlkraft verhelfen.
104 Eine ganze Reihe von Denkern aus der Orthodoxie – so unter anderen Wladimir Solowjow, Sergei Bulgakow, Vladimir Lossky, Paul Evdokimov, Olivier

Clément – wussten uns einzuladen, den Widerschein der göttlichen Schönheit wahrzunehmen. Sie gehen darin mit der Ahnung jener Menschen einig, die mit der einen oder anderen dieser Widerspiegelungen eine Erfahrung des Absoluten machen durften, oft gar, ohne es zu merken. Olivier Clément sieht in der Fähigkeit, solche Phänomene wahrzunehmen, ein Zeichen spiritueller Reife, und dies bis in den Rahmen einer monastischen Berufung: »[Paul Evdokimov und ich] unterhielten uns einmal über einen gemeinsamen Bekannten, der stolz war auf seine theologischen Kenntnisse: ›Was kann man von ihm schon erwarten‹, meinte Paul Evdokimov, ›wo er doch weder die Schönheit Gottes noch die Schönheit einer Frau je bemerkt hat!‹ Wem das Mönchsein aber ›gelingt‹, der gelangt zur Quelle, zur Mitte einer jeden Liebe. Er kann sich, wie Johannes Klimakos meint, auch angesichts eines schönen Frauenkörpers über Gottes Herrlichkeit freuen.« (»Paul Evdokimov, témoin de la beauté de Dieu«, in: *Contacts, op. cit.*, S. 74.) Johannes Klimakos, der im 7. Jahrhundert Abt des Sinaiklosters war, hatte es verstanden: Wer mit Gott in gegenseitiger Liebe lebt, hat mit religiösem Puritanismus und Moralismus in jeglicher Art nichts mehr im Sinn, und der Mönch lernt nach und nach, auf Erden die verschiedensten Widerspiegelungen von Gottes Schönheit wahrzunehmen und in ihnen freudig ebenso viele indirekte Offenbarungen der unvergleichlichen Schönheit jener geheimnisvollen Gegenwart zu erkennen, die ihn jederzeit begleitet.

105 Welche Überzeugungen man in religiösen Dingen auch haben mag, es scheint unbestreitbar, dass das christliche Geheimnis der Trinität in der Lage ist, all diese Aspekte zu beinhalten, was ihm umso mehr Glaubwürdigkeit und Legitimität verleiht, um letzte Wahrheiten über einen Gott auszudrücken, der Liebe ist.

106 Für jeden spirituellen Begleiter ist es wichtig, darauf zu achten, dass er denen, die sich ihm anvertrauen, nicht seine eigene Art im Umgang mit Gott überstülpt. Er darf niemals vergessen, dass deren einziger Führer in Wirklichkeit der Gott der Liebe ist. Bei seiner Beurteilung der Echtheit ihres inneren Lebens – samt dessen Analogien – sollte er vielmehr darauf schauen, ob die Zuversicht, von Gott geliebt zu werden, und die Lust, Gott zu lieben, am Wachsen sind oder nicht. Dies gemäß Jesu Wort: »Entweder: der Baum ist gut – dann sind auch seine Früchte gut. Oder: der Baum ist schlecht – dann sind auch seine Früchte schlecht. An den Früchten also erkennt man den Baum.« (Matthäus 12,33.) Johannes vom Kreuz macht jene, die er »Seelenführer« nennt, besonders auf den Fall von Personen aufmerksam, die schon einen gewissen Grad an Vertrautheit mit Gott erreicht haben: »Solche Seelenführer sollten sich besonders bewusst bleiben, dass nicht sie der wichtigste Agent, Führer und Beweger dieser Seelen sind, sondern der Heilige Geist, der in seiner Sorge um sie niemals nachlässt.« (Zitiert von Dom André Gozier in *Présence dans le silence*, Paris, Desclée de Brouwer, 1976, S. 82.) Zu den Seelen, die das erreicht haben, was er die »geistliche Ehe« nennt, meint Johannes vom Kreuz weiter: »Ist die Seele einmal zur völligen Einsamkeit aufgestiegen und über alles hinweg, so nützt und hilft ihr nichts besser, noch höher zu gelangen, als nur das Wort, ihr Bräutigam, selbst. […] Was bei der Aufnahme in die Vereinigung mit ihrem Geliebten geschieht, ist so hoch und schmeckt so gut, dass die Seele es weder sagen kann, noch davon sprechen möchte… Sie allein besitzt ihn, sie allein hört ihn, sie allein genießt ihn, und sie freut sich, dass all das in der Zweisamkeit mit Ihm allein geschieht.« (*Ibd.*, S. 104.)

107 Irenäus betont gar die Bezeichnung des Sohnes und des Geistes als »Wort« und als »Weisheit«: »[…] wie auch der Prophet sagt: ›Durch das Wort des Herrn ist der Himmel fest gemacht, und durch seinen Geist dessen ganze Macht‹ (Psalm 33,6). Weil nun das Wort schafft, das heißt leibhaftig macht und die Kraft zur Existenz verleiht, der Geist aber die Verschiedenheiten der Kräfte anordnet und bildet,

so wird mit Fug und Recht das Wort der Sohn, der Geist aber die Weisheit Gottes genannt.« (Irenäus von Lyon, *Darlegung der Apostolischen Verkündigung*, 5, in: *Epideixis, Adversus Haereses* I, Freiburg, Herder, 1993, S. 35 f.)

108 In der jüdischen Mystik der Kabbala hat sich nach Carl-Albert Keller »Anfang des zweiten Jahrtausends unserer Zeitrechnung« eine Deutung des Hohelieds entwickelt, die Bezug nimmt auf innergöttliche Bewegungen der Liebe: »Die Kabbala versteht das verborgene Innenleben Gottes als ein Austauschen und liebevolles Kommunizieren zwischen einzelnen Aspekten von Gottes Person. Dabei handelt es sich um dieselben Attribute Gottes, die schon im Alten Testament genannt sind und die dort *sefirot* heißen (davon gibt es zehn). Diese *sefirot* werden ständig zueinander hingezogen, die männlichen *sefirot* zu den weiblichen *sefirot*, die unteren *sefirot* zu den höheren *sefirot* und umgekehrt. Die Kabbala nutzt auch die Tatsache, dass gewisse Grundbegriffe des Judentums als weibliche Größen erscheinen, so etwa die Torah und die *shekinah*. [...] So wird Gott selbst als ein in sich ganzheitliches Wesen wahrgenommen, männlich und weiblich, väterlich und mütterlich, in sich selbst immer im Gleichgewicht, aber so, dass er in seinem Wesen zugleich auch Gefühle der Liebe und ein Streben nach Gemeinschaft kennt.« (*Approche de la mystique dans les religions occidentales et orientales, op. cit.*, S. 294–295.)

109 In der Einleitung zu seiner Übersetzung des Hohelieds ins Französische notiert André Chouraqui: »Nur wenige Bücher sind häufiger gelesen, übersetzt und kommentiert worden. [Siegmund] Salfeld zählt zwischen dem 9. und 11. Jahrhundert 134 Kommentare, fast alle jüdischen Ursprungs. [Ernst Friedrich Karl] Rosenmüller hatte zwischen dem 16. und dem 19. Jahrhundert 116 christliche Kommentare gezählt.« (*Le Cantique des Cantiques, suivi des Psaumes*, übersetzt und eingeleitet von André Chouraqui, Paris, PUF, 1970, S. 4.) Schon in den ersten Jahrhunderten gab es davon zahllose christliche Kommentare. Zahlreicher wurden sie wieder im 12. Jahrhundert unter dem Einfluss von Bernhard von Clairvaux, bevor sie dann im 16. Jahrhundert mit den Schriften des Johannes vom Kreuz ihren Höhepunkt erreichten.

110 René Laurentin unterstreicht diese für die Weisheitsliteratur typische Umkehrung: »Was daran schockierend sein könnte, dass Gott einseitig durch ein männliches Prinzip symbolisiert, die Menschheit dementsprechend aber als weiblich angesehen wird, findet ein Gegengewicht bereits in der Bibel. [...] Hier spielt das Bild der Ehe in umgekehrter Richtung. König Salomos Ehre besteht darin, die Weisheit geheiratet zu haben. [...] Die Weisheitsliteratur setzt Frau und Weisheit ständig in Parallele und in Beziehung zueinander. Schließlich projiziert sie gar Werte wie Initiative, Intuition, Offenheit für die Welt und Sinn für das Leben auf Gott, Werte, die am besten von Frauen veranschaulicht werden. Solche Gedanken ebnen den Weg für eine Theologie des Heiligen Geistes und führen damit ein letztes, sehr wichtiges Thema ein. Damit korrigieren sie nämlich die Vorstellung, der Mann stehe so über der Frau, wie Gott über den Menschen.« (»Marie et l'anthropologie chrétienne de la femme«, in: *Nouvelle Revue Théologique, op. cit.*, S. 509–511.)

111 Äußerst auffällig ist die Parallele zwischen dem Suchen der Frau im Hohelied und der Haltung, die der göttlichen Weisheit zugeschrieben wird. Im Hohelied ermutigt sich die Frau: »Aufstehen will ich, die Stadt durchstreifen, die Gassen und Plätze, ihn suchen, den meine Seele liebt.« (Hohelied 3,2.) Von der Weisheit wiederum heißt es: »Bei der Stadtburg, auf den Straßen, an der Kreuzung der Wege steht sie; neben den Toren, wo die Stadt beginnt, am Zugang zu den Häusern ruft sie laut: Euch, ihr Leute, lade ich ein, meine Stimme ergeht an alle Menschen« (Sprüche 8,2–4) und: »Sie geht selbst umher, um die zu suchen, die ihrer würdig sind; freundlich erscheint sie ihnen auf allen Wegen und kommt jenen entgegen, die

an sie denken.« (Weisheit 6,16.) Zahlreich sind auch die Parallelen zwischen der Schönheit der Frau im Hohelied und der Weisheit: »Du schönste der Frauen. [...] Schön bist du, meine Freundin, ja, du bist schön. [...] Alles an dir ist schön, meine Freundin; kein Makel haftet dir an.« (Hohelied 1,8; 1,15; 4,7.) Solche Aussagen lassen an die Aussagen Salomos im Buch der Weisheit denken: »Sie ist schöner als die Sonne [...]. Ich suchte sie als Braut heimzuführen und fand Gefallen an ihrer Schönheit. [...] Sie ist der Widerschein des ewigen Lichts, der ungetrübte Spiegel von Gottes Kraft, das Bild seiner Vollkommenheit.« (Weish. 7,29; 8,2; 7,26.) Der Vers: »Mach auf, meine Schwester und Freundin, meine Taube, du Makellose!« (Hld. 5,2) nimmt Bezeichnungen wieder auf, die auch für die Weisheit charakteristisch sind. Auch sie wird ja mit einer »Schwester« (Spr. 7,4) und mit einer »Freundin« (Weish. 7,23) verglichen. Es sind hier Bezeichnungen, die dem Geist zukommen, dessen Symbol die Taube ist und dessen Eigenschaft die Vollkommenheit. Vollkommenheit, die Eigenschaft Gottes schlechthin, wird im Hohelied nur der Frau und nicht ihrem Geliebten zugeschrieben... Damit wollen wir keineswegs etwa die traditionelle Zuschreibung der männlichen Rolle an Gott infrage stellen: Dafür gibt es durchaus gute Argumente. Die Parallelen mit der Weisheit wollen nur aufzeigen, dass dies nicht die einzig mögliche Interpretation ist, und auch nicht die einzige, die zur universellen Tragweite des Hohelieds beitragen kann.

112   Eine wirklich voll und ganz gelebte echte Liebe ist bei vielen die menschliche Erfahrung, die sie am stärksten motiviert, nach einer letzten, transzendenten Wirklichkeit mit einer engen Beziehung zur Liebe zu fragen. Sollte das Weltall bloße Folge eines unglaublichen Zufalls sein, um dann unaufhaltsam wieder zu Staub und ins Nichts zu versinken, wie wenn es nie gewesen wäre, und sollte das Leben nicht mehr als der Versuch lebender Organismen sein, mit allen – auch den grausamsten – Mitteln möglichst lang zu überleben, woher käme dann jene Vorahnung von der Größe der Liebe und jener brennende Wunsch, zum Glück eines anderen beizutragen, ja dem Glück des geliebten Wesens absoluten Vorrang einzuräumen? Ahnt der Mensch nicht eben deshalb, weil es eine letzte Wirklichkeit gibt, die in engster Beziehung zum Geheimnis der Liebe steht, wann immer er echter Liebe begegnet, eine Schönheit von erschütternder Größe, die aus rein materialistischer Sicht völlig unverständlich ist?

113   Deshalb hätte, wer am Ende einer Liebesbeziehung, die schlecht geendet hat, tief verwundet und verzweifelt dasteht, jemanden nötig, der ihm oder ihr sagt: »Du kannst jenem wunderbaren Geheimnis, das du in der Erfahrung menschlicher Liebe erahnt hast, weiterhin trauen und auf vollem Herzen hoffen, denn im Gegensatz zu deinem momentanen Eindruck ist es dir nicht endgültig verloren gegangen: Es beschränkt sich ja nicht auf die Person, mit der du zusammen warst. Es ist viel größer als der Mensch, der dich davon hat kosten lassen, denn es hat seinen Ursprung in Gott selbst und in Gottes Abbild, das in jedem von uns verborgen ist. Über andere Personen wirst du also auch in Zukunft weiter davon leben können, und eines Tages wird Gott es dir in Fülle schenken.«

114   All das Schöne, das wir mit unseren Liebsten erlebt haben, die schon in die Ewigkeit eingegangen sind, macht zwar auch aus der christlichen Perspektive der Auferstehung das Traurige ihres Todes – besonders wenn er brutal und unerwartet war – und die Leere, die sie hinterlassen, keineswegs kleiner, es zeigt aber die Größe dessen auf, was man miteinander geteilt hat, und es verhindert, dass das Erlebte, hätte die Nichtigkeit das letzte Wort behalten, dem Absurden zum Opfer fällt. Wenn er an einen allzu früh verstorbenen lieben Menschen denkt und schöne Erinnerungen in ihm aufsteigen, kann jeder sich sagen: »Diese Erfahrung oder jenes Wort

haben dazu beigetragen, seine Zuversicht wachsen zu lassen, dass er geliebt wird und dass er auch zur Liebe fähig ist: jene Zuversicht also und jene Fähigkeit, mit denen er heute Gott liebt. Sie haben also indirekt zu jenem intensiven Glück beigetragen, das er gerade jetzt in der liebenden Vereinigung mit Gott erfährt.«

115 Im Gegensatz zu vielen gängigen Vorstellungen schenkt die christliche Theologie, weil sie in der menschlichen Liebe etwas sieht, was die Einheit von Gott und Mensch vorbereitet, der irdischen Liebe eine mystische Dimension und verleiht ihr damit einen Sinn und eine Schönheit, die ihr keine andere philosophische und erst recht keine atheistische Sichtweise in gleicher Weise verleihen kann.

116 Für den Psychoanalytiker Viktor Frankl sind auch noch so kurze Momente der Depression, des Schwindels, der Leere, der Nichtigkeit – Momente, in denen man das Gefühl hat, den Boden unter den Füßen zu verlieren – oft auf einen fehlenden Sinn zurückzuführen, auf ein »abgründiges Sinnlosigkeitsgefühl«, das dann immer schlechter ertragen wird. Diese Sinnlosigkeit – und mit ihr all ihre schädlichen Folgen – komme von einer Verdrängung der Spiritualität – für Viktor Frankl beschränke sich das Unbewusste nämlich nicht auf verdrängte Instinktivität, so Marcel Neusch: »Während das Unbewusste bei Freud monolithisch ist, nimmt Frankl darin eine weitere, ebenso wirkungsträchtige Dimension wahr. Freud reduziert das Unbewusste auf sexuelle Impulse, Viktor Frankl hingegen ist der Ansicht, es gebe auch ein ›spirituelles Unbewusstes‹, in dem nicht das Lustprinzip herrscht, sondern der Wunsch nach Sinn. Dieses ›spirituelle Unbewusste‹ weist auf Gott hin. Viktor Frankl bemerkt nämlich, dass seine Patienten nicht nur an sexuellen Frustrationen (Freud) und an Minderwertigkeitskomplexen (Adler) leiden. Weit öfter trifft er auf Menschen, die sich einem ›existenziellen Vakuum‹ gegenübersehen, das ihnen schwindlig werden lässt. Die Neurose weist auf einen Menschen hin, der an mangelndem Sinn leidet. Das führt Frankl zur Ansicht, das Grundbedürfnis des Menschen sei weder die sexuelle Erfüllung, noch der Selbstwert, sondern die Sinnerfüllung. Das Zurückgreifen auf die Sexualität ist oft nur Ersatz für mangelnden Sinn. Wenn auch der Mensch ein Triebwesen ist, so ist dem sogleich hinzuzufügen, dass ihn dieser Trieb grundsätzlich zu einer Suche nach Sinn treibt.« (Auszug aus dem Vorwort von Marcel Neusch zur Übersetzung ins Französische von Viktor Emil Frankls Buch *Der unbewußte Gott, Psychotherapie und Religion*, Kösel, München, 1948–2004, und dtv 35058, München. Titel der französischen Ausgabe: *Le Dieu inconscient*, Paris, Centurion, 1975, S. 7.)

117 Die Gegenwart einer anderen Person mit all dem, was an ihr Geheimnis bleibt, mit ihren Erwartungen, mit ihrem Wunsch, verstanden und geliebt zu werden, verlangt von uns einen beträchtlichen Einsatz, ein inneres Ankämpfen gegen Routine und Trägheit. Besonders kritisch wird es dann, wenn man nach einem Arbeitstag mit all seinen Sorgen und Spannungen nach Hause zurückkehrt. Dreißig Sekunden würden da oft genügen, um, bevor man über die Schwelle tritt, sich neu bewusst zu werden, was wirklich wesentlich ist – das kann zum Beispiel auf dem Parkplatz sein, auf der Treppe, im Fahrstuhl usw. Ein solcher Augenblick steht jedem zur Verfügung und passt gut in den Rhythmus des heutigen Lebens. Er könnte die Atmosphäre des Abends völlig verändern. Sich neu von der Wahrheit durchdringen lassen, dass es nichts Wichtigeres gibt, als dem geliebten Menschen seine Liebe zu zeigen, als dazu beizutragen, dass er eher wieder daran glauben kann, liebenswert und liebesfähig zu sein: All das würde aktiv die Qualität unseres Zuhörens, unseres Verständnisses und unserer Teilnahme an dem, was der andere eben erlebt hat, was er jetzt fühlt und erwartet, verbessern. Solch ein kurzes, aber intensives Auffrischen könnte sehr konkret dazu mithelfen, das gemeinsame Leben neu

erblühen zu lassen. Zugleich würde es die Gefahr mindern, der Gemeinsamkeit zu schaden: durch ein unangenehmes Verhalten, weil man seine Müdigkeit schlecht im Griff hat, oder durch einen Gefühlsausbruch, den man hätte verhindern können.

118 Wenn nicht beide Partner darauf bedacht sind, der in jedem Menschen gegenwärtigen Erwartung entgegenzukommen, dass er geliebt werden möchte, so wird beim einen Partner bald einmal das Gefühl aufkommen, er komme in der Liebe zu kurz. Zusammen mit dem Gefühl der Ungerechtigkeit wegen all seiner einseitigen Bemühungen erwächst daraus ein oft uneingestandenes Leiden, das aber stark genug ist, um ein Eheleben zu einer recht traurigen Sache verkommen zu lassen, dessen Bruch dann recht wahrscheinlich wird. Man wird nie genug wiederholen können, wie wichtig es ist, sich vor einer entscheidenden Bindung ernsthaft zu fragen, ob in beiden Partnern deutliche Anzeichen solider gegenseitiger Gefühle und eines ganz konkreten gegenseitigen Achtens auf die Wünsche und Erwartungen des anderen da sind.

119 Dieses Auffrischen des Wesentlichen setzt ein ganz persönliches Engagement voraus und kann sich nicht allein auf Formen gemeinsamen Auffrischens zu zweit stützen. Für jeden der beiden Partner braucht es auch Zeiten des Alleinseins – so kurz sie auch sein mögen –, um aus tiefstem Herzen zum Glück der geliebten Person wieder »Ja« sagen zu können. Ein solches »Ja« kann nämlich keiner für den anderen abgeben. Der ganze Reichtum an Inspiration und Kreativität, die der Liebe eigen sind, werden aber mithelfen können, auch konkrete Formen für ein Auffrischen zu zweit zu entdecken. Entscheidend dabei ist es, sich nicht von den zahllosen äußeren Beanspruchungen überrollen zu lassen und Zeiten der Intimität zu zweit offen zu behalten. Ebenso müsste man auch Momente vorsehen, in denen man sich über das austauscht und sich dem stellt, was der eine oder der andere weniger schätzt. So ließe sich das Verdrängen von Wunden verhindern, die sonst zu veritablen »Zeitbomben« werden könnten. Ton und Zeitpunkt dafür sind allerdings sorgfältig auszuwählen, damit diese Zeiten des Austauschs nicht zu einer gegenseitigen Abrechnung verkommen. Dazu kann es nützlich sein, einen Augenblick persönlichen In-sich-Gehens vorzusehen und sich laut den Sinn dieses Austauschs zu wiederholen: die Freude, sich lieben und sich immer besser kennenzulernen, sowie das Wissen, dass die Liebe daraus gestärkt hervorgehen wird. Ein solcher Austausch könnte übrigens auch damit beginnen, dass man sich die Momente in Erinnerung ruft, die man am meisten geschätzt hat. Genauer zu wissen, was das Herz des anderen erfreut hat, ist nämlich auch ein gutes Mittel, ihn besser lieben zu lernen.

120 Siehe das Kapitel »Ein Gott, der all unsere Verletzungen kennt« in Teil II dieses Buches, speziell Anmerkung 22 (supra). Den Grund des Kummers des anderen kennen und heilen lernen, das Leiden und die Enttäuschung, die ihn dazu gebracht haben, so oder anders zu reagieren, all das wird konstruktiver sein, als es beim Versuch bleiben zu lassen, objektiv festzustellen, wer von beiden recht oder unrecht hatte. Wer gemeinsam lieben lernen will, wird über diese Art von Selbstrechtfertigungsmechanismen hinaus kommen müssen, wo jeder sich in vergeblichen Fragen verliert wie: »Wer hatte nun recht? Wer unrecht?« oder »Wer hat angefangen?« Die Antworten darauf würden das Unbehagen im anderen – zu Recht oder zu Unrecht – ohnehin nicht auflösen können.

121 Jeder Schritt einer größeren Liebe entgegen sollte ja als ein richtiges Wunder entgegengenommen werden, und nicht als eine überfällige Pflicht. Es ist nämlich nicht zu vergessen, dass der Mensch vom Staub herkommt und das Resultat einer unglaublichen Geschichte ist, die von der Entstehung des Lebens zu der des Bewusstseins und dann der Liebe geführt hat, und dass die ganze Geschichte, die ihm vorausgeht und ihn hervorgebracht hat, in seinem körperlichen und seelischen

Wesen ihre Spuren hinterlassen hat. Hier tut eine neue Sichtweise not: Erstaunlich ist nicht, dass zwischen der erhofften und der tatsächlichen Liebe noch ein Unterschied besteht, sondern vielmehr, dass die tiefste Identität des Menschen – das Bild Gottes in ihm – sich trotz allem in kleinen Schritten einen Weg bahnt durch diese ganze biologische und psychische Grundlage hindurch – und auch mit ihrer Hilfe –, die ihn durch all die Hunderttausende von Jahren hindurch unweigerlich geprägt hat. Wenn wir bedenken, dass Leib und Seele des Menschen mit der langen Geschichte des Lebens samt ihren Kämpfen und ihrem langsamen Vorwärtskommen einhergehen, so werden wir uns der Tatsache gegenüber wohlwollender und geduldiger zeigen, dass das Erlernen der Liebe von diesem hochkomplexen menschlichen Grundstoff ausgehen muss und nur in engstem Zusammenwirken mit ihm und in seinem ihm eigenen Rhythmus voranschreiten kann.

122 Wenn sie sich auf das Wesentliche konzentriert – auf alles, was die gegenseitige Liebe von Gott und Mensch unterstützt und vorbereitet –, kann die christliche Theologie der Sprache der Körper eine wundervolle Bedeutung, eine Bedeutung von mystischer Tragweite verleihen. Sie betont dann nämlich, dass diese Sprache jene Zuversicht, geliebt zu werden, und jene Fähigkeit, zu lieben, entwickeln kann, mit denen der Mensch jetzt oder in Zukunft auch seine Einheit mit Gott erfährt. Wenn eine Spiritualität die Sprache der Körper – insbesondere auch deren erotische Impulse – schlechtmacht, so lässt sie damit die stärkste Möglichkeit außer Acht, die Gott Ehepartnern gibt, um einander die Zuversicht zu schenken, dass sie geliebt werden, und die Kraft ihrer gegenseitigen Liebe zu stärken.

123 Bei vielen Jugendlichen kommt die Versuchung zum Suizid zu Recht oder zu Unrecht aus dem Gefühl heraus, nicht genügend geliebt zu werden, aus dem ebenso subjektiven Gefühl, dass niemand sie je aus freien Stücken auswählen und lieben wird, oder aus ihrer Überzeugung, dass sie niemals glücklich werden können. Es ist, als ob ihr momentaner Schmerz sie daran hinderte, einer der wichtigsten Wahrheiten offen ins Auge zu schauen: Keiner, absolut keiner kann wissen, was ihm die Zukunft bringen wird, wem er begegnen und welche Liebe ihm geschenkt werden wird. Menschen, die erst spät – doch eigentlich ist es niemals zu spät – der Person begegnen, mit der sie den Weg zur gegenseitigen Liebe beschreiten, geben oft nachträglich ohne Weiteres zu, dass sie schon längst nicht mehr daran geglaubt hatten, aber nun seien sie so dankbar, dass sie das Unwiderrufliche nie getan hätten. In Wirklichkeit wird niemand behaupten können, seine Zuversicht, geliebt zu werden, könnte nicht wieder wachsen, wenn er seinen Weg auf Erden weiterführt. Und wenn er gläubig ist, kann er die Zuversicht, dass er aufrichtig geliebt wird, ohnehin wachsen lassen, indem er sich der Liebe öffnet, die Gott selbst ihm ständig und zu jeder Zeit anbietet. Dies gilt erst recht von der eigenen Liebesfähigkeit, denn diese hängt ja nicht direkt von unserer Umgebung oder der Außenwelt überhaupt ab. Sie ist eine innere Möglichkeit, die von der eigenen Freiheit abhängt, von einem Entschluss, den niemand für einen fassen kann. Nun sind wir aber alle täglich in der Lage, Zeichen der Zuneigung zu geben. Und mögen sie noch so klein sein, sie werden mithelfen, die Kraft der Liebe zu stärken, die in uns schlummert, selbst dann, wenn diese Zeichen ganz einfache Formen annehmen (ein Lächeln auf der Straße oder bei der Arbeit mag banal erscheinen, dennoch trägt es zum Wachsen in der Liebe bei). Selbst wenn es von schweren Prüfungen gezeichnet ist, verdient das Leben letztendlich, dass man es weiterführt, denn auf die eine oder andere Art wird es immer Möglichkeiten bieten – ganz indirekte vielleicht –, die zum Wachsen der eigenen Liebesfähigkeit oder zu der von Menschen beitragen, denen man hier oder dort begegnet. Mutter Teresa von Kalkutta pflegte gerne zu sagen: »Wir merken selbst ja wohl,

dass, was wir tun, nicht mehr ist als ein kleiner Wassertropfen im Ozean. Doch wenn dieser kleine Tropfen im Ozean nicht wäre, so würde er ihm fehlen.«

124 Die innere Gewissheit, dass diese göttliche Gegenwart dauernd an seiner Seite ist und weiß, wie sehr er sie liebt: Diese Zuversicht lässt den Mönch über die Frustration hinwegkommen, dass er sie weder sehen noch berühren kann. In einer menschlichen Beziehung hat die Sprache des Körpers hauptsächlich zum Ziel, der Partnerin zu zeigen, wie sehr sie geliebt wird, und sie der Kraft dieser Liebe zu versichern. Auch in der gegenseitigen Liebe zwischen Gott und Mensch wird diese wunderbare Funktion der Körpersprache nicht verdrängt, sondern gar noch vervollkommnet. Die göttliche Gegenwart, die »auf Herz und Nieren prüft« (Psalm 7,10), kann die Kraft der Liebe, die ein Mensch ihr schenkt, jederzeit voll genießen. Dabei spielt die Körpersprache eine Rolle, deren Vollkommenheit auch die raffinierteste Erotik nicht erreichen kann, denn die Kraft der Gefühle in einem liebenden Herzen übertrifft alle auch noch so herrlichen Ausdrucksformen, über die der Mensch auf Erden verfügt.

125 Man wird von der Berufung zum monastischen Leben kaum etwas verstehen, ohne auf eine ihrer Grundlagen zurückzugreifen, die am deutlichsten einleuchtet, darauf nämlich, dass auch in Gott eine doppelte Sehnsucht wohnt: die Sehnsucht, vom Menschen intensiv geliebt zu werden, und die Sehnsucht, ihn intensiv zu lieben. Könnte es nicht diese Sehnsucht sein, geliebt zu werden und zu lieben, die Gott dazu führt, Menschen ausnahmsweise nicht der Ehe zuzuführen, sondern einer anderen Berufung, bei der Gott und sein Geschöpf die Freude, geliebt zu werden und zu lieben, in radikaler Form leben können? Dabei ist diese spezielle Berufung jedoch weder höher noch niedriger, sondern einfach anders. Im Licht der eben aufgezeigten Verwandtschaft zwischen menschlicher Liebe und der Liebe zwischen Gott und Mensch wird klar, dass beide Berufungen – jene zur Ehe und jene zum Mönchtum – je ihre mystische Dimension, ihre eigene Schönheit, ihre eigene Funktion und ihre je eigene Möglichkeit haben, Gottes Herz zu erfreuen, insbesondere weil sie uns so oder anders beim ständigen Erlernen der Liebe helfen, was ja letztlich auch der Sinn des Lebens ist.

126 Der Einbezug menschlicher Liebe in die gegenseitige Liebe mit Gott und die Tatsache, dass die meisten Mystiker Analogien mit erotischem Einschlag verwenden, werden oft einfach als Anzeichen von Frustration interpretiert. Dies zeugt allerdings von wenig Verständnis für die tatsächlichen Gründe dieses Einbezugs und dieser Sprache, es sei denn, Nichtglaubende verwenden dieses Argument als Vorwand, um ein allzu störendes Phänomen nicht zur Kenntnis nehmen zu müssen, oder Gläubige verwenden es, weil sie von ihrem eigenen inneren Leben frustriert sind. Um diesen Einbezug zu rechtfertigen, genügte es eigentlich, sich einzugestehen, dass Menschen nur so lieben können, wie sie sind, und nicht anders! Folglich ist ihre Art, Liebe zu erwarten und zu schenken, notwendigerweise dieselbe, ob es sich um die Beziehung zu einem Menschen handelt oder zu einer der göttlichen Personen. Diese Feststellung führt uns zum wahren Problem zurück, das sich hinter solch reduktionistischen Deutungen der mystischen Erfahrung verbirgt: das Anerkennen oder Nichtanerkennen der Existenz eines Gottes der Liebe. Welche Überzeugungen man persönlich auch immer haben mag, es entspräche nur intellektueller Redlichkeit, anzuerkennen, dass die Zeugnisse der Mystiker in sich konsequent sind, wenn ein Gott der Liebe existiert: Wie könnte ein solcher Gott als Urquell aller Liebe nicht in der Lage sein, eine so schöne Liebe zu schenken, wie Mystiker sie beschreiben? Wie könnte ein solcher Gott als Urquell aller Liebe nicht fähig sein, eine Liebe zu schenken, die mindestens so viel Leidenschaft und Enthusiasmus hervorrufen kann wie eine

menschliche Liebesbeziehung? Was aber das regelmäßige Verwenden von Analogien mit erotischem Einschlag betrifft, so hat wohl keiner besser erklärt, weshalb sie begründet und zutreffend sind, als Gregor von Nyssa im 4. Jahrhundert in seiner ersten Homilie über das Hohelied: »Die menschliche Natur ist nicht fähig, die überfließende Liebe Gottes auszudrücken. Symbolisiert wird sie deshalb durch die gewaltigste Leidenschaft in uns, durch die Leidenschaft der Liebe nämlich. So können wir lernen, dass die Seele, wenn sie die Schönheit von Gottes Wesen schaut, davon ebenso entbrannt sein soll wie der Körper für das, was ihm entspricht [...], auf dass unsere Seele in uns ebenso »erotisch« entbrenne allein durch die Flamme des Geistes.« (Zitiert und ins Französische übersetzt von Olivier Clément, in: *Sources, les mystiques chrétiens des origines, op. cit.*, Paris, Stock, 1992, S. 159.) »Ein größeres Geheimnis als das des Hohen Liedes vermag menschliches Hören und Wesen weder zu finden noch zu ertragen. Darum wird das Hinreißen[d]ste, was Lust wirken kann, die Leidenschaft der Liebe, als das wegweisende Gleichnis für die geistige Wahrheit unterbreitet. Wir sollen daraus lernen, dass die Seele, die ihren Blick auf die unzugängliche Schönheit der göttlichen Natur heftet, sie so sehr lieben muss, als ein Leib sich zum Vertrauten und Verwandten hinneigen kann, während sie sinnliche Leidenschaft ins geistig-Unleidende verwandelt und so, von dem *Feuer* durchglüht, das der Herr *auf die Erde zu werfen* kam, alle leibliche Neigung erstickt, dass nur noch der Geist in uns für den Geist allein in Liebensleidenschaft lebt.« (Gregor von Nyssa, *Der versiegelte Quell. Auslegung des Hohen Liedes*, in Kürzung übertragen und eingeleitet von Hans Urs von Balthasar, Salzburg-Leipzig, O. Müller, 1939, S. 49.) Schließlich müsste man sich legitimerweise auch fragen, ob je eine derart radikale »Illusion«, wie sie manche anprangern, dauerhaft in der Lage wäre, ein Glück, eine Freude, einen Frieden, eine persönliche Entfaltung hervorzurufen, wie sie den Zeugnissen so vieler Männer und Frauen entspricht, die sich zwar der Schönheit menschlicher Liebe völlig bewusst waren, und trotzdem der Berufung zu einem monastischen Leben gefolgt und dieser trotz vieler äußerer Verlockungen treu geblieben sind. Wer zugibt, dass in der Regel nur eine echte und intensiv gelebte Liebe derartige Früchte zeigen kann, dem wird das monastische Leben als indirektes Zeichen nicht nur der Existenz Gottes erscheinen, sondern auch als Zeichen der erlesenen Liebe, die er uns schenkt – und ist das nicht wahrhaftig eine »gute Nachricht« für alle? Auch Carl Gustav Jung gibt denen, die sich weigern, ein solches Thema überhaupt anzugehen, und mystische Erfahrungen einfach als »Illusion« bezeichnen, folgende Antwort: »Religiöse Erfahrung ist absolut. Man kann darüber nicht disputieren. Man kann nur sagen, dass man niemals eine solche Erfahrung gemacht habe, und der Gegner wird sagen: ›Ich bedaure, aber ich hatte sie.‹ Und damit wird die Diskussion zu Ende sein. Es ist gleichgültig, was die Welt über religiöse Erfahrung denkt; derjenige, der sie hat, besitzt den großen Schatz einer Sache, die ihm zu einer Quelle von Leben, Sinn und Schönheit wurde und die der Welt und der Menschheit einen neuen Glanz gegeben hat. Er hat Pistis [Glauben] und Frieden. Wo ist das Kriterium, welches zu sagen erlaubte, dass solch ein Leben nicht legitim, dass solch eine Erfahrung nicht gültig und solch eine Pistis bloße Illusion sei? Gibt es tatsächlich irgend eine bessere Wahrheit über die letzten Dinge als diejenige, die einem hilft zu leben? [...] Niemand kann wissen, was die letzten Dinge sind. Wir müssen sie deshalb so nehmen, wie wir sie erfahren. Und wenn eine solche Erfahrung dazu hilft, das Leben gesünder oder schöner oder vollständiger oder sinnvoller zu gestalten, für einen selbst und für die, die man liebt, so kann man ruhig sagen: ›Es war eine Gnade Gottes‹.« (*Psychologie und Religion*, Zürich, Rascher, 1940, S. 188 ff.)

127 Gewisse mystische Traditionen gehen bei der Übertragung des menschlichen Eros in die Sprache einer an Gott gerichteten Liebe sehr weit. Wenn in der spirituellen Geschichte der Menschheit Mystiker mit ihren Aussagen und Handlungen oftmals überrascht oder gar schockiert haben, so liegt es daran, dass sie von einer Liebe zu Gott erfüllt sind, die sich vom Schein nicht aufhalten lässt und sich über oberflächliche Vorurteile hinwegsetzt, um in innerer Freiheit zu erblühen. Die Freiheit, die sie sich in dieser Hinsicht nehmen, mag vorerst verwirrend erscheinen, in Wahrheit kommt sie aus der inneren Überzeugung, dass jede ihrer Handlungen zu einer Liebeserklärung an Gott werden kann und dass alle Dimensionen ihrer Person der gegenseitigen Liebe zwischen Gott und Mensch geweiht werden können. Die jüdische Mystik der Kabbala gehört zu den mystischen Strömungen, die darin am weitesten gegangen sind. Der Religionswissenschaftler Carl-Albert Keller kommentiert gewisse Texte aus dieser religiösen Tradition mit folgenden Worten: »Die eben zitierten Texte sind außerordentlich lehrreich, weil sie den ganzheitlichen Charakter mystischen Strebens aufzeigen, selbst wenn sie sich darauf konzentrieren, den Eros und Liebesgefühle zu erregen. Wenn ein Jude aufrichtig auf der Suche nach Gott ist und innerlich in das Innere Gottes vorzudringen sucht, dann sind daran nicht nur seine Psyche mit den entsprechenden Emotionen beteiligt, sondern auch sein Körper: Auch die Bewegungen seines Körpers sollen mithelfen, die Gefühle anzuregen, die ihn zu Gott führen. Und er aktiviert auch seine Vorstellungskraft: Er stellt sich vor, dass die *shekinah*, die göttliche Gegenwart selbst bei ihm ist, sich ›an seinen Körper‹ schmiegt und er sich mit ihr zu vereinen sucht. Schließlich kommt auch noch das Gebet dazu, die Anrufung durch das Wort. Kurz, er lässt sein ganzes Wesen als Mensch ins Spiel kommen, um intim mit dem Letzten vertraut zu werden, wie seine religiöse Tradition es ihm vorstellt.« (*Approche de la mystique dans les religions occidentales et orientales*, op. cit., S. 297–298.)

128 Wenn die christliche Mystik sich einmal von den Verdrängungen befreit hat, die bei diesem oder jenem Autor auszumachen sind, dessen Aussagen man besser einer rechten Psychoanalyse als einer theologischen Kritik unterziehen sollte, dann wird der Eros darin gerade nicht verdrängt, beiseite gestellt oder schlechtgemacht, sondern, nach dem Ausdruck von Olivier Clément, »verklärt«: »Beim Mönch wird der Eros nicht unterdrückt, sondern umgewandelt, verklärt. So konnte etwa Johannes Klimakos schreiben: ›Der Eros des Körpers sei dir ein Vorbild bei deinem Streben nach Gott‹ (*Die Himmelsleiter*, 26. Stufe, 34) oder auch: ›Selig, wer Gott gegenüber nicht weniger leidenschaftlich ist als der Liebhaber zu seiner Geliebten‹ (*ibd.*, 30. Stufe, 11).« (*Corps de mort et de gloire*, op. cit., S. 53.)

Die Mystikerin der Straße

Annette Schleinzer
Die Liebe ist unsere einzige Aufgabe
Das Lebenszeugnis von Madeleine Delbrêl

Format 14 x 22 cm
312 Seiten
Paperback
ISBN 978-3-8436-0544-1

Poetin – Sozialarbeiterin – Mystikerin: das sind nur drei der zahlreichen Attribute, die Madeleine Delbrêl kennzeichnen. Als Jugendliche noch überzeugte Atheistin, entdeckte sie nach einer tiefen Lebenskrise den christlichen Glauben und lebte ihn als »Mystikerin der Straße« auf eine Weise, die sie bis heute unvergessen gemacht hat. Mehr noch: Immer mehr Menschen erfahren sie als verlässliche Gefährtin in einer Zeit, in der sich die Gestalt von Glaube und Kirche tiefgreifend wandelt.
Annette Schleinzer zeichnet in Wort und Bild das Leben dieser bedeutenden Frau nach und zeigt: Die Erfahrungen von Madeleine Delbrêl sind wegweisend und überraschend aktuell.

PATMOS
www.patmos.de

Vom Geheimnis der Dinge

Thomas Merton
Keiner ist eine Insel
Betrachtungen über die Liebe

Format 12 x 19 cm
272 Seiten
Hardcover
ISBN 978-3-8436-0574-8

Der moderne Mensch ist einsam, obwohl es immer mehr Möglichkeiten gibt, miteinander in Kommunikation zu treten. Thomas Mertons eigene Erfahrungen und Wandlungen weisen Wege aus dieser Isolierung in ein universelles Verbundensein. Er bindet uns in die Schöpfung ein und weist den urreligiösen Weg der Liebe, auf dem wir das »innere Geheimnis der Dinge« erkennen können.

»Wir sind nicht für uns allein da, und erst wenn wir hiervon völlig überzeugt sind, fangen wir an, uns selber richtig zu lieben und damit andere zu lieben.«
Thomas Merton

PATMOS
www.patmos.de

© privat

Frère Emmanuel ist 1989 zur ökumenischen Gemeinschaft von Taizé gestoßen, jenem Zentrum christlicher Spiritualität, das alljährlich Zehntausende junger Erwachsener aus aller Welt empfängt. Er ist auf die wertvolle Hilfe aufmerksam geworden, die der fruchtbaren Begegnung von Psychologie und Theologie entspringt, und vertraut uns in diesem Buch »die wesentlichsten Einsichten und die eindrucksvollsten inneren Erfahrungen« seines fünfundzwanzigjährigen Klosterlebens an.